Karlheinz Muscheler

Ungerechtigkeit

Ungerechtigkeit

Zur Dialektik eines
sozialphilosophischen Grundbegriffs

von
Karlheinz Muscheler

2017

BOUVIER

ISBN 978-3-416-04000-6

Vorwort

Die Philosophie fragt seit Jahrtausenden nach dem Wesen von Gerechtigkeit. Ungerechtigkeit ist ihr meist nur das Fehlen von Gerechtigkeit und daher keiner eigenständigen Bestimmung bedürftig. Dieses Buch geht umgekehrt vor. Es fragt nach dem Wesen von Ungerechtigkeit. Es geht von der Hypothese aus, dass diese sich leichter bestimmen lässt als die Gerechtigkeit und dass sie ein genuin-eigenes Phänomen darstellt, anderes und mehr ist als das bloße Fehlen von Gerechtigkeit. Vielleicht lassen sich diese Annahmen plausibel und auf dem Weg dahin weitere Entdeckungen machen.

Inhaltsverzeichnis

I.
Unschön ist nicht hässlich

Unschön ist nicht hässlich. Unglücklich ist nicht verzweifelt. Uneben ist nicht bergig. Unfrieden ist nicht Krieg. Das „Un" markiert *nicht das Gegenteil* des von „Un" Negierten. Unschön ist nicht hässlich, sondern zunächst einmal nur nicht schön.

II.
Unschön ist nicht ein bisschen nicht schön

Das „Un" ist aber auch nicht einfach ein bisschen das Verneinte nicht. Uneben ist nicht „nicht ganz eben", sondern ganz erheblich nicht eben. Unglück hat nicht jeder, der kein Glück hat. Nicht jeder, der nicht ernst ist, ist unernst. Nicht alles, was nicht erlaubt ist, ist unerlaubt. Nicht jeder, den wir noch nicht als erfahren bezeichnen können, darf darum unerfahren genannt werden. Gäbe es die Note „unbefriedigend", würde sie nicht die 4, aber auch nicht die 6 (s.o. I.), sondern die 5 sein. Unbefriedigend ist nicht alles, was nicht befriedigend ist. Unbefriedigend ist, was *in ganz erheblichem Maße* nicht befriedigend ist.

III.
Sprachwissenschaftliches zu „Un"

Das Thema unserer Überlegungen soll die Ungerechtigkeit sein. Auch für sie müsste das in I. und II. Gesagte gelten: Sie wäre nicht das Gegenteil von Gerechtigkeit, aber auch nicht alles, was nicht gerecht ist.

Befragen wir zur Überprüfung unserer intuitiven Bedeutungsfestlegung von Un-gerechtigkeit die *Grammatik*. Die Grammatik lehrt, das Präfix „un" habe zwei Funktionen. Zum einen diene es zur Bildung einer „Negation" bei Substantiven und Adjektiven. Es könne zum anderen „Augmentativsuffix" sein und stelle dann etwas als besonders weit von dem normalen Maß abweichend dar mit mitschwingender, unterschwelliger negativer Bedeutung. Das „un" in „unschön" stehe für die Negation „nicht". Das „Un" in „Untiefe" könne für extrem große Tiefe oder für zu geringe Tiefe stehen. Das „un" in „unheimlich" ist etwas besonders Heimliches.

Gibt es tatsächlich Wörter mit „un", die reine Negation ausdrücken? Schon bei dem als Beispiel dafür genannten „unschön" melden sich Zweifel. Unschön ist in Wahrheit ebenfalls mehr als nur „nicht schön"; es bezeichnet einen erheblich vom Maßstab der Schönheit abweichenden Gegenstand. Ist wenigstens „unwahr" alles, was nicht der Wahrheit entspricht? Oder schwingt nicht auch hier ein bewusst nicht der Wahrheit Entsprechendes, ein „Lügenhaftes", mit? Das wohl nicht, denn das wäre das glatte Gegenteil von wahr. Doch ein erheblich von der Wahrheit Abweichendes meint das „unwahr" durchaus. Auch „unehelich" ist Augmentation von „nichtehelich", weswegen es heute nicht mehr verwendet wird.

Wir halten fest, dass Wörter mit „un" in aller Regel Augmentationssuffixe sind. Es gibt nur ganz wenige Beispiele, bei denen das anders und die bloße Negation „nicht" gemeint ist. Vielleicht gehört „unfrei" dazu, weil sich seine Bedeutung auf die reine Verneinung von „frei" erstreckt.

Bemerkenswert bleibt, dass bisweilen das „un" eine Steigerung des präfixlosen Wortes darstellt. Beim Wort „Untiefe" trifft das für die eine seiner beiden Bedeutungen zu. „Un-

wetter" ist ein besonders heftiges Wetter, „Untier" ein besonders tierisches, besonders weit von menschlicher Rationalität entferntes Tier, „Unmenge" eine besonders große
Menge. Meist lassen die entsprechenden Substantive keine
Adjektivbildung zu; eine Ausnahme stellt etwa „Unzahl"
dar.

„Untief" in seiner „regulären" Bedeutung ist nicht „hoch",
also das Gegenteil von „tief". Wohl aber ist es sehr weit von
„tief" entfernt, nämlich von sehr geringer Tiefe. Und in der
„irregulären" Bedeutung, also in der anderen Richtung, ist
es ebenfalls augmentativ, drückt eine große Abweichung
von nur tief sein aus, nämlich eine extrem große Tiefe. In
beiden Bedeutungen schwingt eine negative Bewertung mit:
Bei zu geringer und zu großer Tiefe herrscht Gefahr.

Wir halten für die Ungerechtigkeit fest: Das „Un" ist augmentativ verneinend, nicht reine Negation. Eine irreguläre
Bedeutung des Suffixes im Sinne einer Steigerung des präfixlosen Wortes (Gerechtigkeit) lässt sich nicht feststellen.

IV.
Ist das Ungerechtigkeitsurteil ein
unendliches Urteil?

Sätze, mit denen wir die Ungerechtigkeit eines Verhaltens
behaupten, haben die Struktur „x ist ungerecht". Es hat den
Anschein, dass es sich hierbei um unendliche Urteile handelt.

Warum ist das wichtig? Deswegen, weil unendliche Urteile
dem Inhalt nach nicht nur verneinende, sondern auch bejahende Funktion haben. Würde es sich in unserem Fall um
unendliche Urteile handeln, würde auch die Urteilsform die

Vermutung stützen, dass Ungerechtigkeit nicht einfach das Fehlen von Gerechtigkeit, sondern ein eigenständiger Wesensbereich wäre. Allerdings ist die bejahende Funktion des unendlichen Urteils nur sehr schwach. Implizierte dagegen das Ungerechtigkeitsurteil sogar eine stärker bejahende Aussage, wäre es also kein unendliches Urteil im technischen Sinne, müsste das unsere Ausgangsthese, Ungerechtigkeit sei nicht einfach nur das Fehlen von Gerechtigkeit, noch deutlicher bestätigen.

Ein positives Urteil lautet „x ist y", ein negatives „x ist nicht y". Nach einigen Logikern, unter anderen Kant für seine transzendentale Logik, gibt es eine dritte Form von Urteilen, die sog. unendlichen (oder: limitativen) Urteile. Bei ihnen wird nicht, wie beim negativen Urteil, die Kopula, sondern das Prädikat verneint. Das lässt sich im Lateinischen deutlicher ausdrücken als im Deutschen: Während das negative Urteil lautet „x non est y", besitzt das unendliche Urteil die Form „x est non y" oder, noch deutlicher, „x est non-y". Das unendliche Urteil enthält ein negatives Prädikat, ist aber, formal betrachtet, ein positives Urteil, und daher wird es von den meisten Logikern, weil diese von allem Inhalt des Prädikats, auch wenn es verneinend ist, abstrahieren und nur darauf sehen, ob das Prädikat dem Subjekt beigelegt oder nicht beigelegt wird, nicht als eigenständige Urteilsform anerkannt, sondern als positives Urteil betrachtet. Aber letztlich, wenn man auf den Inhalt und den Umfang der Bejahung mittels eines verneinenden Prädikats abstellt, drückt es doch etwas anderes aus als das rein positive Urteil. Bei „x est non-y" wird gewiss nicht nur y verneint, sondern das Sein von nicht-y bejaht. Allerdings ist das so Bejahte eine unendliche Sphäre von Seiendem, limitiert nur durch das verneinte y, das Bejahte ist kein bestimmtes Seiendes, x kann alles sein außer y. Das unendliche Urteil erlaubt sinnfreie Aussagen, etwa in der Art von „Der Geist ist kein Elephant" (genauer: „Der Geist ist ein Nichtelephant"), denen ein gemeinsames Übergeordnetes von Subjekt und Prädikat fehlt und in denen gewissermaßen die Urteilsform ganz aufgehoben ist. Aber diese Möglichkeit macht ein Bedenken des unendlichen Urteils nicht unzulässig, zumal sie auch beim rein negativen Urteil möglich ist („animus non est elephantus"). Außerdem hat auch das unendliche Urteil, so weit es auch sein mag, ein Bestimmtes: Nicht nur „das Gefühl hat keine rote Farbe" (genauer: „Das Gefühl ist nichtrot"), sondern auch der Geist, ein Satz und viele andere Gegenstände. Das Prädikat des unendlichen Urteils ist die Gleichheit aller dieser Subjekte in ihrem „Nicht rot sein können".

Kant gibt als Beispiel eines unendlichen Urteils den Satz „Die Seele ist nichtsterblich" (Kritik der reinen Vernunft, 3, S. 71):

„Hätte ich von der Seele gesagt, sie ist nicht sterblich, so hätte ich durch ein verneinendes Urteil wenigstens einen Irrtum abgehalten. Nun habe ich durch den Satz: die Seele ist nichtsterblich, zwar der logischen Form nach wirklich bejahet, indem ich die Seele in den unbeschränkten Umfang der nichtsterbenden Wesen setze. Weil nun von dem ganzen Umfang möglicher Wesen das Sterbliche einen Teil enthält, das Nichtsterbende aber den andern, so ist durch meinen Satz nichts anders gesagt, als daß die Seele eines von der unendlichen Menge Dinge sei, die übrig bleiben, wenn ich das Sterbliche insgesamt wegnehme. Dadurch aber wird nur die unendliche Sphäre alles Möglichen in so weit beschränkt, dass das Sterbliche davon abgetrennt, und in dem übrigen Raum ihres Umfangs die Seele gesetzt wird. Dieser Raum bleibt aber noch immer unendlich, und können noch mehrere Teile desselben weggenommen werden, ohne daß darum der Begriff von der Seele im mindesten wächst und bejahend bestimmt wird. Diese unendliche Urteile also in Ansehung des logischen Umfangs sind wirklich bloß beschränkend in Ansehung des Inhalts der Erkenntnis überhaupt".

Wie verhält es sich nun mit dem Satz „x ist ungerecht"? Enthält er ein unendliches Urteil? Die Zusammenziehung von „un" und „gerecht" in einem Wort könnte in diese Richtung deuten. Aber achten wir auf das, was Kant in seinem Beispiel sagt. Er sagt nicht, was eigentlich nahe läge, „die Seele ist unsterblich", sondern er sagt „die Seele ist nichtsterblich". „Unsterblich" meint etwas anderes als „nichtsterblich", immortalis etwas anderes als non-mortalis. „Unsterblich" ist kein Prädikat in einem unendlichen (also stets auch verneinenden), sondern in einem positiven Urteil. Denn erstens umfasst es nur lebendige Dinge und nicht alles Seiende, was nicht sterblich ist (z.B. nicht Fahrräder). Und zweitens hat es für das gewöhnliche Denken eine positive, nämlich besonders intensive Bedeutung, da es aussagt, etwas sei von sich aus, d.h. durch Dritte nicht änderbar, „im Stande, ewig zu leben". Gott ist unsterblich, aber nicht die Seele; sie ist nur nichtsterblich und existiert nur, solange Gott es will, weil dieser allmächtig ist, somit auch die Macht über die Seelen und ihre Nichtsterblichkeit besitzt. Daher ist der Satz „Die Seele ist nichtsterblich" ein unendliches Urteil, der Satz „Die Seele ist unsterblich" dagegen ein positives Urteil.

Auch das Prädikat „ungerecht" umfasst keine unendlich große Sphäre. Denn erstens enthält der mit ihm gebildete Aussagesatz nur Seiendes, das gerecht oder ungerecht sein kann (also z.B. nicht Fahrräder). Und zweitens ist bei ihm das Nichtgerechtsein ein besonders weit von der Sphäre des Gerechten entfernter Bezirk, in Analogie zur „Unsterblichkeit" eine besonders markante, aus sich heraus entstehende Form von Nichtgerechtsein. Das Ungerechtsein erweist sich so in zweifacher Hinsicht als positiv bestimmt. Fragen ließe sich freilich immer noch, ob nicht auch der Bezirk des sowohl Gerecht-oder-ungerecht-sein-Könnenden wie besonders weit von der Sphäre des Gerechten entfernt Liegenden ein unendlicher ist. Ontologisch wird man gewiss unendlich viele Handlungen des historischen Menschen als ungerecht bezeichnen können. Aber das ist bei der Zuschreibung des Prädikats „rot" nicht anders: Es gibt unendlich viele Gegenstände, die rot sind. Doch darum geht es beim unendlichen Urteil nicht. Bei ihm handelt es sich vielmehr darum, dass eine positive Eigenschaftszuschreibung außerhalb des Verneinten nicht erfolgt. Wenn wir, was die folgende Untersuchung tun will, genau festlegen, was Ungerechtsein bedeutet, werden wir aus dem unendlich großen Bereich des Nichtgerecht-Seins einen genau bestimmten Bereich des Ungerechtseins positiv umgrenzt und aus dem Nicht-Gerechten herausgenommen haben.

Wir halten fest: Der Satz „x ist ungerecht" stellt kein unendliches Urteil dar und besitzt damit auch nicht die Schwächen eines solchen Urteils. Er bildet die Summe zweier Urteile, eines negativen und eines positiven. Das negative Urteil lautet „x ist nicht gerecht", das positive „x ist einem genau begrenzten Bezirk aus der unendlichen Menge des Nicht-Gerechten zugehörig". Wenn wir das unter I. – III. Erörterte mitbedenken, können wir das Prädikat des positiven Satzes schon etwas genauer konturieren: Das Ungerechte liegt weit von der Sphäre des Gerechten ab, aber noch nicht an dessen entgegengesetztem Ende.

15

V.
Abgrenzungen 1

Begriffe müssen abgegrenzt werden. Aus solcher Abgrenzung folgen schon Hinweise auf ihren eigenen Inhalt.

Ungerechtigkeit ist nicht *Unrecht*. Unrecht ist, so die Definition des Großen Duden, „dem Recht, der Gerechtigkeit entgegengesetztes, das Recht, die Gerechtigkeit verneinendes Prinzip". Unrecht ist, wie die meisten Wörter mit „Un", nicht einfach nur „nicht dem Recht, der Gerechtigkeit entsprechend", sondern eine intensive Form dieses Nichtentsprechens: ein Recht und Gerechtigkeit verneinendes (nicht nur: nicht beachtendes) Prinzip (nicht nur: ein einzelnes Tun oder Sein). Beim „Unrecht" ist nach dieser Definition die Negation breiter und stärker als bei der Ungerechtigkeit: Sie erfasst nicht nur die Verneinung der Gerechtigkeit, sondern auch die des positiven Rechts, und sie betont den (Recht oder Gerechtigkeit) verneinenden Charakter. Etwas, was als Norm konkret da ist und Geltung beansprucht, wird trotz seiner normativen Anwesenheit grundsätzlich negiert.

„Unrecht" ist nach der viel engeren und näher liegenden Definition der Juristen nur die Verletzung der Rechtsordnung, also in der Regel ein Verstoß gegen das Gesetz. Nach Auffassung des Bundesverfassungsgerichts ist eine Rechtsnorm, die offenbar gegen konstituierende Grundsätze des Rechts verstößt, Unrecht und wird auch nicht dadurch zu Recht, dass sie angewendet und befolgt wird (BVerfGE 23, 98). Selbst in dieser (für den Juristen schon überdehnten) Verwendung durch das Bundesverfassungsgericht bleibt der Begriff noch an das positive Recht gebunden. Sie spricht im Ergebnis einer existierenden Rechtsnorm die Kraft ab, ein gegen sie verstoßendes Handeln zu Unrecht zu machen.

Ungerechtigkeit ist nicht *Unbilligkeit*. Bei der „Unbilligkeit" ist die Negation allerdings nicht gleich stark wie beim „Unrecht". Unbilligkeit meint ein erhebliches Abweichen von der Billigkeit, also von der (ohnehin schwer zu verwirklichenden) Einzelfallgerechtigkeit. Unbillig ist ein Sein oder Tun, das den konkreten Umständen des Einzelfalls erkennbar nicht gerecht wird. Ungerecht handelt oder ist dagegen, wer nicht nur dem konkreten Einzelfall nicht gerecht wird, sondern in seinem Sein oder Tun erkennbar ein Prinzip verletzt. Wer unbillig handelt, ist nicht zwingend ungerecht und wer ungerecht handelt, nicht zwingend unbillig.

Ungerechtigkeit ist nicht *Unmenschlichkeit*. Unmenschlichkeit meint nach dem Großen Duden „grausam und ohne bei einem Menschen zu erwartendes Mitgefühl, die Würde des Menschen ins Inhumane hinein verletzend". Ungerechtigkeit muss nicht grausam und gefühllos geübt werden. Sie ist daher auch keine spezielle Unterform der Unmenschlichkeit, beschränkt auf einen bestimmten Bereich des Menschlichen und seine Verfehlung. Zwar kann, wer unmenschlich handelt, wohl nicht gerecht, und wer ungerecht handelt, wohl nicht menschlich genannt werden. Aber wer unmenschlich handelt, kann nicht per se ungerecht, und wer ungerecht handelt, nicht per se unmenschlich genannt werden.

Ungerechtigkeit ist nicht *Unsolidarität*. Unsolidarisch handelt, wer grob gegen die Anforderungen von Solidarität verstößt. Solidarität ist das in einer Gemeinschaft faktisch vorhandene Zusammengehörigkeitsgefühl, das praktisch werden kann und werden soll und sich in freiwilliger gegenseitiger Hilfe und dem Eintreten füreinander äußert. Man fühlt sich „verbunden" (im Sinne von: verpflichtet, etwas zu tun), weil man sich verbunden (im Sinne von: als Glied einer Gemeinschaft) fühlt. Ungerechtigkeit verstößt gegen eine objektive Norm, Unsolidarität gegen eine subjektive Einstellung (deren Vorhandensein man erwartet, aber nicht verlangen kann). Ungerechtigkeit kann man möglicherweise auch Personen vorwerfen, die außerhalb der eigenen Gemeinschaft stehen, Unsolidarität nicht (universelle Moral versus Gruppenmoral).

„Unrichtigkeit" ist Fehlerhaftigkeit. Ein Urteil kann unrichtig sein, sei es, weil der Richter das Gesetz falsch auslegt, sei es, weil er seinem Urteil einen nicht zutreffenden Sachverhalt zugrunde legt. Wenn der Strafrichter ein Fehlurteil fällt, indem er jemanden für eine Tat bestraft, die er nicht begangen hat, dann ist sein Urteil unrichtig und, weil es nicht der Rechtsordnung entspricht, Unrecht. Aber von „Ungerechtigkeit" darf man hier nicht reden. Ungerechtigkeit ist das Ergebnis einer Wahl zwischen verschiedenen Handlungsoptionen. Unrichtigkeit ist keine zulässige Option.

VI.
Abgrenzungen 2

Was kann ungerecht sein? Gewiss nicht ein Stein und eine Pflanze, nicht ein Tier oder sein Verhalten. Eine Naturkatastrophe, die nur bestimmte Menschen trifft und andere verschont, halten wir für ein Unglück, aber nicht für eine Ungerechtigkeit (es sei denn, eine Flut trifft die ärmeren Viertel stärker, weil die öffentliche Hand die Viertel der Reichen stärker geschützt hat). Als ungerecht lässt sich nur *der Mensch und sein Verhalten* und *vom Menschen Geschaffenes* (ein Gesetz, ein Urteil, eine Verordnung, ein Erlass usw.) bezeichnen.

Doch nicht alles vom Menschen Geschaffene und nicht jede menschliche Handlung kann Gegenstand eines Ungerechtigkeitsurteils sein, ja nicht einmal ein Mensch in seiner Gesamtheit. Ein Mensch kann dumm sein, faul, geizig, aber kann er, im selben Sinne wie dumm, faul und geizig, ungerecht sein? Kann man von jemandem wirklich sagen, er sei „ein dummer, fauler und ungerechter Mensch"? Darf man einem Verstorbenen hinterherrufen: „X war unbeliebt und ungerecht"? Der Mensch kann offenbar nur bei einer bestimmten Handlung oder einem bestimmten Typ von Handlungen ungerecht sein. Ebenso kann nicht jedes Verhalten des Menschen (potentiell) ungerecht sein. Das gilt etwa, wie immer es gemacht wird, vom Zähneputzen oder vom Fußballspielen. Auch nicht alles vom Menschen Geschaffene lässt sich nach dem Kriterium ungerecht/nicht ungerecht qualifizieren. Das gilt z.B., wie immer es aussieht, vom Kunstwerk oder von einem Auto.

Wie aber muss die Beschaffenheit dessen sein, was dem Urteil der Ungerechtigkeit unterliegen kann? Es muss von derselben Beschaffenheit sein wie das, was gerecht genannt zu werden vermag. Es muss um ein Handeln gehen, das *beurteilt* und *richtet* oder *zuteilt* und *versagt*. Wenn ich bei einem Vertragsschluss einen außerordentlich großen Gewinn mache, kann man mich nicht ungerecht schelten. Der Partner eines Austauschverhältnisses kann nicht ungerecht sein. Nur ein Urteilen, Beurteilen, Zuteilen und Verteilen kann ungerecht sein, ebenso sein Ergebnis.

Kann auch das Leben als solches ungerecht sein? Patricia Highsmith sagt: „Gibt es etwas Langweiligeres und Gekünstelteres als Gerechtigkeit? Weder das Leben noch die Natur scheren sich einen Deut darum, ob einem Geschöpf Gerechtigkeit widerfährt." Manche sagen trotzdem „Das Leben ist ungerecht", im Englischen „Life is a bitch". Meist wehren sie mit dem Hinweis auf die „große" Ungerechtigkeit Beschwerden des Menschen über die „kleinen" Ungerechtigkeiten ab, die einen im Leben widerfahren, oder sie relativieren diese kleinen Ungerechtigkeiten. Auf die Unausweichlichkeit von Ungerechtigkeit im menschlichen Leben weist schon Nietzsche hin: „Du solltest die nothwendige Ungerechtigkeit in jedem Für und Wider begreifen lernen, die Ungerechtigkeit als unablösbar vom Leben, das Leben selbst bedingt durch das Perspektivische und seine Ungerechtigkeit" (Menschliches, Allzumenschliches, Vorrede Nr. 6). Gewiss lässt sich über solche Sätze reden. Nicht reden lässt sich jedoch über das unabweisbare Bedürfnis des Menschen, Ungerechtigkeit festzustellen, sie zu kritisieren und sie zu beseitigen. Die Schwierigkeit, genau zu sagen, was Ungerechtigkeit ist, darf nicht zur Ablehnung der Frage nach der Ungerechtigkeit selbst führen. Selbst wenn fest stünde, dass wir diese Frage nie allgemeingültig beantworten können, bliebe die Frage legitim. Es gälte dann auch für sie der auf die Metaphysik gemünzte Satz Kants in der Vorrede zur „Kritik der reinen Vernunft": „Die menschliche Vernunft hat das besondere Schicksal in einer Gattung ihrer Erkenntnisse, dass sie durch Fragen belästigt wird, die sie nicht abweisen kann, denn sie sind ihr durch die Natur der Vernunft selbst aufgegeben, die sie aber auch nicht beantworten kann, denn sie übersteigen alles Vermögen der menschlichen Vernunft".

Das menschliche Leben ist sicherlich kein legitimer Gegenstand eines Ungerechtigkeitsurteils, andere Gegenstände innerhalb des Lebens aber sehr wohl. Und dies Letztere gilt gerade auch dann, wenn man die „Ungerechtigkeiten" der Natur nicht übersieht.

VII.
Ungerechtigkeit das Primäre

Rein äußerlich hat es den Anschein, als ob Gerechtigkeit *das Primäre* wäre und Ungerechtigkeit das von ihm abgeleitete Sekundäre, das ohne das Primäre sich gar nicht denken ließe. Könnte es aber nicht genau umgekehrt sein? Besteht nicht die Möglichkeit, dass die Erfahrung von Ungerechtigkeit am Ursprung des Bemühens um die Bestimmung der Gerechtigkeit steht?

Schon Anaximander – er führt den Prozess wechselseitiger Verdrängung, das Dominieren des einen über den anderen auf Ungerechtigkeit zurück – begreift Dike (Gerechtigkeit), d.h. das Wiederherstellen des gestörten Gleichgewichts, mit Rekurs auf Adike (αδιχία) (VS 12, B 1). Heraklit behauptet im Rahmen seiner Gegensatzlehre, die Beschreibung einer Sache als „gerecht" setze die Erfahrung des Ungerechten voraus (VS 22, B 23). Und Schopenhauer schreibt in der „Welt als Wille und Vorstellung" (I, § 62), freilich von Recht und Unrecht, aber doch wohl auch auf Gerechtigkeit und Ungerechtigkeit zu beziehen:

„Wir haben im Zusammenhang unserer Betrachtungsweise als den Inhalt des Begriffs Unrecht gefunden die Beschaffenheit der Handlung eines Individuums, in welcher es die Bejahung des in seinem Leibe erscheinenden Willens so weit ausdehnt, daß solche zur Verneinung des in fremden Leibern erscheinenden Willens wird. Wir haben auch an ganz einfachen Beispielen die Gränze nachgewiesen, wo das Gebiet des Unrechts anfängt, indem wir zugleich seine Abstufungen vom höchsten Grade zu den niedrigeren durch wenige Hauptbegriffe bestimmten. Diesem zufolge ist der Begriff Unrecht der ursprüngliche und positive: der ihm entgegengesetzte des Rechts ist der abgeleitete und negative.

Denn wir müssen uns nicht an die Worte, sondern an die Begriffe halten. In der That würde nie vom Recht geredet worden seyn, gäbe es kein Unrecht. Der Begriff Recht enthält nämlich bloß die Negation des Unrechts, und ihm wird jede Handlung subsumirt, welche nicht Ueberschreitung der oben dargestellten Gränze, d.h. nicht Verneinung des fremden Willens, zur stärkeren Bejahung des eigenen, ist."

Charles Dickens sagt in Chapter 8 seines Romans „Great Expectations" von 1861:

„In the little world in which children have their existence whosoever brings them up, there is nothing so finely perceived and so finely felt, as injustice. It may be only small injustice that the child can be imposed to; but the child is small, and its world is small, and its rocket-horse stands as many hands high, according to scale, as a big-boned Irish hunter."

Nur am Rande sei bemerkt, dass Empörung über Ungerechtigkeit sich bereits im Tierreich findet. Unsere engsten Verwandten, die Primaten, werden wütend, wenn sie sich ungerecht behandelt fühlen. Die Anthropologin Sarah F. Brosnan und der Primatenforscher Frans de Waal haben das bei Experimenten an Kapuzineraffen und Schimpansen demonstriert.

Die Tiere bekamen beigebracht, in Zweiergruppen kleine Steine gegen Futter einzutauschen. Die Tiere konnten einander sehen, aber nicht berühren. Erhielten beide für ihren Stein ein Stück Gurke, verlief der Austausch problemlos. Doch wenn ein Tier eine allseits beliebtere Traube bekam, während das andere weiterhin eine Gurkenscheibe erhielt, platzte dem benachteiligten Tier der Kragen. Viele Tiere verweigerten daraufhin die Mitarbeit: Sie gaben den Stein nicht heraus, lehnten die Gurkenscheibe ab oder nahmen die Gurkenscheibe an, ohne sie zu verspeisen. Manche Tiere schleuderten Spielstein und Gurkenscheibe aufgebracht aus dem Gehege. Besonders empört waren sie, wenn ihr Gegenüber die Traube offensichtlich geschenkt bekam, also noch nicht einmal einen Spielstein dafür opfern musste: Dann streikten sie bei gut 80 Prozent der Versuche. Diese Beobachtungen zeigen, dass für Affen der Wert der Belohnung relativ ist und im sozialen Vergleich entsteht. Er ergibt sich erst im Hinblick auf andere möglichen Belohnungen und auf den Einsatz, der dafür erforderlich ist. Die Empörung der Tiere entsteht aus der Wahrnehmung der Ungerechtigkeit. Das Empfinden von Ungerechtigkeit ist älter als die Fähigkeit zu rationalem Denken.

Die Erfahrung von Ungerechtigkeit scheint nach dem Gesagten beim Menschen, auf den wir uns konzentrieren wollen, nicht nur historisch und phylogenetisch, sondern auch ontogenetisch der Erkenntnis von Gerechtigkeit vorherzugehen. Der Mensch der Frühe, der frühe Mensch und das Kind können Ungerechtigkeit als solche wahrnehmen, ohne schon zu wissen, was Gerechtigkeit ist. Ja, das Denken in Kategorien der Gerechtigkeit scheint Erfahrungen von Ungerechtigkeit vorauszusetzen.

Diese Zusammenhänge sind von früher her und noch heute aufbewahrt im Wort „Ungerechtigkeit" und seiner Bedeutung, wie wir sie oben herausgearbeitet haben: Die Ungerechtigkeit ist in derselben Stadt beheimatet wie die Gerechtigkeit, wohnt zwar nicht am anderen Ende, aber weit weg von ihr in einem eigenen Viertel von besonderer Eigenart. Neu gelernt haben wir, das dieses Viertel die historische Keimzelle der ganzen Stadt darstellt und man, ohne es zu durchstreifen, die Eigenart und den Charakter der Stadt nicht zu erfassen vermag. Zwar gibt es in anderen Städten historische Viertel ähnlicher Art; gleichwohl unterscheidet sich unser besonderes Quartier von ihnen allen durch je individuelle Merkmale.

VIII.
Die Ungerechtigkeitserfahrung des Kindes

Was macht die Vermutung vom historischen und phylo- bzw. ontogenetischen Primat der Ungerechtigkeit vor der Gerechtigkeit plausibel? Man kann die Frage am besten beim Kind beantworten.

Nehmen wir ein Beispiel. Die Mutter hat für den Geburtstag des Vaters einen Kuchen gebacken. Es ist der Lieblingskuchen der drei Kinder. Sie gibt dem Kind, das kürzlich eine „Eins" in einer Klassenarbeit geschrieben hat (K_1), unter Hinweis auf die Note zwei Stück Kuchen, den beiden anderen Kindern (K_2 und K_3) nur je ein Stück. Die Belohnung des „Einsers" war zu Beginn des Schuljahrs für alle drei schulpflichtigen Kinder angekündigt worden. Der Vater wusste von der Ankündigung und nahm stillschweigend von ihr Notiz. K_2 und K_3 haben bisher noch nie eine „Eins" geschrieben.

Werden K_2 und K_3 sich ungerecht behandelt fühlen? Die Mutter hat doch einen Sachgrund geltend gemacht: Spitzenleistung rechtfertigt Spitzenbelohnung. Außerdem hatte sie ihr Vorgehen angekündigt; jedes Kind konnte sich darauf einstellen, sich anstrengen und ebenfalls eine „Eins" schreiben. Jedes Kind besaß formal dieselben Startchancen. Der Vater hatte durch Schweigen zugestimmt, niemand, so scheint es, durfte sich darüber beklagen, dass die Bevorzugung von K_1 ausgerechnet am Geburtstag des Vaters erfolgte. Ja umgekehrt: Gerade weil die Belohnung an einem so exponierten Tag wie dem Geburtstag des Vaters geschah, erlangte sie doppelten Wert und musste alle Kinder für die Zukunft doppelt motivieren. Man könnte also fast sagen: Die Mutter hat sich die Sache pädagogisch gut ausgedacht. Von Willkür keine Spur.

Und trotzdem werden K_2 und K_3 sich ungerecht behandelt fühlen. Würden sie dieses Gefühl, wenn man sie danach fragte, genau beschreiben und begründen können? Sie würden dabei wohl am Äußeren, Sichtbaren haften bleiben: „K_1 bekommt zwei Stück Kuchen und wir nur eins, obwohl das der Lieblingskuchen von uns allen ist und obwohl wir uns in der Schule doch alle gleich anstrengen". Vielleicht würden sie noch hinzufügen: „Wenn in der Schule ein Kind Geburtstag feiert und einen Kuchen mitbringt, bekommen doch auch alle Schüler gleich viel von dem Kuchen, obwohl manche ganz schlechte Arbeiten schreiben". Und warum akzeptieren die Kinder den von der Mutter angelegten pädagogischen Maßstab nicht? Das zu begründen, werden ihnen wahrscheinlich schon die passenden Worte fehlen. Sie müssten sich dabei auf ihre Intuition verlassen, sie tun dies auch und sind sich im Ergebnis ganz *sicher*.

Ein erwachsener Beobachter des Geschehens wird feststellen, dass die Ungleichbehandlung durch die Mutter die Kinder im Kern ihrer Persönlichkeit betrifft: Es geht um ihren Lieblingskuchen, ihr Gefühl, ihre persönliche Einschätzung steht in Rede. Es geht zweitens um den Geburtstag des Vaters, eines Menschen also, der den Kinder zusammen mit der Mutter am nächsten steht, den alle Kinder gleich lieben, auf den sie angewiesen sind, mit dem sie feiern wollen. Dem Beobachter fällt das Missverhältnis zwischen pädagogischer Absicht und Belehrungsmittel ins Auge. Die von der Mutter vorgenommene Differenzierung wird von den Kindern intuitiv verworfen. Es zeigt sich, dass Differenzierung dort, wo Gleichbehandlung erwartet wird und erwartet werden kann, eine getarnte Form von Willkür ist. Die begründete Ungleichbehandlung kann schlimmer sein als die unbegründete, weil in der Differenzierung und der Unangemessenheit des Differenzierungskriteriums die Missachtung der Persönlichkeit des Differenzierungsbenachteiligten deutlicher durchscheint als in der nackten Willkür, die viele Motive zulässt, auch das Selbstbild schonende. Die benachteiligten Kinder werden ihren im Keim vorhandenen Zorn unterdrücken müssen, denn gegen die Eltern vermag er sich nicht oder allenfalls versteckt zu äußern. Vielleicht empfinden sie Scham oder Traurigkeit. Möglicherweise wird sich in ihnen das Gefühl festsetzen oder verstärken, weniger wert zu sein als das belohnte Kind, und zwar als Ganzes, als Person weniger wert zu sein. Denn der punktuelle Unterschied, keine „Eins" geschrieben zu haben, wurde mit einem Angriff auf die Person als Ganzes und damit auf ihre Würde beantwortet. Hinzu kommt das Gefühl, von den Eltern weniger geliebt zu werden als das bevorzugte Geschwister, und Liebe erfasst den geliebten Menschen immer in seiner Ganzheit. Aus der Gabe der Liebe wird das Gift der Ungerechtigkeit. Ungerechtigkeiten gegen Kinder wiegen doppelt so schwer wie Ungerechtigkeiten gegen Erwachsene. Denn Kinder können das ganze Ausmaß der Ungerechtigkeit nicht erkennen, sie durchschauen die Unangemessenheit des Differenzierungskriteriums als Differenzierungskriterium noch nicht, vermögen den Anspruch auf gerechte Behandlung nicht theoretisch zu untermauern. Das einzige, was sich in ihnen regt, ist die Empfindung von Ungerechtigkeit und die sie begleitenden Gefühle.

Im Akt des ungerechten Zuteilens unter Hinweis auf ein Differenzierungskriterium setzt der Zuteilende zugleich stillschweigend eine Norm. Er nötigt dem von der Zuteilung

Betroffenen ab, das hinter seinem Handeln stehende Prinzip als verpflichtende Norm zu akzeptieren. Damit weist der einzelne Akt weit über sich hinaus. Er stellt sich im Verhältnis zwischen Eltern und Kindern als Erziehungsakt, im Verhältnis zwischen Erwachsenen als Herrschafts-, weil Gesetzgebungsakt dar. Begründende Ungerechtigkeit postuliert sich stets als Gerechtigkeit. Aber diese Anmaßung wird durchschaut. Und indem sie als durchschaute Anmaßung doppelt heftige Reaktionen hervorruft, verweigern ihr die Adressaten die Anerkennung als Normsetzung in toto und ohne die Ablehnung einer Begründung für bedürftig zu halten. Die Empörung ist sich ihrer Sache so sicher, dass sie keiner abstrakten Theorie der Gerechtigkeit bedarf, um sich zu rechtfertigen. Ja, vielleicht ist es sogar so, dass Gerechtigkeit nur gelernt werden kann durch die Erfahrung einer hinreichenden Zahl von Ungerechtigkeiten.

Noch nicht erörtert ist, was Ungerechtigkeit im *Verhältnis zwischen den ungleich Behandelten* bewirkt. Wird nicht dem bevorzugten Kind die schwere Bürde aufgelastet, die Ungerechtigkeit der Eltern im Innenverhältnis der Kinder auszugleichen? Wie aber soll es das tun? Soll es das heimlich oder vor den Augen der Eltern tun? Was, wenn das Zugewendete sich nicht so leicht teilen lässt wie ein Stück Kuchen? Muss es dann ein schlechtes Gewissen haben? Und ist denn ein Kuchen wirklich leicht teilbar? Würde nicht bei einem unter den Kindern stattfindenden Teilungsakt jede noch so kleine und unbeabsichtigte Ungleichheit von nun besonders scharfsichtigen Augen entdeckt und zur Quelle neuen Zwistes und neuer Verletzungsgefühle? Und maßte der extern Begünstigte mit der internen Teilung sich nicht die Elternrolle an und bürdete er sich damit nicht eine zu schwere Last auf? Gerade im Akt des Ungerechtigkeit kompensierenden und intern solidarischen Teilens würde jene Herrschaftsrolle exekutiert, die die Eltern dem bevorteilten Kind in der ungerechten Zuteilung heimlich übertrugen oder zumindest anboten. Oder wird umgekehrt durch die Ungerechtigkeit der Eltern die vom bevorzugten Kind erstrebte Vorrangstellung unter den Geschwistern begründet oder gestärkt? Zieht es Nutzen aus der Ungerechtigkeit? Vollstreckt es das in der Ungerechtigkeit zum Ausdruck gekommene Urteil der Eltern gegen seine Geschwister? Der ungerecht Bevorzugte und die ungerecht Benachteiligten bilden, ob sie es wollen oder nicht, ob sie es erkennen oder nicht, eine vom ungerecht Handelnden gestiftete Zwangsgemeinschaft, in der nicht das verteilte Materielle, sondern die sie begleitenden Gefühle die Hauptrolle spielen. Selbst derjenige durch die Ungerechtigkeit Privilegierte, der die Bevorzugung ablehnt und dies erkennbar macht, verstrickt sich tragisch in eine vom Teilenden verhängte Schuld und weckt Neid, Eifersucht und Missgunst der Benachteiligten. Wo sonst die Elternliebe in ihrer gleichen Stärke die Willkürlichkeit der Natur bei der Ausstattung der Kinder überwindet, errichtet Ungerechtigkeit ein neues künstliches Regime der Willkür in sinnloser Nachahmung der launischen Natur, in dem neue und tiefere Versehrungen entstehen, als Natur sie in ihrer Blindheit überhaupt anrichten kann. Aus der liebenden Eltern-Kind-Beziehung, in der die Persönlichkeit jedes einzelnen Kindes sich voll akzeptiert fühlt, wird eine durch den Akt der Ungerechtigkeit hierarchisch gestufte Gruppe von Kindern, die die Eltern als solche sich gegenüberstellen und aus der das einzelne Kind nur noch mittelbar mit den Eltern in Kontakt tritt.

Ungerechtigkeit geschieht oft vor *Zeugen*, die außerhalb des Kreises der Betroffenen stehen. Der Zeuge hat, bei dem, was er sieht, manchmal Schwierigkeiten, sich herauszuhalten. Er ahnt, dass die Lage der Benachteiligten oft noch schwieriger wird, wenn er eingreift und die Eltern zu belehren versucht. Die Scham des Benachteiligten würde dann noch größer. Die Eltern würden den Angriff von außen unbewusst gleichsetzen mit dem, was vielleicht auch das zurückgesetzte Kind empfindet. Das Kind selber möchte nicht, dass die Eltern nach außen bloßgestellt werden, denn es identifiziert sich mit ihnen. Man kennt das Phänomen auch aus den Ungerechtigkeitserfahrungen von Erwachsenen. Erwachsene haben oft Schwierigkeiten, sich Dritten gegenüber als Opfer von Ungerechtigkeit darzustellen. Jemand verdient weniger als ein anderer, obwohl er nach seiner Einschätzung gleich viel „verdient" hätte wie der andere. Erzählt er Dritten davon, muss er befürchten, als Zu-kurz-Gekommener oder als Neidhammel oder als Verlierer beurteilt zu werden. Es könnte sein, dass der Dritte die behauptete Ungerechtigkeit gar nicht erkennen kann. Oder der Dritte mag den Klagenden auf andere Vorteile und Erfolge hinweisen, die dessen Vergleichsobjekte nicht haben, und ihn damit zu trösten versuchen. Vielleicht wird darauf hingewiesen, die ungerecht Zuteilenden würden nur aus Neid gegen den Klageführenden handeln, sodass sich in seinem Zu-kurz-Kommen eigentlich Überlegenheit ausdrücke. In der Behauptung, Opfer von Ungerechtigkeit zu sein, muss man sich immer zunächst als defizitär darstellen: Man hat etwas nicht erreicht, was man erreichen wollte; und man war nicht in der Lage, die Ungerechtigkeit der Zuteilenden zu überwinden, ihnen die Selbsteinschätzung als objektiv richtig zu vermitteln. Zögert so schon der Erwachsene, sich Dritten gegenüber als Opfer von Ungerechtigkeit darzustellen, kommt beim Kind noch hinzu, dass es seine Eltern liebt und von ihnen auf existenzielle Weise abhängig ist: Es kann sich, anders als der Erwachsene einen neuen Arbeitgeber, keine neuen Eltern suchen.

Die Ungerechtigkeitserfahrung des Kindes, so können wir *zusammenfassen*, ist emotional so intensiv, wie sie begrifflich unreflektiert ist. Indem es sich in dieser Erfahrung als doppelt abhängig erlebt, weil es nicht nur der Entscheidung eines Anderen ausgesetzt ist, sondern am Gerechtigkeitsdiskurs weder teilnehmen darf noch teilnehmen kann, weiß es nur, dass, was ihm widerfährt, nicht in Ordnung ist, aber nicht, wie jene allgemeine Regel der Gerechtigkeit zu formulieren wäre, gegen die das Erlebte verstößt. Die bloße Ungleichbehandlung ist, wenn sie, wie meist, begründet wird, noch keine Ungerechtigkeit; sie abstrakt zu durchschauen, setzt eine abstrakte Auseinandersetzung mit dem Differenzierungskriterium voraus, deren Ergebnis das Kind intuitiv erahnt, deren Fundierung in einer abstrakten Regel ihm aber verschlossen bleibt.

Was macht die Ungerechtigkeit mit dem ungerecht *Handelnden*? Er scheint mit sich im Reinen, sieht in seinem Vorgehen keine Ungerechtigkeit. Fehlt ihm also jeder Vorsatz? Trifft ihn subjektiv keinerlei Schuld? Selbst die böse Stiefmutter des Märchens, die ihre eigenen Kinder stets besser behandelt als die Stiefkinder, glaubt sich gerechtfertigt in dem Gedanken, dass ihre Kinder die bessere Behandlung aus objektiven Gründen verdient hätten. Das Versagen des Ungerechten liegt also in einem Nichterkennen, in einem fast schon bewussten Sich-Verschließen vor dem Wesen seines Handelns, in welchem er zulässt, dass Elternliebe, trotz ihrer natürlichen Stärke, von fehlgehender Differenzierungsrationalität, trotz ihrer blutleeren Formalität, verdrängt wird. Weil und indem er in seinem Handeln eine höhere Form von Gerechtigkeit sieht und sich sein Blick, mit Scheuklappen bewehrt, auf das Differenzierungskriterium verengt, gewinnt er die Kraft zur Verdrängung des in seinem Tun liegenden Negativen. Natürlich ahnt er, was sein Handeln bei den Benachteiligten anrichtet; doch deutet er es als notwendig schmerzliche Begleiterscheinung eines Erziehungsvorganges, der seinen Zweck umso mehr erfüllt, je stärker der Widerstand gegen ihn ist. Die Kraft der Verdrängung, die sein Handeln begleitet, steht in direkt proportionalem Verhältnis zur Tiefe der Verletzung, die er durch sein Handeln bewirkt. Ungerechtigkeit ist nicht die Versagung dieser oder jener Zuwendung oder die Zufügung dieses oder jenes Nachteils, sondern prinzipielle Infragestellung der Person als Ganzer, Verletzung ihrer Würde. Und auf der Seite des Handelnden ist sie Entfaltung von Macht, die sich in der Verfügung über das Herrschaftsinstrument der Differenzierung inszeniert und in das Verhältnis ihrer Adressaten untereinander ebenfalls Herrschaftsbeziehungen von ihren Gnaden implementiert. Die Degradierung der Person zum bloßen Mittel von Machtausübung unter dem Deckmantel einer höheren Gerechtigkeit ist der Kern ihres Wesens.

IX.
Die Ungerechtigkeitserfahrung des Erwachsenen

Beschreiben wir die Ungerechtigkeitserfahrung des Erwachsenen. Jemand wird bei *Beförderungen* immer wieder übergangen, obwohl er nach seinem Urteil jeweils der klar bessere Kandidat war; er vermutet unsachliche Einflüsse auf die Person, die die Entscheidung trifft. In einem Land, so könnte ein zweites Beispiel lauten, muss für das *öffentlichrechtliche Fernsehen* jeder dieselbe Gebühr zahlen, unabhängig davon, ob er ein Fernsehgerät besitzt oder nicht, ob er, wenn er ein Gerät besitzt, die betreffenden Sender nutzt oder nicht. Diejenigen, die kein Gerät besitzen, und auch die, die zwar ein Gerät besitzen, aber nur private Sender nutzen, finden das meist ungerecht.

Es gibt *Unterschiede* zwischen den beiden Beispielen. Im ersten ist nur eine Person von der Ungerechtigkeit betroffen, im zweiten eine Vielzahl von Personen, die allerdings nur durch ein abstraktes Kriterium zu einer Gruppe zusammengefügt werden (individuelle Ungerechtigkeit / kollektive Ungerechtigkeit). Im zweiten wird die Ungerechtigkeit den Einzelnen weniger tief treffen als im ersten, denn er teilt seine Erfahrung mit vielen. Wegen des persönlichen Bezugs zum ungerecht Handelnden wird der ungerecht Behandelte im ersten Fall sich stärker verletzt fühlen als im zweiten. Die Ungerechtigkeit betrifft zudem seine Person als Ganzes, während im zweiten nur ein sehr eingeschränkter Lebenssachverhalt (Gebührenzahlung mit überschaubaren Beträgen) in Rede steht. Im ersten Beispiel geht die Ungerechtigkeit nur von einer oder wenigen Personen aus (Vorgesetzte), im zweiten von einer Vielzahl von Personen (Parlamentarier, die ein Gesetz beschließen; die Ministerialbürokratie, die das Gesetz vorbereitet und entworfen hat; einschlägige Verbände, die angehört wurden; Gutachter, die die Verfassungsmäßigkeit bejaht haben etc.). Auch das mindert den Grad der persönlichen Verletzung im zweiten Beispiel gegenüber dem ersten. Im ersten wird dem ungerecht Handelnden vorgeworfen, ein allseits anerkanntes Differenzierungskriterium (fachliche und persönliche Qualifikation) falsch angewendet zu haben, während er im zweiten eine gebotene Differenzierung unterlassen haben soll. Im ersten ist das Ungerechtigkeitsurteil schwer zu überprüfen, weil bei der Handhabung des Differenzierungskriteriums naturgemäß Ermessen eine Rolle spielt, im zweiten handelt es sich um ein „reines" Ungerechtigkeitsurteil, das allein auf der Bewertung der

Nichtdifferenzierung beruht. Damit hängt zusammen, dass das Ungerechtigkeitsgefühl eines nicht betroffenen Dritten eher im zweiten Beispiel als im ersten angesprochen werden wird. Im zweiten Beispiel, das wäre ein weiterer Unterschied, geht es scheinbar nur um Geld (Fernsehgebühren), im ersten um Geld, Prestige, Gestaltungsmöglichkeiten, Anerkennung. Die zweite Ungerechtigkeit hat ein aufwendiges Verfahren durchlaufen (Gesetzgebung), das schon als solches eine gewisse Legitimität schafft, die erste kann in der Regel keine „Verfahrensgerechtigkeit" für sich beanspruchen. Auch das stärkt die Empörung im ersten, schwächt sie im zweiten. Im zweiten Beispiel verstößt die Ungerechtigkeit gegen eine moralische oder politische Pflicht zur Gerechtigkeit und zum konkludent geäußerten Willen, gerecht handeln zu wollen; im ersten muss der Arbeitgeber Gerechtigkeit nicht zu seinen Entscheidungsmaßstäben zählen, denn weder liegt eine Pflicht dazu vor (es sei denn, ein Gesetz schreibt ausnahmsweise Entscheidung nur nach Qualifikation vor), noch wird es ihm rein faktisch immer um Gerechtigkeit gehen, die er vielleicht eher ökonomischen Kriterien unterordnet. Das nun wiederum stärkt die Empörung im zweiten, schwächt sie im ersten. Im ersten Beispiel bleibt der Betroffene mit der Ungerechtigkeit allein (nur selten wird er sich bei Dritten über sie beklagen), im zweiten sieht sich der einzelne Betroffene in einen öffentlichen Diskurs eingebunden, in dem sein Gefühl, ungerecht behandelt zu werden, vielfache Bestätigung findet. Der ersten Ungerechtigkeit kann der Betroffene durch Stellenwechsel für die Zukunft ausweichen, der zweiten bleibt er zwingend und dauerhaft ausgesetzt, wenn er nicht wegen ihr, was aber unverhältnismäßig wäre, das Land wechselt oder sich eine neue parlamentarische Mehrheit bildet.

Die Ungerechtigkeit hat nach alledem *verschiedene Gesichter*. Sie kann individuell oder kollektiv bewirkt werden, individuelle oder kollektive Wirkungen auslösen. Individuell bewirkt und individuell sich auswirkend, ruft sie in der Regel größere Empörung hervor. Ungerechtigkeit kann sich, rein äußerlich betrachtet, nur auf Geld beziehen, vermag aber auch immaterielle Güter zu erfassen. Sie mag die ganze Person betreffen oder nur einen bestimmten Lebensausschnitt, den Einzelnen unausweichlich ergreifen oder ihm alternative Optionen lassen, den Betroffenen allein lassen oder ihn in einen Diskurszusammenhang stellen.

Bei allen Unterschieden im einzelnen löst Ungerechtigkeit doch immer eine mal stärkere, mal schwächere *Empörung* aus. Kant sagt: „Niemals empört etwas mehr als Ungerechtigkeit. Alle anderen Übel, die wir ausstehen, sind nichts dagegen" (Bruchstücke aus dem Nachlass, Pädagogik). Ungerechtigkeit ist nicht nur das Objekt einer bewertenden bzw. normativen Aussage, sondern auch und vor allem Auslöser eines heftigen Gefühls, denn Empörung gehört zum Typus der starken Emotionen. Sie kann so stark sein, dass sie, wenn von vielen geteilt, zu einer Empörung im Sinne von Aufstand, Rebellion, Erhebung führt (vgl. z.B. die blutige Empörung, die um sich greifende Empörung). Etymologisch gehört das Wort „Empörung" vielleicht ganz am Anfang nicht, wie man denken könnte, zu „empor" (im Sinne von „in die Höhe springen" oder „sich erheben"), denn es weist eindeutig eine Länge auf (das „ö"), sondern geht auf eine Variante von „böse" (mittelhochdeutsch „en-boeren" aus „en-boesen") mit grammatischem Wechsel zurück: Der Empörte wird böse. Aber natürlich hat sich im Laufe der Zeit der Sinngehalt des Wortes faktisch mit dem Wort „empor" verbunden. Sich empören meint daher „sich entrüsten" und „sich erheben".

Empörung ist im ursprünglichen Sinn nicht nur ein Ausdruck des sich Entrüstens. Sie ist viel stärker. Empört sein heißt, etwas verändern wollen. Es nimmt mich etwas so mit, dass ich bereit und gewillt bin, mich aktiv für oder gegen etwas einzusetzen. Darin unterscheidet sich Empörung von Entrüstung: Entrüstung zielt auf öffentliche oder private Missbilligung und auf moralische Sanktionierung, nicht primär auf eine Änderung der Realität.

Empörung ist das Gefühl der Ungerechtigkeit. Es gibt Empörung ohne Ungerechtigkeit, aber keine Ungerechtigkeit ohne Empörung. Wo Ungerechtigkeit sich zeigt, löst sie Empörung aus. Aus dem Vorhandensein von Empörung kann man zwar nicht zwingend die Existenz von Ungerechtigkeit ableiten. Ein Indiz in diese Richtung bietet sie jedoch nicht selten. Diskussionen über Gerechtigkeit mögen intensiv sein, heftige Emotionen begleiten sie nicht. Nicht zuletzt daran zeigt sich, dass der Mensch offenbar Ungerechtigkeit für leichter feststellbar hält als den Inhalt von Gerechtigkeit und dass sie das primäre Phänomen darstellt. Gerechtigkeitsvorstellungen sind entweder Utopien oder setzen als realistisch konturiertes Bild einer besseren Zukunft Geduld voraus. Die Reaktion auf Ungerechtigkeit blickt auf die Vergangenheit (die noch nicht vergangen ist). Empörung nährt sich aus erlebter, erlittener Vergangenheit und treibt die Menschen stärker an als Geduld verlangende Zukunftshoffnung.

Der eigentliche sachliche Kern von Empörung ist empfundene *Entwürdigung*, also Indignation. Nicht umsonst heißt Empörung im Englischen indignation, im Französischen indignation, im Spanischen indignación. Jede Ungerechtigkeit verletzt die Würde (lateinisch „dignitas") der Person. Jedenfalls empfindet das der Betroffene so. Der Bezug zur Würde der Person zeigt sich auch darin, dass die Stärke der

Empörung, ihr Grad, von der Enge der personalen Beziehung zwischen dem Akteur und dem Opfer der Ungerechtigkeit abhängt, mit größerer Enge zunimmt, mit geringerer Enge abnimmt. Letztlich liegt auch in unserem zweiten Beispiel eine Verletzung der Person vor: Es geht in ihm um die systematische Missachtung einer persönlichen Entscheidung, die der Einzelne getroffen hat, indem er auf ein entsprechendes Empfangsgerät verzichtet. Darin liegt unter den heutigen Bedingungen einer totalen Mediengesellschaft eine sehr starke, die Persönlichkeit kennzeichnende Entscheidung. Im Geldbetrag der Gebühr wird nicht entfernt das Ausmaß der Persönlichkeitsverletzung abgebildet. Indem dem Einzelnen nicht zugetraut wird, sich aus den Angeboten privater Medien objektiv zu informieren, wird er konkludent zum Kind, der private Anbieter zum Manipulateur erklärt.

Im ersten Beispiel liegt die Ungerechtigkeit darin, dass die zur Entscheidung berufene Person den Betroffenen nicht sieht, ihn und seine Leistungen nicht zur Kenntnis nimmt, ihn in der offenbar gerechtfertigten Erwartung, es werde bei Beförderungen auf fachliche und persönliche Qualifikation ankommen, enttäuscht. Dadurch entwertet sie zugleich die Spitze jenes Leistungsspektrums, das der Betroffene im Hinblick auf die künftige Beförderung in einem die Leistung der Mitbewerber übersteigenden Maß erbracht hat, und zwar, wie sich nun herausstellt, ohne reales Entgelt erbracht hat. Man könnte von moralischem und pekuniärem Betrug reden.

In der Empörung spiegelt sich ein weiteres Wesenselement von Ungerechtigkeit. Empörung ist immer auch ein Stück trotziger Auflehnung und Rebellion gegen eine Instanz, die Macht ausübt. Und zwar eine ganz bestimmte Form von Macht ausübt, nämlich Macht in ihrer reinsten, weil formalen Gestalt ausübt, als Fähigkeit zu unkontrollierter und ungestrafter Willkür. Nur sie löst Trotz und Aufbegehren aus. Indem ein existierender elementarer Unterschied für nicht vorhanden erklärt (Beispiel 2) oder ein existierender Vorzug nicht gesehen oder nicht anerkannt wird (Beispiel 1), erweist sich das Handeln des Ungerechten als machtgestützte Willkür, die höhnisch zu erwartende Empörung in den Wind schlägt.

Empörung ist oft ein soziales Gefühl. Sie drängt auf Mitteilung an und Teilung durch andere. Bei „großen" gesellschaftlichen Ungerechtigkeiten (z.B. der Unterdrückung oder Benachteiligung von Klassen und Gruppen) kann sie, wie schon angedeutet, die Wurzel von Opposition, Revolte und Revolution sein. Albert Camus sagt zur Geburt einer neuen Gemeinschaft aus dem Geist der Indignation: „Ich empöre mich, also sind wir" (Der Mensch in der Revolte, 1969, 21). Empörung stiftet aber nicht nur eine sich auflehnende *Gemeinschaft*, sie gibt dieser Gemeinschaft auch die Themen vor. Vergemeinschaftete Empörung nährt Empörung. Nur durch und in der Empörung lernt man, was Empörung ist und worüber man sich empört, so wie man, nach einer alten Weisheit, den Krieg nur durch den Krieg lernt und, wie man hinzufügen darf, den Kriegsgrund nicht selten erst im Krieg und durch ihn findet. In der Empörung entsteht die Wahrheit der Empörung. Subjektives Gefühl und Vergemeinschaftung des Subjektiven erzeugen Objektives. Empörung geht in der Geschichte fast immer den Ideologien voraus. Bisweilen hängt sich eine schon vorhandene, aber bisher wirkungslose Ideologie an eine aufkommende Empörungsgemeinschaft an und verbindet sich mit ihr. Stets jedoch entsteht und lebt Empörung zunächst nach ihren eigenen Gesetzen. Erklärung folgt der Empörung. Auch der nur *individuell* oder im kleinen Kreis sich Empörende macht in der Empörung Erfahrungen mit sich. Er lernt sich, seine Werte, seine Prioritäten und seinen Charakter kennen. Auch hier öffnet Empörung daher einen neuen Erfahrungsraum, dessen affektive Färbung schon als solche ein Zeichen ist, das erlebt und erkannt zu werden vermag. In der Empörung zeigt der Sich-Empörende nicht nur auf das Objekt der Empörung, sondern vor allem auf sich selbst und, wenn vergemeinschaftet, auf die Gemeinschaft.

Dass das genuine Gefühl der Ungerechtigkeit Empörung ist, zeigt sich, wenn man versucht, *Zorn* oder *Wut* an ihre Stelle zu setzen. Zorn und Wut sind heftige, impulsive und mehr oder weniger aggressive Emotionen (Affekte) mit zum Teil sichtbaren vegetativen Begleiterscheinungen. Sie gehören zur Familie des Ärgers. Ärger reagiert auf Unangenehmes oder Unerwünschtes. Von Zorn, und nicht von Wut, spricht man, wenn die Angelegenheit, die uns ärgert, nicht primär auf unser Ich bezogen ist, sondern auf etwas Übergreifendes. Zorn ist distanzierter als Wut, weniger heftig als diese, eher „reflektiert" als dumpf wie diese; eher von der Versagung eines Anspruchs oder Bedürfnisses ausgelöst (das zornige Kind, das seine Süßigkeit nicht bekommt; der zornige Bürger, der eine kommunale Planung für falsch hält) als, wie bei der Wut, durch eine persönliche Kränkung; eher auf den Ausdruck von Unzufriedenheit und Unmut gerichtet als, wie bei der Wut, auf Vergeltung und Genugtuung. Für unseren Zusammenhang kommt allenfalls der Zorn, nicht die Wut in Frage. Wodurch unterscheidet er sich von der Empörung? Empörung reagiert auf eine ethische Verfehlung oder auf einen ethisch nicht zu rechtfertigenden Zustand, Zorn wie aller Ärger (breiter) auf Unangenehmes oder Unerwünschtes. Auf die Beseitigung des Empörenden hat man einen ethischen Anspruch, auf die Beseitigung von Erzürnendem nicht, jedenfalls nicht zwingend. Empörung antwortet auf Verletzung der Person und ihrer Würde, Zorn auf Frustration von Wünschen. Empörung zielt, schon als Emotion, auf Veränderung, Zorn nicht, jedenfalls nicht schon als solcher. Empörung vergemeinschaftet, Zorn nicht, und wenn doch, dann nicht schon aus dem Sinn der Emotion selbst. Warum nun löst Ungerechtigkeit eher Empörung als Zorn aus? Erstens, weil sie in einer ethischen Verfehlung oder einem ethisch illegitimen Zustand besteht. Zweitens, weil das Wesen von Ungerechtigkeit in der Verletzung der Personenwürde liegt. Drittens, weil gesellschaftliche Ungerechtigkeit ihre Opfer vergemeinschaftet. Und viertens, weil das Erleben von Ungerechtigkeit ipso iure einen Veränderungsimpuls auslöst.

Empörung kann nicht durch den Ungerechten aus der Welt geschafft werden, auch ihr Auslöser, die Ungerechtigkeit, kann es nicht. Mag für die Zukunft die konkrete Ungerechtigkeit beseitigt, mögen für die Vergangenheit neben Geld auch immaterielle Formen des Ausgleichs wie Entschuldigung, Widerruf, öffentliche Anerkennung, Ersatz für immaterielle Schäden geleistet werden, immer bleibt ein Rest zurück, der nicht kompensiert werden kann, bleibt ein Rest, der nur auf die zeitbedingte Abschwächung von Empörung hoffen darf.

Ungerechtigkeit kann auch nicht im eigentlichen Sinne von ihrem Opfer *verziehen* werden. Zu verzeihen vermag nur, wem die Disposition über das Verziehene zusteht. Da Ungerechtigkeit jedoch in einem Angriff auf die Würde der Person, ja auf das Prinzip von Personalität als solches besteht, lässt sich der Kern von Ungerechtigkeit nicht verzeihen. Verzeihen, Vergeben, Lossprechen, Freisprechen, Entschuldigen, Exkulpieren, Absolvieren, Begnadigen, Pardon gewähren: All dies ist im Umkreis von Ungerechtigkeit das falsche Mittel für ein falsches Vergessen. Mag die Empörung bereits noch so sehr abgeklungen sein, zumindest als Rechtfertigungsgrund für die trotzige Auflehnung gegen sie bleibt die Ungerechtigkeit ein dauerndes Faktum.

Ärger, Zorn und Wut verrauchen, Hass vergeht, Entrüstung (insbesondere der Sturm der Entrüstung) legt sich, Groll besänftigt sich. Was tut Empörung, wenn sie sich mildert? Eigentlich müsste sie herunter-gehen, so wie sie zuvor empor-gegangen ist. In Wahrheit aber gibt es keine häufig verwendete oder gar stehend gewordene Bezeichnung für die Reduktion von Empörung. Empörung, so scheint es, ist entweder da oder nicht da. Sie ist da in verschiedenem Grad, und wenn sie nicht mehr da ist, beträgt ihr Grad Null. Empörung drängt auf Abhilfe. Solange diese nicht gelingt, gibt es weiterhin Empörung. Im Gelingen der Abhilfe erschöpft sie sich. Es gibt dann nur noch die Erinnerung an sie. Gleichwohl lehrt uns aber doch scheinbar die Erfahrung, dass auch Empörung zunehmen oder abnehmen kann. Wenn die Sprache dafür keine eigenen Ausdrücke bereithält, ändert das, so könnte man sagen, nichts an dem Faktum. Dass Empörung am Anfang noch nicht ihren vollen Grad erlangt, ist jedoch oft ein Informationsproblem. Und das Nachlassen der Empörung ist, anders als bei Ärger, Zorn, Wut, Hass, Entrüstung und Groll, meist der Tatsache geschuldet, dass Empörung zu reaktivem Handeln drängt und so nicht eigentlich abnimmt, sondern in aktives Tun übergeht. Das Besondere an der Empörung zeigt sich also darin, dass die hinter ihr stehende emotionale Energie sich in einen Zustand verwandelt, der als ihre Auflösung oder Erfüllung betrachtet werden kann. Aus dem Empor des Gefühls wird ein Empor des Handelns. Empörung ist eine Vorform des Widerstands. Die Beschreibung von Empörung, ihres Grades, ihrer Träger, ist zugleich Beschreibung des kommenden Widerstandes, seiner Träger, seiner Formen. Noch in der kleinsten Ungerechtigkeit und der schwächsten Empörung scheint das Maß dessen auf, was an Widerstand möglich ist. Es gibt eine Welt, in der Ungerechtigkeit existiert, und jeder von uns lebt in ihr, aber in jeder Empörung, die durch sie ausgelöst wird, blitzt eine Welt auf, in der diese Ungerechtigkeit nicht mehr möglich wäre. In jede Empörung ist eingeschrieben, was ihren Anlass unmöglich machen würde.

X.
Das ungerechte Testament

Überprüfen wir das bisher Gesagte an einem weiteren Beispiel. Zudem mögen sich aus ihm weitere Aspekte von Ungerechtigkeit ergeben.

E hat drei Kinder, K_1, K_2, K_3. Er setzt in seinem Testament K_3 zum Alleinerben ein. E versteht sich mit allen drei Kindern gleich gut. Seine testamentarische Entscheidung begründet er seinen Freunden gegenüber mit der Erwägung, K_1 habe mit 7.000 Euro ein sehr hohes Einkommen, K_2 sei gut verheiratet, K_3 dagegen verdiene nur 2.000 Euro im Monat. Das Vermögen des E beträgt 3 Millionen Euro. Alle drei Kinder besitzen kein nennenswertes Vermögen. E stirbt, das Testament wird eröffnet, die Kinder sind überrascht. Werden K_1 und K_2 die letztwillige Verfügung des Vaters gerecht finden?

Es ist möglich, aber nicht sehr wahrscheinlich. Wahrscheinlich werden K_1 und K_2 empört sein. Das werden sie wohl auch dann noch sein, wenn ihnen die Überlegungen des Vaters zu Ohren kommen. Es scheint zwar bloß um Geld zu gehen. Aber Geld ist in diesem Fall nur die Fassade. Hinter ihr spielt sich das Eigentliche ab. Im Testament zieht der Erblasser eine Lebensbilanz. Er bringt noch einmal sein Verhältnis zu den nächsten Angehörigen zum Ausdruck. Indem er über das Ganze seines Vermögens verfügt, nimmt er das Ganze der Familie in den Blick. Weil er den Nachfolger in das Ganze seines Vermögens benennt, gibt er auch ein Urteil über die ganze Person jedes einzelnen Kindes ab. So sehr es sich beim Testament ausschließlich um seine ureigenste Angelegenheit zu handeln scheint, so klar erweist sich auf der anderen Seite, dass er mit seiner Verfügung von Todes wegen direkt und dauerhaft in das Verhältnis der Kinder untereinander hineinregiert. Zum Maßstab seiner Entscheidung nimmt er nicht sein persönliches Verhältnis zu jedem einzelnen Kind, sondern den Lebens- und Berufskreis, den jedes Kind für sich geschaffen hat und der auf je eigenen Einstellungen, je eigenem Fleiß, je eigener Tüchtigkeit beruht. Indem er deren Ergebnisse kompensiert oder konterkariert, schwingt er sich ein letztes Mal zum Richter über die Kinder auf. In Kauf nimmt er dabei, wenn er nicht blind ist, dass die Empörung der enterbten Kinder sich nicht nur gegen ihn, der nach seinem Tod nicht mehr physisch präsent ist, richtet, sondern auch gegen den Erben. Die stark personalen Auswirkungen des Testaments zeigen sich nicht zuletzt darin, dass der Alleinerbe zum Hüter des Familiengedächtnisses wird, weil ihm die Erinnerungsstücke zufallen, die Fotos, die Filme, die Briefe, die E-Mails, die Tagebücher, die Lebens- und Berufsdokumente, der digitale Nachlass.

Der Vater wollte die Kinder gleichstellen, indem er sie ungleich stellte. Er machte, was im isolierten Verhältnis zu ihm gleich war, durch Berücksichtigung des je einzelnen Kindes und seiner Lebensverhältnisse ungleich. Den Differenzierungsmaßstab entnahm er Umständen, die außerhalb seines personalen Verhältnisses zu jedem Kind lagen. Er hat in seinem letzten Willen die Rolle des „gerechten Richters" eingenommen, der das Leben jedes Kindes überblickt, bewertet, vergleicht und durch Zuwendung oder Versagung von Zuwendung ändernd beeinflusst. Er hat ein letztes Mal und gewissermaßen ein für alle Mal als der mächtige Vater und Richter gehandelt, der das Richtige kennt und es mit einem Satz in die Tat umzusetzen vermag. Dadurch sehen sich die erwachsenen und mitten im Leben stehenden Abkömmlinge im physischen und rechtlichen Ende des Vaters an ihren eigenen Anfang zurückversetzt und zur dauernden Erinnerung auf den Status von Kindern herabgedrückt. Sie, die Kinder, müssen nun auf Dauer mit der Ungerechtigkeit des Vaters leben. Mag die Zeit dabei auch ihre heilende Wirkung entfalten, so wird die Erinnerung an den letzten Willen des Vaters doch immer wieder aufblitzen und jene Empörung hervorrufen, die mit der Kenntnisnahme vom Testament zum ersten Mal in ihnen aufstieg. Die enterbten Kinder müssen mit dem Makel der Enterbung zurechtkommen und werden sich hüten, vor Dritten allzu ausführlich von ihm zu reden.

Allmächtiger Richter war der Vater auch darin, dass er die Betroffenen vor dem Urteil nicht anhörte, seine Entscheidung an ihn gerichteter *Kritik entzog* und sie erst nach seinem Tod verkünden ließ. Eine Revision kommt nicht in Betracht, denn es handelt sich um den „letzten" Willen, gewissermaßen den Spruch einer letzten Instanz. K_1 und K_2 können den Vater nicht mehr durch Hinweise auf nicht berücksichtigte Umstände umstimmen. Der Umstimmung hat er durch sein Vorgehen jeden Raum genommen. Sein Spruch musste und sollte definitiv sein. Der Richter erwies sich als unbestechlich, die Alleinerbenstellung von K_3 ließ er sich nicht etwa zu seinen Lebzeiten bezahlen, durch Pflege, mietfreies Wohnen usw.

Aber die *Kinder*, so wird man einwenden, haben doch *kein Recht* auf Berücksichtigung im Testament. Das stimmt. Der Vater hat von der ihm durch Gesetz eingeräumten, vielleicht sogar naturrechtlich begründbaren Testierfreiheit Gebrauch gemacht. Darum geht es hier jedoch nicht. In Rede stehen die Ungerechtigkeit des Vaters und ihre Auswirkungen auf die Kinder. Gerade weil das Gesetz und vielleicht auch das Naturrecht dem Vater das Recht zur letztwilligen Verfügung einräumen, konnte er in seinem letzten Willen sich zum Richter machen.

An dem Gesagten ändert nichts, dass das Gesetz den enterbten Kindern einen Pflichtteil gewährt. Dieser besteht (im deutschen Recht) in einem Geldanspruch in Höhe des Wertes der Hälfte des gesetzlichen Erbteils, also im Wert der Hälfte dessen, was jedes Kind ohne Testament erhalten hätte. Selbst wenn K_1 und K_2 diesen Anspruch geltend machen, wissen sie, dass sie ihn eigentlich wohl ohne den Willen des Vaters geltend machen, dass sie ihn dem Gesetz und nicht dem Vater verdanken.

Der Vater hat sein Vermögen nicht im luftleeren Raum erworben. Ein Teil davon mag von seinen Vorfahren oder seiner Frau stammen, deren mutmaßlichen Willen es wohl kaum entsprochen haben dürfte, einen Teil der Kinder ohne im Eltern-Kind-Verhältnis liegende Gründe zu enterben. Ein Teil des Vermögens mag auf kinderbezogene steuerliche Vergünstigungen zurückzuführen sein, bei deren Ansatz jedes Kind gleich zählte. Und möglicherweise haben die Kinder den Erwerb eines Teils des Vermögens mitbegünstigt oder zumindest miterlitten, ohne dass man sagen könnte, eines der Kinder habe hierbei eine größere Rolle gespielt als die anderen. Alle diese Umstände werden, wenn sie vorliegen, die Empörung der enterbten Kinder verstärken, das Handeln des Erblassers noch deutlicher als machtgestützte

Willkür oder als willkürliche Machtausübung erscheinen lassen. Nicht, dass das Handeln des Vaters ohne rationales Ziel gewesen wäre – die Begründung für seine testamentarische Anordnung hat er Dritten mitgeteilt –, doch hat er zur Erreichung dieses Ziels die Person der enterbten Kinder als Ganzes einer Abwertung unterworfen und sie zum bloßen Mittel von demonstrativer Machtausübung unter dem Deckmantel einer höheren, von ihm selbst geschaffenen Gerechtigkeit gemacht. Er hat sie geopfert auf dem Altar eines eigensüchtigen Machtgefühls.

Da im letzten Willen die letzte Instanz gesprochen hat, findet die Empörung der Zurückgesetzten keinen Raum für aktive Auflehnung gegen den, der die Ungerechtigkeit begangen hat, die immer noch und immer wieder fortdauert. Das Gift, das jener in seinen letzten Willen, geäußert in einseitig urteilender Einsamkeit, einfließen ließ, dringt nach seinem Tod in das Verhältnis derjenigen ein, die er hinterließ und mit den Folgen seines Tuns alleine ließ.

Wir sehen auch in unserem Testamentsbeispiel *alle Elemente des Ungerechtigkeitsgeschehens* vereint: Macht demonstrierende Willkür, die elementare Erwartungen mit pseudorationaler Begründung enttäuscht und die Person als Ganzes verletzt und durch beides nachhaltige Empörung auslöst. Die Person wird verletzt, indem ihr berechtigtes Gesehenwerdenwollen missachtet und der wertschätzende Blick auf sie verweigert wird. Der Erblasser erwähnt in seinem Testament nur das bevorzugte Kind; die anderen Kinder bekommen noch nicht einmal die „Ehre" erwiesen, positiv enterbt zu werden, sodass das Nichtgesehenwerden geradezu physischen Ausdruck gefunden hat. Nachhaltig ist die Empörung, weil sie lange anhält oder immer wieder aufflackert. Empirische Untersuchungen belegen, dass in Kindern teilweise noch Jahrzehnte nach dem Tod der Eltern die Empörung über ein ungerechtes Testament mit der ursprünglichen Heftigkeit des ersten Mals auflodert.

XI.
Minderheitenförderung

Im Folgenden werden wir einen Versuch zur Kompensation von früher begangener Ungerechtigkeit kennenlernen. An ihm wird sich die tiefe Zwiespältigkeit solchen Bemühens zeigen.

In den USA ist seit den 70-er Jahren des 20. Jahrhunderts das Minderheitenförderungsprogramm „Affirmative Action", eine Art positiver Diskriminierung, immer wieder Gegenstand politischer und verfassungsrechtlicher Diskussionen. Es geht dabei vor allem darum, dass an Universitäten ethnische Zugehörigkeit als positives Zulassungskriterium berücksichtigt werden kann.

Zwei *Argumente* sind es hauptsächlich, die die Befürworter von „Affirmative Action" geltend machen: Minderheitenförderung sei Wiedergutmachung für Fehler der Vergangenheit, in der Studenten einer bestimmten Minderheit aus Diskriminierung unfaire Nachteile zu tragen hatten. Dieses Argument sieht die Zulassung vorwiegend als Bonus für den Empfänger. Das zweite Argument, das der Vielfalt, sieht die Zulassung nicht so sehr als Bonus für den Empfänger, sondern eher als Mittel, um ein gesellschaftlich wertvolles Ziel zu erreichen. Eine ethnisch gemischte Studentenschaft sei wünschenswert, weil die Studenten infolge der Verbreiterung der intellektuellen Perspektiven mehr voneinander lernen könnten als bei ethnischer Homogenität. Außerdem diene es dem Gemeinwohl und dem staatsbürgerlichen Zweck der Universität, wenn benachteiligte Minderheiten in die Lage versetzt würden, Führungspositionen in Staat und Gesellschaft zu übernehmen.

Gestritten wird darüber, *ob* diese *Argumente tragen.* Ihre Schwächen zu erkennen, fällt nicht schwer. Gegen das erste Argument, das der Wiedergutmachung, lässt sich vorbringen, dass nur höchst ausnahmsweise die Nutznießer des Programms diejenigen sind, die gelitten haben, und umgekehrt die, die den Preis der positiven Diskriminierung zu tragen haben, also die leistungsfähigeren Angehörigen einer nicht geförderten Ethnie, selten die sein werden, die für die negative Diskriminierung verantwortlich waren. Viele Studenten, die von Affirmative Action profitieren, gehören zur Mittelschicht von Minderheiten und hatten nicht die Härten junger Afro- und Hispano-Amerikaner in den Problemvierteln zu erdulden. Und diejenigen, die bei Affirmative Action den Kürzeren ziehen, können unter viel schlechteren Bedingungen aufgewachsen sein als die vom Programm Bevorzugten. Gegen das zweite Argument spricht die Überlegung, warum Führungspersönlichkeiten unbedingt aus der geförderten Ethnie stammen müssen und es dem benachteiligten, aber leistungsfähigeren Angehörigen der Mehrheit verwehrt wird, Führungspositionen zu erlangen, obwohl er dafür besser geeignet erscheint als der Bevorzugte. Außerdem wäre zu fragen, warum in den Lebensjahren vor Beginn der Universitätsausbildung Leistung bewertet wird und beim Übergang zur Universität diese Leistung hinter leistungsfremde Erwägungen zurückgestellt werden muss.

Wer in diesem Streit recht hat, wessen Rechtfertigungsversuche die besseren sind, soll uns hier nicht interessieren. Wie üblich bei solchen Fragen sind die Argumente so durchsichtig wie die moralischen Thesen steil. Wir wollen die heftigen Emotionen, die im Spiel sind, nachvollziehbar machen. Dazu bedarf es der zugespitzten Formulierung möglicher Einwände.

Was geschieht in unserem Beispiel? Wer setzt das Geschehen in Gang? Was richtet das Geschehen seinerseits an? Der *Akteur*, der die „Action" ins Laufen bringt, ist von Diskriminierung gebannt, er kommt von ihr nicht weg, hat aus ihrer Vergangenheit nichts oder vielleicht zu viel gelernt, will mit ihr auch die Zukunft gestalten, er ist der Gläubige, der sich ein Leben ohne sie nicht vorstellen kann, so tief ist er ihr verfallen. Zu klug, um sich nicht einen neuen, modischen Mantel umzuhängen, zu machtbewusst, um nicht durch moralische Verdienste seine Führungsposition zu festigen, ändert er nur das Vorzeichen von Diskriminierung, ohne auf die in ihr liegende Inszenierung von Macht zu verzichten. Demütigung ist das Wesen der positiven Diskriminierung so gut wie das der negativen, nur dass nun Andere gedemütigt werden als früher. Wenn es das Wesen einer „decent society" (anständige Gesellschaft) wäre, auf Demütigung zu verzichten (so Margalit, Politik der Würde, 2012), müsste eine Gesellschaft, die dieses Prädikat anstrebt, auf die eine so konsequent verzichten wie auf die andere. Indem der Akteur die Begriffe von Schuld und Wiedergutmachung mit seiner Politik („Förderung des Gemeinwesens durch Affirmative Action") verknüpft, vereinnahmt er den moralischen Profit für ein Verhalten, das mit Wiedergutmachung um so weniger zu tun hat, als Opfer und Täter nur dem Namen nach zusammengebracht werden. Die Kälte des moralischen Arguments ist ihm der emotionale Schutzschild gegen die Wahrnehmung von Demütigung auf Seiten des jetzigen Opfers, an dem die Austreibung der alten Ungerechtigkeit durch eine neue exekutiert wird. In der Evozierung der alten Ungerechtigkeit verschafft sich die neue

Deckung und Alibi. Im Namen einer Gerechtigkeit oder Kompensation begeht der Akteur, jedenfalls aus der Sicht der Benachteiligten, eine Ungerechtigkeit der Segregation. Er lässt Andere für sein schlechtes Gewissen und sein Streben nach moralischem und in deren Gefolge politischem Gewinn zahlen und präsentiert ihnen die Rechnung für ein nicht Bestelltes, für ein nicht Genossenes. Schlechten Gewissens unbewusstes Opfer, dem das Gewissen nicht von ungefähr schlägt, wird er im Zweifel zu denen gehören, die der früheren negativen Diskriminierung ihre Stellung verdanken, die sie nun erneut, wiederum auf Kosten Anderer, zu ihren Gunsten ausschlachten. Sie kennen die Mittel, mit denen man herrscht, und das Bevorzugen, das Trennen, das Gegeneinanderausspielen gehört seit jeher dazu. Kann ihr Verhalten sich sogar einer „höheren Gerechtigkeit" berühmen, umso besser, denn in der „höheren" Gerechtigkeit reflektiert sich die „Höhe" des Gerechten. Machtstreben ist es, was den Akteur durch und durch beherrscht. Unersättlich in seinem Machtwillen, imaginiert er sich in eine gottähnliche Stellung hinein. Aus ihr durchschaut er alle irdischen Ungerechtigkeiten der Vergangenheit und gleicht sie in seiner Allmacht aus. „Selig sind, die hungert und dürstet nach Gerechtigkeit, denn sie sollen satt werden" (Matthäus 5, 6); diese Sättigung traut er sich selbst zu.

Man mag dem Gesagten vorhalten, es werde entgegen der Ankündigung nun doch moralisiert, und zudem einseitig für die eine Seite Partei genommen. Daher noch einmal: Es geht hier nicht um ein Urteil über das Vorliegen oder Nichtvorliegen von Ungerechtigkeit. Es geht um die Frage, wie man das Verhalten der Beteiligten deuten könnte, und dies vor allem im Hinblick auf die Opfer des Geschehens. Es soll nur gesagt sein, dass man ohne große Schwierigkeiten das beschriebene Verhalten als Ungerechtigkeitsgeschehen lesen kann.

Was macht die Affirmative Action mit dem *Bevorzugten?* Sie entzieht ihm von vornherein die Möglichkeit, sich als gleichberechtigtes Mitglied einer Gruppe zu fühlen. Weil sie ihm die Gruppenzugehörigkeit erzwingt, mindert sie Wert und Gefühl der Zugehörigkeit. Indem sie ihn in eine Gruppe lockt, die ihm kein volles Zugehörigkeitsgefühl vermittelt, verbaut sie ihm den Weg in eine andere Gruppe, deren vollwertiges Mitglied er sein könnte. Sie entwertet das wegen seines Werts Erstrebte. Der Bevorzugte lebt mit einem schlechten Gewissen in dem Maße, in dem der Akteur ein gutes hat. Er leidet unter dem Guten, das ihm angetan wurde. Die Bevorzugung erzeugt das Gefühl, einer benachteiligten Minderheit anzugehören, ein weiteres Mal und stellt es auf Dauer. Was kompensiert werden soll, wird affirmiert. Was zur Vielfalt und Buntheit der Studentenschaft beitragen soll, die zusätzliche Perspektive der Minderheit, ist so lange keine authentische und eigenständige, als sie von Gnaden der Mehrheit lebt. Führungspersönlichkeiten werden der Minderheit aus der Bevorzugung nur als moralisch lädierte erwachsen. Die institutionalisierte Bevorzugung des Schwächeren wird den Leistungswillen der begünstigten Minderheit dauerhaft schwächen, denn Lohn winkt auch bei geringerer Anstrengung. Die Affirmative Action reproduziert so stets das, was sie zu heilen vorgibt. Indem sie tut, was sie soll, perpetuiert sie den Anlass zum Sollen. Sie ist die Lösung, die sich ihr Problem immer wieder neu schafft. Während in der Mathematik Minus mal Minus Plus ergibt, führt die Ungleichheit zum Ausgleich von Ungleichheit nicht zu wahrer Gleichheit. Ein Negatives, das sich tiefer in sich selbst gräbt, schafft nicht das Positive. Der Empfänger eines vergifteten Geschenks schuldet keinen ungetrübten

Dank. „Nimm's, aber zittre, wenn du es hast", könnte man ihm mit Hebbels „Judith" sagen. Die Ungleichheit in der Aufnahme besitzt die Tendenz, sich fortzupflanzen bei der künftigen Bewertung von Leistungen des Aufgenommenen. Denn das Ziel lautet ja Schaffung von Führungspersönlichkeiten aus der Minderheit für Staat und Gesellschaft. Und dieses Ziel wird nur erreicht, wenn nicht bloß der Eingang, sondern auch der Ausgang privilegiert ist. Instrumentelle Rationalität schafft das Wunder der positiven Diskriminierung als ihr dauerhaft Anderes.

Die ursprüngliche (die negative) Diskriminierung war spontan, unorganisiert, ohne Konsequenz, heiß und emotional. Die neue ist geplant, organisiert, ja institutionalisiert, von kalter Konsequenz, letztlich also schlimmer als ihre Vorgängerin. Aber all diese *Unterschiede* sind gleichsam zu groß, als dass sie nicht in Nähe umschlügen. Es ist, als gehe durch die Welt eine unumstößliche Scheidewand, gegen die mal von der einen Seite, mal von der anderen angerannt würde. Die von Affirmative Action vorgespiegelte Durchbrechung der Mauer bleibt bloße Inszenierung. Keine Grenze aber schrecklicher als die, die für die Ewigkeit gezogen scheint.

Betrachten wir den *Angehörigen der Minderheit*, der den Zugang *ohne Affirmative Action*, also aus eigener Kraft, schafft. Auf seine Leistung legt sich der Schatten von Affirmative Action. Seine Leistung selbst auszustellen wäre peinlich, gegenüber den Genossen aus der Minderheit möglicherweise unsolidarisch. Freilich erweist sich seine Lage als ambivalent: Solange Affirmative Action existiert, profitiert er, zumindest in seinem Selbstbewusstsein, von der ihr zugrundeliegenden Vermutung, seine Leistung sei doppelt wert, weil er es doppelt schwer gehabt habe. Diesen Profit nach außen, z.B. bei Bewerbungen auf eine Stelle, zu reali-

51

sieren, könnte sich freilich als misslich erweisen. Immerhin aber gibt es für ihn einen Anreiz, Affirmative Action zu billigen, ja gutzuheißen, vielleicht entgegen seiner wirklichen Meinung. Allerdings waltet auch hier Zweideutigkeit: Ohne positive Diskriminierung würde er seine Zugehörigkeit zur Leistungselite der Minderheit mit weniger Personen teilen müssen. Das eben ist der Fluch der zweideutigen Tat, dass sie, fortzeugend, immer Zweideutiges muss gebären.

Das *Opfer* positiver Diskriminierung zahlt die Kosten eines sozialen Experiments, von dessen möglichen Vorteilen es nicht profitieren kann. Der Bevorzugte schuldet ihm nichts. Er erhält sein Geschenk nicht von ihm, sondern von einem Akteur, der sein Geschenk auf Kosten Dritter macht, allein jedoch den moralischen Bonus einstreicht. Des Opfers Leistung wird selbst dann frustriert, wenn sie schwierigen Verhältnissen abgerungen ist. Eine nicht seltene Reaktion dürfte Hass sein, ein Hass freilich, der meist abstrakt bleiben muss, da das System der Privilegierung auf Vernebelung angelegt ist: Intransparentes Ermessen und Berücksichtigung sonstiger unverdächtiger, aber unpräziser, meist so genannter „sozialen" Kriterien machen konkrete Bevorzugungen und Benachteiligungen unsichtbar. Ja, der Benachteiligte wird oft von seiner Benachteiligung überhaupt keine Kenntnis erlangen. Ins System eingeschrieben ist damit eine doppelte Ungerechtigkeit: die Zulässigkeit von Diskriminierung und die Möglichkeit ihrer Verbergung. So verschließt ihm auch ein Doppeltes den Mund: Das Gute, dessen sich der Akteur rühmt, hindert ihn, das Böse, das potenziell allen nicht zur Minderheit Gehörenden angetan wird, zu benennen, und die Ungewissheit, ob das Böse gerade ihn ereilt hat, macht es ihm unmöglich, von sich zu reden und sich als Wahrheitsbeweis für das Böse in Affirmative Action vorzustellen. Sein erzwungenes Verstummen nährt sich aus dem

Verdacht, als mögliches Opfer nicht mit der gebotenen Objektivität über das System als solches reden zu können. So ungewiss das Mögliche, so monströs die Folgen des realisierten Möglichen: Ein ganzes Leben sieht sich in eine andere Bahn versetzt. Weit entfernt davon, nur einen Augenblick oder den Zeitraum nur eines Studiums zu bestimmen, lenkt positive Diskriminierung Freundschaften, Netzwerke, Beruf, Ansehen, Entwicklungsmöglichkeiten und manches mehr in eine andere als die ursprünglich mögliche Richtung. Die Falschheit eines der Gewichte und die Ungewissheit darüber, ob das falsche Gewicht in einem konkreten Wägeakt tatsächlich auf die Waage gelegt wurde, enthält der Empörung über das falsche Gewicht jenes Feuer vor, das ihr nur der emotional aufgeladene Einzelfall zuführen kann. Ein vager, nicht personifizierbarer Neid auf die fröhlichen Erben vergangener Unbill, die nun in ein Guthaben verwandelt ist, blockiert das potenzielle, aber unverifizierte Opfer so stark, wie er die begünstigte Minderheit in unverschuldeten Verdacht setzt. Seine Verwandten und Freunde zahlen die Steuern für eine Einrichtung, die ihn zum potenziellen Opfer von Diskriminierung macht und ihn, auch als bloß mögliches Opfer, faktisch entwürdigt.

Das System freilich wird seine Klage zurückweisen und ihn mit dem Gedanken vertraut machen, dass von Entrechtung dort nicht die Rede sein könne, wo zuvor noch gar kein Recht bestanden habe. Zulassung verdiene im eigentlichen Sinne überhaupt niemand, weder der Student mit den hohen Punktzahlen noch der Student aus einer benachteiligten Minderheit. Es komme allein darauf an, dass die Zulassungskriterien in einem vernünftigen Verhältnis zu einem wertvollen gesellschaftlichen Zweck stünden. Selbst die besten Spielregeln belohnten letzten Endes nicht Tugend, sondern seien stets nur und erlaubterweise an den zur Förderung des Gemeinwohls erforderlichen Eigenschaften interessiert, gleichgültig, ob der, der sie besitzt, in der Vergangenheit hinreichende Leistungen erbracht hat (Michael J. Sandel, Moral und Politik, 2. Aufl. 2015, 159). In dieser Begründung findet die Demütigung des Benachteiligten sowohl wie die des Bevorzugten ihre Spitze: Der Blick des Zuteilers richtet sich nicht auf das Individuum, seine Fähigkeiten und Eigenschaften und trifft dann, in Rück-sicht auf diese, seine Entscheidung. Vielmehr fasst er nur das willkürlich ausgewählte Einzelne, das zugleich ein Äußerliches ist (Zugehörigkeit zu einer Minderheit), ins Auge, um so eine Ausbildung zu eröffnen, in der das Individuum, und zwar als Ganzes, also als Person, gefordert und gefördert werden soll. In solchem Akt sehen sich beide, Benachteiligter und Begünstigter, zum Objekt von Gesellschaftspolitik in einer Sphäre gemacht, in der sie sich als Subjekt erweisen und bewähren sollen. In jeder Zulassung inszenierte sich Herablassung. Zwar ist Affirmative Action in allgemeinen Regeln verankert, doch gewinnt sie Leben erst in der Summe der einzelnen Zulassungsentscheidungen, in denen sich denn auch von Mal zu Mal und immer wieder Akte der Demütigung und Entwürdigung vollzögen. Alles, was in diesem System geschieht, wäre ein Zeichen dieser Demütigung. In der höhnischen Zurückweisung eines „Sichverdienthabens", eines „Füretwaswürdigseins" fände Entwürdigung ihren sichtbarsten Ausdruck. Dass Zwiespältigkeit, um von ihm das Mindeste zu sagen, auch diesen Versuch einer Legitimation von Affirmative Action einholt, entspricht deren innerstem Wesen. Wo die hehren Ideale von kompensierender Gerechtigkeit und Gemeinwohl aufgerufen werden, würde in Wahrheit das Individuum zum bloßen Mittel für einen angeblich wertvollen Zweck herabgewürdigt.

Diskriminierende Inklusion ist immer zugleich Exklusion. Exklusion bei Zulassung zum System bewirkt, dass die Opfer von Diskriminierung sich nicht im System zu Wort melden können, bewahrt also das System im Inneren vor dem Anblick seiner Opfer. Kritik wird daher immer als von Außen kommend, als systemfremd, erlebt, gedeutet und abqualifiziert. Ein nachhaltiger Vorteil erwächst dem System daraus allerdings nicht. Denn das Gift, das es an seiner Eingangspforte versprüht, bleibt nicht ohne Wirkung auf es selbst. Im Zeichen, unter dem Geburt sich vollzieht, bildet sich das Gesetz, unter dem das Leben geführt wird. Im Anfang ist alles beschlossen. Das Gift des Beginnens vergiftet das Begonnene.

Wie sehen *unbeteiligte Dritte* das Geschehen? Der moderne Moralphilosoph ist bei positiver Diskriminierung in seinem Element. Geprägt vom Bild des Sozialingenieurs, als der er sich fühlt, darf er nachgerade als Spezialist bei der Legitimierung politisch einsetzbarer Ungleichbehandlung gelten. Intelligentes moral design bedeutet ihm alles, und mit ihm beeindruckt er eine Politik, die demokratische Repräsentation als Freibrief für unverhohlenen Paternalismus missversteht. Er setzt seinen Ehrgeiz nicht in die Aufstellung vernünftiger Zwecke, sondern in die moralisch abgedichtete Zurichtung des geeignetsten Instruments. Emotional blind und damit unempfänglich gegen die Leiden seiner Opfer, zelebriert er jenen Hochmut, den die Mischung aus pseudowissenschaftlicher Kompetenzanmaßung und umstandsloser Politisierung zuverlässig erzeugt. Doch der wirklich unbeteiligte Dritte sagt möglicherweise: Jede Ungerechtigkeit, die einem von uns angetan wird, ist eine Bedrohung für uns alle. Wem Ungerechtigkeit als Mittel recht ist, dem ist jedes Mittel recht, um Ungerechtigkeit zu legitimieren. Sollte nicht die moralische Selbstgewissheit, mit der die Affirmative Action betrieben wird, in Wahrheit verborgener Ausdruck der tieferen Überzeugung sein, dass die früher praktizierte Benachteiligung der Minderheit gerechtfertigt, weil durch das damalige Gemeinwohl gedeckt war?

Noch einmal wollen wir festhalten, dass die vorstehenden Ausführungen nur deshalb autoritativ, gewissermaßen als Ansicht des Autors, formuliert wurden, weil die mögliche Perspektive eines negativ Betroffenen in reiner Form zur Geltung gebracht werden sollte.

XII.
Schwierigkeiten des Ungerechtigkeitsopfers, über Ungerechtigkeit zu sprechen / Scham

Schon mehrfach hatten wir bemerkt, dass der ungerecht Behandelte fast immer Schwierigkeiten hat, von erlittener Ungerechtigkeit zu sprechen. Dahinter steht das Gefühl der Scham. Sie begleitet die Erfahrung von Ungerechtigkeit. Die Zitatenschätze aller Kulturen sind voll von Verdächtigungen und *Herabminderungen dessen, der* an ihm begangene *Ungerechtigkeit behauptet.* Außerdem wird darin oft als Erziehungsziel ausgegeben, Ungerechtigkeiten ertragen, wegstecken, übersehen, relativieren, vergessen zu lernen; Seume bezeichnet die Unfähigkeit, Ungerechtigkeiten klaglos ertragen zu können, geradewegs als Krankheit (Apokryphen, 1806/07).

Scham kann nicht nur bei Verletzungen der Intimsphäre auftreten, sondern auch bei der Empfindung von Achtungsverlust im sozialen Umfeld. Dass der Andere mich im Zustand dieses Verlustes sieht oder sehen könnte, löst Scham aus. Wenn Ungerechtigkeit darin besteht, dass der, der eine Entscheidung trifft, mich als Person nicht sieht, dann löst sie zugleich den Wunsch aus, *bei diesem Nichtgesehenwerden nicht gesehen zu werden.* Für Sartre (L'être et le néant, 1943) offenbart sich in der Scham das „Für-andere-Sein" als Selbstentfremdung und Verdinglichung. Ungerechtigkeit ist schon als solche eine Form der Selbstentfremdung und der Verdinglichung, weil der Ungerechte mich nicht als denjenigen nimmt, der ich bin, sondern als denjenigen, den er in seiner Willkür und im Rahmen seiner Zwecke aus mir macht. Indem nun ein Dritter oder auch der Ungerechte selbst mich im zunächst hilflosen Erleiden der Ungerechtigkeit sieht, werde ich zum zweiten Mal Opfer eines Herrschaftsverhältnisses, gestiftet durch den Blick des Anderen. Der Freud-Schüler Erik H. Erikson sagt (Identität und Lebenszyklus, 2008): „Der Schamerfüllte möchte … die Welt zwingen, ihn nicht anzusehen … Er würde am liebsten die Augen aller anderen zerstören. Stattdessen muss er seine eigene Unsichtbarkeit wünschen". Das, was der Betroffene vor einer ihn betreffenden Entscheidung besonders intensiv wünscht, nämlich dass er gesehen werde, gesehen werde als der, der etwas verdient oder nicht verdient, kehrt sich nach begangener Ungerechtigkeit um, sodass er jetzt gerade wünscht, nicht gesehen zu werden. Er fürchtet den neuen Blick des Anderen, der jetzt auf ihn fällt und mehr oder weniger große Verachtung ausdrückt, Verachtung dafür, dass er die Ungerechtigkeit nicht verhindern und dieses Geschehen nicht verbergen konnte und sich jetzt (noch) in einem Zustand der Ohnmacht und der Hilflosigkeit befindet. Hinzu kommt das Gesehenwerden dabei, dass er unter der Ungerechtigkeit leidet und sie nicht kaltblütig wegstecken kann, und dass der Täter gegebenenfalls sich an seiner Ohnmacht weidet, sie genießt, auf sie zeigt. Vielleicht auch teilt ein unbeteiligter Dritter eher die Sicht des Täters als die des Opfers, vielleicht denkt er, der Betreffende werde so behandelt, weil er es so verdiene. Er ist zwar im moralischen

Sinne schuldlos, denn er ist Opfer, nicht Täter der Ungerechtigkeit. Aber auch das Opfersein vermag Achtung in den Augen des anderen zu reduzieren. Gegen den Blick des Verachtenden kann ich mich nicht wehren, ich bin ihm ausgesetzt. Das Schlimme an der Scham liegt darin, dass ich an ihrer Entstehung selber mitwirke. Ich unterwerfe mich dem Blick und dem in ihm aufscheinenden Urteil der Anderen, ich verinnerliche sie und schaue mich selber mit den Augen der Anderen an. „Gelingt" diese Verinnerlichung, bedarf es des physischen Blicks der Anderen nicht mehr, um die Scham aufrechtzuerhalten.

Nirgendwo sonst ist das Ich sich selbst so präsent wie in der Scham, einem Akt äußerster Subjektivierung wie Desubjektivierung (Agamben, Was von Auschwitz bleibt, 2003). Ungerechtigkeit bewirkt eine *Steigerung des Ich-Bewusstseins* und zugleich eine Intensivierung des Gefühls der *Ich-Gefährdung*. Beides bildet sich in der Scham ab.

In und mit der Scham über erlittene Ungerechtigkeit eröffnet sich ein *Widerspruch*: Wo Empörung zur Aufhebung der Ungerechtigkeit drängt und dafür auf sie zeigen und sie im Zeigen brandmarken muss, sehnt sich Scham nach dem Nichtgesehenwerden dessen, was sie auslöst. Während der Empörte die Öffentlichkeit sucht, meidet, ja flieht sie der Schamerfüllte. Das Be-schreiben, das Be-sprechen, das Be-kämpfen der Ungerechtigkeit rührt den Schmerz über sie wieder auf. Empörung fixiert den Blick und bannt ihn, zwingt ihn, unverwandt beim Ungerechten zu bleiben, ihm ins Gesicht zu schauen, sich selbst durch die ständige Erneuerung des Blicks zu befeuern. Scham sieht sich gerade darin immer wieder neu geweckt und vertieft, doch lernt sie zugleich durch das ständige Empor der Empörung sich selbst zu überwinden, weil in diesem Empor das Subjekt sich nach und nach wieder-

findet und stabilisiert. So wird durch die empörungsge-
leitete Auflehnung gegen das Ungerechte zwar einerseits
das Herrschaftsverhältnis, das zur Ungerechtigkeit führte,
in der Auflehnung schamvertiefend reproduziert, gleichzeitig jedoch schammindernd in seinem Grundanspruch
in Frage gestellt und in seiner Existenz relativiert. Auf
diese Weise treibt zuletzt Scham, die sich ihrer selbst inne
wird, Empörung an. In der Glut der Scham wird das
Schwert der Empörung geschmiedet.

Aus Ungerechtigkeit geborene Scham und Empörung näh-
ren sich aus zumindest anfänglich empfundener Hilflosigkeit. Der Kontrast zwischen der als offenkundig erlebten
Ungerechtigkeit, von der der Betroffene wie selbstverständlich annimmt, jeder müsse sie sehen, und der Einsicht des
Ausgeliefertseins in einem bestehenden Herrschaftsverhältnis, von dem der Betroffene glaubt, es nicht durchbrechen
zu können, vergrößert Scham und Empörung. Hinzu tritt
das Gefühl des Betroffenen, nicht nur selbst verletzt zu sein,
sondern eine höhere Idee, die allen gemeinsam zu sein
scheint, verhöhnt zu sehen. Der ungerecht Handelnde
begeht nicht nur eine einzelne Ungerechtigkeit, er verneint
zugleich ein Prinzip, das aller Sozialität zugrunde liegt. Diese Idee oder dieses Prinzip trägt nicht den Namen Gerechtigkeit, sie besteht vielmehr in dem Gebot, keinen zu schädigen (nenimem laedere) und niemanden in seiner Person
zu missachten (personae aestimare). Durch Ungerechtigkeit
wird nicht eine Forderung nach einem bestimmten Handeln oder Unterlassen nicht erfüllt, durch sie wird etwas
schon Vorhandenes verletzt. Das durch sie verletzte Gebot
lautet nicht „Du sollt etwas noch nicht Existierendes, nämlich Gerechtigkeit, herbeiführen", sie lautet „Du sollst etwas
bereits Existierendes, Person und Würde, nicht beeinträchtigen". Der Handelnde soll nicht einen abstrakten Satz der

Gerechtigkeit auf eine konkrete Situation anwenden, den abstrakten Satz also individualisieren und konkretisieren und ihn so erst verwirklichen. Er soll vielmehr konkret in Rede stehende Personen oder Personengruppen, die je schon mit ihren Interessen, ihren Bedürfnissen, ihrem sozialen Achtungsanspruch da sind, in seinem Handeln und Entscheiden nicht in ihrer personalen Würde verletzen. Da man das Nichtbekommen von etwas, was man sich erhofft, in der Regel leichter verschmerzt als den Verlust von etwas, was man schon besitzt, erklärt unser Verständnis von Ungerechtigkeit besser als das herrschende, das in der Ungerechtigkeit ein bloßes Fehlen von Gerechtigkeit sieht, warum die durch sie ausgelösten Gefühle eine so große Intensität erreichen können.

Der Handelnde ist sich seiner Sache sicher: Sein Handeln hat nicht im Entferntesten mit Ungerechtigkeit zu tun. Der Betroffene will zunächst nicht glauben, dass man so über das Offenkundige hinwegsehen, so das auf der Hand Liegende übersehen kann. Er weist den Entscheider auf die seiner Ansicht nach entscheidenden Umstände hin, will dessen Blick geradezu zum Sehen zwingen. Dieser aber ist keineswegs blind, er wendet den Blick durchaus nicht ab, er sieht geradezu mitten auf das angeblich Entscheidende hin, doch er sieht – nichts; nichts, das nennenswert, geschweige denn entscheidend wäre. Daher die Tiefe von Scham und Empörung. Der Handelnde ist sich seiner Wahrheit so gewiss, wie der Betroffene von ungläubiger Empörung durchdrungen und in bitterer Scham von sich selbst entfernt ist. Kalt und mit höhnischem Lächeln über naive und ungerechtfertigte Empörung im Gesicht scheint der Ungerechte dem Betroffenen. Doch er mag kalt sein, aber lächeln tut er nicht, er sieht einfach nicht, was andere sehen. Dass er nicht sieht, darin besteht seine Schuld. Und parallel verhält es sich auf der Seite des Opfers: Dass er nicht gesehen wird, daran entzündet sich seine Scham.

Scham löst es nicht nur aus, wenn man die eigene Blöße oder Unzulänglichkeit den Blicken anderer preisgegeben weiß. Scham empfindet auch, wer die Blöße eines anderen sieht und davon überwältigt wird, Subjekt des Schauens zu sein (Agamben, S. 107). Und auch dieser Aspekt von Scham gehört zur Erfahrung von Ungerechtigkeit. Es fällt uns schwer, einer Ungerechtigkeit, die ein anderer durch einen Dritten erleidet, zuzusehen. Es ist so, wie wenn durch das Schauen ein Teil der Urheberschaft von Ungerechtigkeit auf den Schauenden überginge und durch die Passivität seines Blicks sich die Hilflosigkeit des Opfers verdoppelte.

XIII.
Die Begründung der Ungerechtigkeit durch den Ungerechten

Es gibt fast keine Ungerechtigkeit, die vom Handelnden ohne den Anspruch auf Gerechtigkeit begangen würde. Begründung und Darstellung der Entscheidungsmotive pflegen bei ihr besonders sorgfältig zu sein. Der schrille Kontrast zwischen Anspruch und Wirklichkeit steigert Scham und Empörung des Betroffenen. Schon Platon sagt: Die schlimmste Art der Ungerechtigkeit ist die vorgespiegelte Gerechtigkeit (Politeia). Ungerechtigkeit bewaffnet sich mit Gründen, und wenn die Ungerechtigkeit bewaffnet ist, ist sie, so Aristoteles, am allergefährlichsten (Pol. I.2, 1253a).

Der Ungerechte streitet nicht nur die Ungerechtigkeit ab, er betont vielmehr positiv, dass sein Handeln gerecht sei. Darin liegt die Versetzung seiner Entscheidung aus dem Bereich des Ungerechten nicht nur in den Bereich des Nicht-Ungerechten, sondern in den ausgezeichneten Bezirk des Gerechten. Er *spiegelt* Gerechtigkeit *vor*. Und er tut dies oft in gutem Glauben, er selber durchschaut dann das Vorspiegeln nicht. Ein Vorspiegeln richtet sich immer an eine oder mehrere Personen und hat eine zweifache Richtung: Es lenkt den Blick weg vom Fragwürdigen, und es zieht den Blick auf das scheinbar Fraglose. Vor-spiegeln heißt, ein nicht Existierendes spiegeln und damit ein Scheinbild von ihm geben. Der Spiegel wird vor das, was wirklich ist, gestellt, er verdeckt es und bannt den Blick in das, was der Spiegel als scheinbar Existentes zeigt. Der „Spiegel" ist entlehnt aus lateinisch speculum und dieses Nomen gehört zu specere = sehen. Der Spiegel ist damit das, womit man sieht. Wieder werden wir darauf gestoßen, dass Ungerechtigkeit in einem Nicht-Sehen besteht. Das Bedenkliche an der Ungerechtigkeit bestünde dann darin, dass etwas, was seinem Wesen nach dem Sehen dient, der Spiegel, missbraucht wird als Instrument des Nicht-Sehens, des geplanten und gewollten, also aktiven Verhinderns von Sehen. Im Vor-spiegeln von Gerechtigkeit wird die Ungerechtigkeit durch den Spiegel verdeckt. Das Zentrum des Ungerechtigkeitsgeschehens ist das Nichtgesehenwerden. Durch den Spiegel, der seinem Wesen nach dem Sehen dient, soll bewirkt werden, dass das Nichtgesehenwerden nicht gesehen wird. Ein Mittel, zu nichts geschaffen als dem Sehen, vermittelt das Nichtsehen des Nichtgesehenwerdens. Was die Scham des Ungerechtigkeitsopfers sich im Widerspruch zur Empörung heimlich ersehnt, das Nichtgesehenwerden: die Vorspiegelung durch den Ungerechten kommt ihm auf untergründige Weise entgegen.

Die Vorspiegelung von Gerechtigkeit hat vor allem den Blick des unbeteiligten Dritten im Auge. Dem Ungerechtigkeitsopfer selbst macht sie nichts vor. Sie versucht dieses jedoch zu isolieren, seine Position im Werben um Mit-Empörung von vornherein zu schwächen. Gelingt ihm dies, leidet das Opfer des Ungerechten doppelt: Nicht nur, dass es ungerecht behandelt wurde, seine Klage darüber wird auch noch als die eigentliche Ungerechtigkeit denunziert und als Egoismus gebrandmarkt, der unter dem Deckmantel des Ungerechtigkeitsvorwurfs mehr haben will, als ihm zusteht, weniger geben will, als von ihm verlangt werden kann.

Letzten Endes liegt es sogar im unhintergehbaren Wesen des menschlichen Sehens, dass es etwas vorspiegelt. Der Handelnde muss den Adressaten seines Handelns in den Blick nehmen. Das Auge des Menschen ist das einzige Organ, das zugleich spiegelt. In ihm spiegelt sich der vom Auge in den Blick Genommene. Da der in den Blick Genommene sich im Auge des Handelnden wahrheitsgetreu abgebildet sieht, muss er denken, der Handelnde habe ihn im Seinen, dem Suum des suum cuique, wahrgenommen. Doch spiegelt das Auge nicht nur, es sieht auch. Und um dieses Sehen weiß der Betrachter des Auges, ohne dass er freilich seine Inhalte kennt. Friedrich Kittler hat dieses Geschehen beschrieben (Baggersee, 2015, 20): Während der Spiegel des glatten Metalls den sich Spiegelnden samt dessen gesamter Umgebung zeigt und unter solcher totalen Passivität selbst verschwindet, zeigt sich das spiegelnde Auge immer noch als es selbst. Es zeigt sich unter und hinter dem Spiegelbild des Auges dessen eigene abgründige Dunkelheit. „Das Auge ist Spiegel und Abgrund in einem. Dies um so mehr, als es nie nur Spiegel ist. Immer ist mir, der ich mich im Auge des Anderen gespiegelt sehe, bewusst, dass er mich *sieht*, dass also eine Intention gleichsam von hinter dem Auge hervorkommend die meine kreuzt. In diese Tiefen, daraus die

Intention des Sehens aufsteigt, vermag ich selbst nicht hinabzublicken", und zwar möglicherweise deshalb, weil „eben mein Gespiegeltwerden verdeckt, was ich, würde ich nicht gespiegelt, sehen könnte ... Was denn der Spiegel ohne mich ist, wie er gleichsam hinter mich ,sieht', kann ich, weil er Spiegel ist, nie erfahren. Wie oft kann man nicht lesen, dass jemand von einem Auge aus einem Spiegel sich angeblickt fühlte?"

Was der Entscheidende sieht, wenn er auf mich blickt, kann ich also im letzten Grunde nicht sehen, und dies gerade dann, wenn ich ihm bei seinem Blicken in die Augen sehe. Dass der Ungerechte mich bei seiner Entscheidung nicht sieht, obwohl er so tut, als sähe er mich, und dies auch durch das Spiegeln seiner Augen scheinbar objektiv beglaubigt wird, verdankt sich der Freiheit seines Sehens, in der, als einer Tatsache der Natur, die Möglichkeit von Ungerechtigkeit ebenso wie ihre Verdeckung durch das Vorspiegeln von Gerechtigkeit im Tiefsten gegründet ist.

Indem der von Ungerechtigkeit Betroffene dem Handelnden ins Auge schaut, liefert er sich einer Täuschung aus. Er muss, ein Anderes gibt es für ihn nicht, bei sich bleiben, um die Ungerechtigkeit ausschließlich an dem ablesen zu können, was ihm widerfährt. Zwar, daran können wir nichts ändern, dass ich im Blick, den der Andere auf mich wirft, fremder Freiheit ausgesetzt bin. Aber bei diesem Blick muss es nicht bleiben. Der Blick des Anderen ist beeinflussbar. In der Weise, wie ich mich zeige, bin ich des fremden Auges Zeiger auf dem Weg zu mir.

XIV.
Ungerechtigkeit und Macht. Die ungerechte Empörung über Ungerechtigkeit

Das Ungerechtigkeitsgeschehen lässt Machtverhältnisse aufscheinen. Macht realisiert und inszeniert sich auch in Ungerechtigkeit. An deren Opfer zumal erkennen wir es, an seiner Ent-machtung und seiner Empörung. Des ungerecht Behandelten Würde wird verletzt und gemindert, sein Achtungsanspruch für die Zukunft gefährdet, seine soziale Stelle in der Machthierarchie nach unten versetzt, seine Ohnmacht nach außen demonstriert. Findet das Opfer die Kraft zur Empörung, dann zeigt sich im Aufstand des Empor, dass er sich gegen den Mächtigen richtet.

Das Erleben eines Zustandes oder einer Handlung als ungerecht ist ein Akt der Machtzuschreibung. Wem ich Ungerechtigkeit zuschreibe, dem spreche ich die Macht zu, eine Handlung vorzunehmen, der ich ausgesetzt bin, die ich zunächst einmal hinzunehmen habe. Es kann sein, dass diese Zuschreibung objektiv falsch ist. Das ändert aber nichts an der Machtzuschreibung und letztlich auch nichts an der Macht. Die Macht existiert in diesem Fall objektiv. Schon Hobbes sagt „Reputation of Power, is Power". Machtzuschreibungen bleiben „nicht ohne Auswirkungen auf die tatsächlichen Machtverhältnisse" (Luhmann, Gesellschaftliche Grundlagen der Macht). Der Anschein von Macht ist Macht. Das Erleben eines Vorgangs als Ungerechtigkeit begründet oder bestätigt Macht.

Machtausübung durch Ungerechtigkeit belegt klar die Geltung eines allgemeinen Gesetzes, nämlich des Satzes, dass der Machtunterworfene immer auch anders handeln kann (Macht setzt im Grunde seine Freiheit voraus), dass er zumindest eine Alternative hat, nämlich die, die konkrete

Frage nicht als Machtfrage, hier: nicht als Frage der Ungerechtigkeit, zu definieren, sondern stattdessen etwa als Frage einer bloßen Ordnungsregelung, einer wirtschaftlichen Zweckmäßigkeit, einer logischen Konsequenz in der Ausführung einer früher getroffenen und schon gebilligten Entscheidung. Wenn eine Frage aber als Machtfrage, hier: als Frage der Ungerechtigkeit, definiert wird, dann nutzt dies in irgendeiner, vielleicht versteckten Weise auch dem Machtunterworfenen, denn sonst würde er von einer anderen Option Gebrauch machen. Die Feststellung einer Ungerechtigkeit dient möglicherweise seinem Interesse an der Wahrung seines Selbstbildes oder an moralischer Entlastung bei eigenem Versagen. Das Ungerechtigkeitsopfer befriedigt im Ungerechtigkeitserleben immer auch ein mal stärkeres, mal schwächeres, mal sichtbares, mal latentes eigenes Bedürfnis. Aber auch das Umgekehrte gilt: So wie Machtausübung generell auch für den Machtunterworfenen produktiv sein kann, so kann auch Ungerechtigkeit dem Ungerechtigkeitsopfer neue Perspektiven eröffnen, indem das Geschehen ihm die Option eines neuen Selbstbildes offeriert, bei dessen Annahme keine Ungerechtigkeit mehr vorläge und die Einschätzung des Urteilenden als richtig übernommen würde.

Welche *Art von Macht* realisiert sich in der Ungerechtigkeit? Es handelt sich zunächst um Entscheidungsmacht, die Fähigkeit, Entscheidungen zu treffen. Regelsetzungsmacht, zweitens, kommt darin zum Ausdruck, dass in jeder Entscheidung zugleich die Aufstellung oder Bestätigung einer über die konkrete Problematik hinausgehenden Regel liegt, mag deren Anwendungsbereich bisweilen auch noch so klein sein. Im Zentrum des Geschehens steht die Definitions- und Deutungsmacht: Der Handelnde legt fest, wer gleich und wer ungleich ist, was im scheinbar Gleichen ungleich ist. In der Möglichkeit zur Deutung der Welt und ihrer Immunisierung gegen konkurrierende Deutungen und gegen jedwede Form von Kritik, jedenfalls solcher Kritik, die die Geltung des Angeordneten in Frage stellt, zeigt sich die Quelle aller Arten von Macht. Denn von ihr geht alles weitere Machtgeschehen aus, an ihr hängt jede Legitimation des Machtanspruchs und der Machtausübung. In der empörenden Ungerechtigkeit besteht die Macht ihre Feuertaufe. In ihr lässt sie aufblitzen, wessen sie fähig ist und wessen man sich bei ihr im Ernstfall zu gewärtigen hat. In der Zerstörung selbst noch der unfrommsten Illusion gelangt sie in ihr Eigentliches, indem nun an ihr sichtbar wird, dass es ihr nicht mehr um die Durchsetzung dieses oder jenes Zieles, sondern nur noch um sich selbst geht. Die Macht-Macht ist die Fähigkeit, sich rein nur als Macht zu inszenieren.

Macht muss *gezeigt*, ihre Instrumente müssen präsentiert werden. Stets steht Macht unter dem Zwang, sich in Erinnerung zu bringen. Die Symbole der Macht müssen, manchmal erwartet, manchmal unerwartet, aufscheinen. Zugleich darf all dies Zeigen und Aufscheinenlassen nicht Widerstand wecken, das Glatte und Reibungslose der Macht nicht zu sehr aufrauen. Eine Macht, die dauernd auf sich aufmerksam machen muss, erweckt den Eindruck, die Demonstration ihrer selbst nötig zu haben, und schon durch diesen Eindruck ist sie geschwächt. Ungerechtigkeiten sind daher ein zwiespältiges Mittel der Macht. Sie bestätigen sie und sie gefährden sie, sie machen die Bevorzugten zu Parteigängern und die Benachteiligten zu Gegnern, sie zeigen die Ohnmacht des Opfers und sie reizen sie, sie wecken die Furcht vor künftiger Ungerechtigkeit und sie treiben zur Empörung, sie blenden die Opportunisten und sie provozieren die Tugendwächter. Immer unter dem Druck stehend, mit etwas zu drohen, dessen Anwendung ihr selbst Nachteile bereitet, strebt Macht danach, mit möglichst geringen Kosten den größten Effekt zu erzielen.

Macht ist *expansionistisch*. Machtgier ist unersättlich. Wer Macht hat, will noch mehr Macht. Im Macht-haben-Wollen liegt immer schon ein Mehr-Macht-haben-Wollen. Macht selbst drängt zu ihrer eigenen Absicherung nach Steigerung der Macht. Das gilt auch für die Machtausübung durch Ungerechtigkeit. Jede Ungerechtigkeit droht die nächste an. Jede einfache Ungerechtigkeit kündigt die schlimmere an. Jede Ungerechtigkeit, die an einem begangen wird, ist eine Bedrohung für alle. Jede Ungerechtigkeit, die der Schwächste erleidet, verkündet dem Zweitschwächsten sein Urteil. Die „erfolgreiche" Ungerechtigkeit erhöht die Macht des Ungerechten. Vor ihr zittert, wessen Fall noch nicht verhandelt ist.

Da *Wissen* Macht ist (Bacon), Ungerechtigkeit auf, wenn auch falschem Vergleichen beruht und somit Wissen über das miteinander Verglichene voraussetzt, erhöhen Akte der Ungerechtigkeit das Wissen des Ungerechten und damit seine Macht. Zugleich liegt in der Ungerechtigkeit die Gefahr, dass der Mächtige zum Opfer seiner eigenen Tat wird, indem er an sein fehlerhaftes Vergleichsurteil selbst glaubt. Dann verliert er mit dem Wissen um die Realität auch die Macht über die Realität. Wissen ist eine Ressource von Macht, fehlerhaftes Wissen ist Schwächung von Macht.

Immer nimmt die Macht etwas vom *Wesen dessen* an, *worüber* sie *Macht* hat. Noch die Ohnmacht des Ohnmächtigsten schreibt sich in die Gestalt der Macht ein. Nie vermag die Macht auch noch diesen letzten Rest von Eigenmacht des Ohnmächtigen einzuholen, gar zu beseitigen. Die Ohnmacht des Ohnmächtigen macht die Macht ohnmächtig. Die Empörung des Ohnmächtigen lässt die Macht empörend werden. Die Entwürdigung des Ohnmächtigen entwürdigt die Macht. Wenn es zutrifft, dass Macht dort am größten ist, wo sie unsichtbar und unhörbar ist, muss sie im

Schrei der Empörten am schwächsten sein. Die Spuren begangener Ungerechtigkeit stehen der Macht ins Gesicht geschrieben. Diese Spuren wird sie nicht mehr tilgen.

Macht ist nicht etwas, was man hat oder besitzt, um es sodann wie ein vorhandenes Instrument anzuwenden oder einzusetzen. Vielmehr geht es bei ihr um ein Gefüge von Relationen, in deren Aktualisierung sich ihre dynamische und variable Existenz erweist. Macht ist die Summe der Wirkungen, in denen ihr Dasein aufscheint, und der Inbegriff der an sie geknüpften Erwartungen. Je gröber die Ungerechtigkeit, die sie begeht, umso zahlreicher und kräftiger müssen die aktualisierten Relationen sein, sie herbeizuführen und die anschließende Empörung niederzuhalten. Wenn in einem Krieg, den ein Staat führt, ganz überwiegend die Söhne der Armen fallen, dann sind daran zahlreiche Einflussfaktoren beteiligt: Ein Gesetz mag die Voraussetzungen von Wehrfähigkeit für die reicheren Schichten günstig definieren, die Musterungsärzte mögen die ihren oder höheren Schichten Angehörenden bevorzugen, die Reicheren werden an der Sterbeprämie für die Familien des Gefallenen nicht dasselbe hohe Interesse haben wie die Armen, die Reicheren werden die Offiziere oder die Bediener der Computer sein, usw. Die im wahrsten Sinne des Wortes tödliche Ungerechtigkeit dieses Beispielsfalles wird nicht von einer einzigen Person in einer einmaligen Anordnung bewirkt. So wie sie selbst die Summe zahlreicher kleinerer Ungerechtigkeiten ist, ist auch die Macht, der sie ihre Entstehung verdankt, verteilt auf zahlreiche soziale Relationen, deren Aktivität zum selben Ziel führt. Die Strukturen der Macht prägen das Wesen der Ungerechtigkeit mit. In den Relationen, die die Struktur der Macht bilden, sind rechtliche Kompetenzen, Finanzmittel, professionelle Erfahrungen und Zeugnisse und anderes wirksam. In pluralistischen

Gesellschaften, digitalisierten Beziehungen, internationalen politischen Verflechtungen vielfältigster Art und globalisierten Ökonomien wird das Ungerechtigkeitsgeschehen so komplex und schwer durchschaubar wie die Entfaltung der Macht, die es steuert. Wen soll das Opfer von Ungerechtigkeit anklagen? Gegen wen richtet es seine Empörung? Wie vermag es Ungerechtigkeit von Unglück zu unterscheiden? Diffusion von Macht in ihren Trägern und Einflusskanälen korrespondiert mit Entpersonalisierung auf der Täterseite von Ungerechtigkeit. Umso wichtiger wird der Blick auf die für alle sichtbaren Ergebnisse und das von ihnen ausgelöste Gefühl der Empörung. Dieses Gefühl lässt sich von Komplexität und Intransparenz in Ungerechtigkeit und Macht nicht irritieren und ablenken. Als Gefühl knüpft es an konkrete Erfahrungen in konkreten Lebensbereichen an, in denen die tödliche Ungerechtigkeit mit voller Wucht ankommt und hautnah zu spüren ist. So sehr die Verantwortlichen in der Diffusion der Macht ihren Anteil zu verschleiern bestrebt sind, so sehr wächst der Empörung gerade in dieser Verschleierung eine neue elementare Gewalt zu, die sich aus der Wut darüber speist, des großen, einzigen Ungerechten nicht habhaft werden zu können. Auch die Empörung hat daher immer teil an dem, worüber sie sich empört. Nicht nur verzerrt auch der Hass über die Ungerechtigkeit die Züge (Brecht), sondern er artet nicht selten selbst in Ungerechtigkeit aus und ist voller Machtgier, die strafen zu können, die seine Wut und Empörung entzündet haben. Wut und Empörung sind nie rein, sie müssen durch das Negative hindurch und werden dadurch selber unrein. Macht und ihre Ungerechtigkeit sind das Negative der Empörung, das diese nur dann überwindet, wenn sie sich auf es einlässt, ihm ins Gesicht schaut, von seinem Wesen sich anhauchen lässt und bei ihm verweilt, um den Schmerz der Verletzung bis zur Neige auszukosten und ihn in diesem

Auskosten positiv zu machen. „Dieses Verweilen ist die Zauberkraft, die es in das Seyn umkehrt" (Hegel, Phänomenologie des Geistes).

Je gröber die Ungerechtigkeit, desto mehr wird deren Opfer von ihr infiziert. Auch die Empörung bleibt nicht frei vom Gift des Empörenden. Die Größe der Ungerechtigkeit indiziert ihr die Größe der hinter ihr stehenden Macht und vermittelt ihr ein ungefähres Bild von der Größe der zu ihrer Bekämpfung erforderlichen Gegenmacht. Und da die Empörung das Zweite meist zu hoch einschätzt, strebt sie nach überschießender Gegenmacht. Bei der Werbung um Mit-Empörte dramatisiert sie das Ausmaß der Ungerechtigkeit, schwärzt die Motive des Ungerechten an, entwürdigt seine Person, verneint seine Einsichtsfähigkeit, bezweifelt seine Tatsachenkenntnis, diffamiert sein Verhalten, macht Person und Handeln verächtlich. Bisweilen steigert sich die Empörung zu Wut und Hass. Beides sind zur Bekämpfung von Ungerechtigkeit kontraproduktive Gefühle.

Zu einer Überschätzung von Macht kommt es oft bei der Abgrenzung von Unglück und Ungerechtigkeit. Infolge erweiterter technischer Möglichkeiten lassen sich viele Dinge, die zunächst wie ein Unglück aussehen, Naturkatastrophen und Massenerkrankungen etwa, zumindest theoretisch und bei Einsatz von genügend Geld auch praktisch verhindern. Werden von einer Überschwemmung überwiegend ärmere Stadtviertel betroffen oder wirkt sich eine Massenerkrankung eher in unterentwickelten Staaten aus, ist der Vorwurf von Ungerechtigkeit schnell bei der Hand: Wahrscheinlich wurden im einem Fall die Stadtviertel der Reichen durch technische Vorkehrungen wirksamer geschützt, im zweiten Fall die Entwicklung wirksamer Medikamente in reichen Staaten schneller vorangetrieben und ihre Ergebnisse nicht kostengünstig weitergegeben. Wo die

Fälle nicht eindeutig sind, weckt gerade der bloße Verdacht von Ungerechtigkeit eine bisweilen heftigere Empörung als bei klar erwiesener Ungerechtigkeit und ihrer unzweifelhaften Verursachung. Verschwörungstheorien finden reichlich Nahrung, dunkle Mächte glaubt man am Werk, Vorsatz, ja Absicht wird ihnen unterstellt, von bloßer Fahrlässigkeit will man nichts wissen, ein reines Unglück gar hält man für völlig ausgeschlossen. Politisch ist auch die ungerechte Empörung von Relevanz, denn sie wirkt sich bei Wahlen aus. Politik muss daher auf sie reagieren.

Das Phänomen der ungerechten Empörung über Ungerechtigkeit ist weder neu noch auf bestimmte Formen von Ungerechtigkeit beschränkt. Durch empirische Untersuchungen weiß man, dass in Unternehmen das Gefühl, vom Arbeitgeber oder Vorgesetzten ungerecht behandelt zu werden, besonders dann, wenn die Sensibilität für widerfahrene Ungerechtigkeit groß ist, zu *dysfunktionalem Verhalten am Arbeitsplatz* führt. In diese Verhaltenskategorie fallen beispielsweise Diebstahl, Mobbing, Alkohol- oder Drogenkonsum am Arbeitsplatz, Lügen, Zurückhalten von Leistung, Verbreiten von Gerüchten, Verspätung, Absentismus, Veruntreuung von Geldern, Preisgabe von Informationen, Arbeitsunterbrechungen, Sachbeschädigung, Vandalismus, Gewalt, Sabotage, Korruption, das Umgehen betrieblicher Regeln. Dieses von der Norm abweichende Verhalten ist weit verbreitet, teilweise beteiligen sich – wie mehrere empirische Studien zeigen – bis zu 75 % der Arbeitnehmer an kontraproduktiven Verhaltensweisen, die Schäden für die Unternehmen gehen in die Milliarden. Mit dem entsprechenden Verhalten, wenn es auf subjektiv erlebte Ungerechtigkeit zurückgeht, versucht der Arbeitnehmer, die durch die angebliche Ungerechtigkeit gestörte Balance zwischen den Investitionen beider Parteien auszugleichen, ungerech-

ten Eigenschaden durch vorgeblich gerechten Fremdscha-
den oder Verschaffung eigener Vorteile zu kompensieren.
Unternehmen legen eigene Programme auf, um durch de-
taillierte Fassung der Arbeitsverträge die gegenseitigen
Erwartungen rechtlich und psychologisch zu fixieren, durch
erhöhte Transparenz das Verständnis für und die Nachvollziehbarkeit von Entscheidungen, Beschlüssen, Verfahren
und Anordnungen zu erhöhen, durch Einbeziehung der
Mitarbeiter in Entscheidungsprozesse die Akzeptanz für
deren Ergebnisse zu vertiefen. Damit zeigen sie, dass es an
ihren Schäden wenig ändert, wenn sie die objektive Berechtigung des subjektiven Gefühls von Ungerechtigkeit in Ab-
rede stellen oder zu widerlegen versuchen. Denn das Gefühl
der Empörung wird bleiben, wenn es nicht als solches, ganz
unabhängig von seiner objektiven Legitimation, ernst genommen wird. Nichts macht dieses Gefühl explosiver, als
wenn es mit dem Gefühl von Ohnmacht, von zwingender
Einbindung in eine unbeeinflussbare Machthierarchie sich
verbindet.

Schwer fällt der Empörung auch die Erkenntnis, wie tief
Dialektik in Ungerechtigkeit eingelassen sein kann. Es gibt
Fälle, in denen man, *um gerecht zu sein, ungerecht sein*
muss. Um den Ärmsten der Armen zu helfen, kann es geschehen, dass man ihnen aus einer beschränkten Verteilungsmasse alles geben muss, auf die Gefahr hin, dass die
Zweitärmsten nichts bekommen. Um der besonderen existentiell gefährdenden Situation der Ärmsten „gerecht" zu
werden, kann es nötig sein, allein auf sie zu schauen, seine
Hilfe ganz auf sie zu konzentrieren, mit dem Ergebnis, dass
die Lage der zweitärmsten noch ungerechter wird, als sie es
zuvor schon war. Adorno sagt an einer Stelle der „Minima
Moralia" (1951, 135): „Ungerechtigkeit ist das Medium der
Gerechtigkeit", und er meint diesen Satz so, wie wir die

Rede von der ungerechten Gerechtigkeit verstehen, nur bezieht er ihn auf Kunstwerke: Man müsse, um dem einen Kunstwerk gerecht zu werden, ungerecht sein gegen alle anderen Kunstwerke. Eltern behinderter Kinder machen oft die bedrückende Erfahrung, wie das behinderte Kind eine so große Zuwendung benötigt, dass die gesunden Kinder sich zurückgesetzt fühlen müssen. Das Leben zwingt Eltern und Kindern darin eine bittere Erfahrung auf: dass das Gute in die Schuld führt und dabei das Gute bleibt und das Schuldige auch. „Wer den andern liebt, hat das Gesetz erfüllt", heißt es in Römer 13. Doch bisweilen muss man das Gesetz (aus Liebe) brechen, um es (in Liebe) zu erfüllen.

XV.
Das Ultimatumspiel: Darstellung

In die Kategorie der irrationalen Reaktion auf gefühlte Ungerechtigkeit gehört auch die selbstschädigende Empörung. Die dunkle Seite des Ungerechtigkeitsgefühls wird in ihr sichtbar. Wir wollen sie am sog. „Ultimatumspiel" veranschaulichen.

Das Ultimatumspiel ist eine der praktischen Anwendungen der Spieltheorie für die empirische Wirtschafts- und Verhaltensforschung. Es wird hauptsächlich als Laborexperiment zur Erforschung von Altruismus und Egoismus eingesetzt, testet aber auch den „Sinn für Ungerechtigkeit" bzw. unfaires Verhalten.

Die Grundform des Ultimatumspiels stellt folgende Anordnung dar: Einem Akteur A_1 wird vom Organisator des Spiels ein Gut c (z.B. Geld) zur Verfügung gestellt. Hiervon muss er einen Teil s wählen ($0 \leq s \leq c$) und einem anderen Akteur A_2 anbieten. Lehnt dieser den ihm angebotenen Teil ab, muss auch A_1 auf seinen Teil verzichten und beide gehen leer aus. Nimmt A_2 an, erhält er das angebotene s und A_1 bekommt den Rest (c-s). A_1 und A_2 kennen sich nicht, Kommunikation und Verhandlungen zwischen beiden sind ausgeschlossen, das Angebot von A_1 ist ultimativ und kann nur entweder angenommen oder abgelehnt werden, eine Wiederholung des Spiels findet nicht statt, das Spiel wird in seiner Grundform also nur ein einziges Mal gespielt. Infolge dieser Konstellation haben beide Spieler keine Konsequenzen zu fürchten, weder soziale noch personale, bis auf einen Nichtgewinn. Die Spieler brauchen ihr Verhalten nicht an den befürchteten oder erhofften Reaktionen der Mitspieler oder des sozialen Umfelds auszurichten. Der homo oeconomicus hat auf nichts Rücksicht zu nehmen, muss nicht auf seinen guten Ruf achten. Außerdem vermögen die Spieler aus dem Ausgang des Spiels nicht zu lernen: A_2 kann nicht durch Ablehnung auf ein höheres Angebot im nächsten Spiel hoffen, A_1 nicht den Grad der Ungerechtigkeitssensibilität des A_2 kennenlernen und dieses Wissen für das nächste Spiel nutzen.

Die spieltheoretische Lösung für eigennützige rationale Spieler, also für den „homo oeconomicus" der klassischen Wirtschaftstheorie, besteht darin, dass A_1 von dem Gut nur den geringstmöglichen Teil s > o (z.B. 1 Cent) anbietet, weil er davon ausgehen kann, dass ein im Sinne der individuellen Nutzenmaximierung rationaler Spieler A_2 diesen geringen Betrag einer Auszahlung von Null vorziehen und deshalb zustimmen wird. A_1 würde mit einem solchen Angebot seine Investition minimieren und den bei ihm selbst verbleibenden Teil maximieren. In Experimenten verhalten sich jedoch viele Spieler A_2 nicht in diesem Sinne rational, sondern lehnen lieber einen kleinen Gewinn ab, als eine als ungerecht empfundene Aufteilung zu akzeptieren. Üblich ist eine Aufteilung, die sich von der rationalen Aufteilung von $0 + 1$ drastisch unterscheidet. Angebote unter ungefähr 15 % der Gesamtsumme werden in der Regel abgelehnt, sodass auch der Anbieter leer ausgeht. Auch die Spieler A_1 rechnen mit hoher Ungerechtigkeitssensibilität auf der Gegenseite; im Durchschnitt überlassen sie 30 % des Gutes A_2, wobei auch viele Angebote zwischen 15 % und 30 % abgelehnt werden, was übrigens vereinzelt auch noch für Angebote knapp unter 50 % gilt. Die Aufteilung ist signifikant abhängig vom kulturellen Hintergrund der Spieler. In kleineren oder wirtschaftlich unterentwickelten Gesellschaften nimmt A_2 kleinere Angebote eher an. Der Grad der Marktintegration und der Grad der Religiosität sagen beide unabhängig voneinander höhere Angebote voraus. Die Ergebnisse des Ultimatumspiels legen, so die Analyse der bisherigen Forschung, die Vermutung nahe, dass komplexe marktwirtschaftliche Gesellschaften nicht ohne einen relativ hohen Grad von Kooperation mit Fremden möglich sind.

Wird das Ultimatumspiel wiederholt, lehnen die Spieler A_2 noch häufiger Angebote von A_1 ab. Das kann geschehen, um A_1 für die nächsten Spiele zu höheren Angeboten zu bewegen; irgendwann wird sich das Spiel wahrscheinlich bei der Gleichverteilung einpendeln. Der Ruf, ungerechte bzw. unfaire Angebote abzulehnen, zahlt sich mithin aus. Wer im wiederholten Ultimatumspiel unfaire Angebote ablehnt, muss somit nicht intrinsisch motiviert sein. Wir lassen diese abgewandelte Form des Spiels im Folgenden außer Betracht.

In der Grundform des Spiels dagegen steht fest, dass A_2 bei einer Ablehnung des Angebots rein intrinsisch motiviert ist. Denn er kann von ihr in keiner Weise einen positiven Nutzen ziehen, indem etwa sein gegenwärtiger Verzicht durch künftigen Gewinn wettgemacht wird. Die weithin akzeptierte Interpretation dieses Verhaltens besteht in der Annahme, dass zu niedrige Angebote abgelehnt werden, weil die zweiten Spieler sie als ungerecht empfinden. Sie nehmen materielle Nachteile in Kauf, um ungerechte Interaktionen zu verhindern. Bei den äußerlich fairen Angeboten der ersten Spieler weiß man dagegen nicht, ob sie aus Fairness abgegeben werden. Denn es liegt auch in ihrem eigenen Interesse, keine zu niedrigen Angebote abzugeben; so können sie vermeiden, leer auszugehen. Kaum einleuchtend wäre die Vermutung, die zweiten Spieler wären nicht in der Lage, zwischen einmaligen und wiederholten Interaktionen zu unterscheiden und würden unbewusst auf höhere Angebote in der Zukunft spekulieren. Plausibler scheint, dass Spieler diesen Unterschied zwar bemerken, aber Entscheidungsstrategien anwenden, innerhalb deren diese Unterscheidung keine Rolle spielt. Ein solches Verhalten ist aus der Perspektive der rationalen Nutzenmaximierung auch dann irrational, wenn man annimmt, dass wegen in entwickelten Gesellschaften allgemein bekannter hoher Ungerechtigkeitssensibilität die ersten Spieler von sich aus höhere Angebote machen, als der pure homo oeconomicus sie machen würde.

Man hat in Experimenten getestet, welchen Einfluss die Höhe des Einsatzes auf das Spielverhalten hat, insbesondere, ob die naheliegende Vermutung stimmt, dass bei höherem Einsatz auch kleinere Angebote angenommen werden und man bei der Demonstration von Ungerechtigkeitssensibilität höhere Kosten scheut. Die Niedrigkostentheorie hat sich im Wesentlichen als falsch herausgestellt. In manchen Experimenten wurden zwar „unfaire" Angebote etwas weniger häufig zurückgewiesen; doch war der Effekt vergleichsweise gering. Immer noch wurden Angebote, die in absoluten Beträgen sehr hoch waren, mit erstaunlicher Häufigkeit zurückgewiesen, wenn sie relativ zu dem beim ersten Spieler verbleibenden Betrag als unfair gering erschienen.

Mehrere Untersuchungen, auch neurobiologische, legen nahe, dass die Abweichung vom Modell des homo oeconomicus zu einem guten Teil moralischen Emotionen geschuldet ist. Diese Forschungen zeigen aber auch, dass soziale Emotionen keinem simplen Reiz-Reaktions-Schema folgen. Sie sind vielmehr das Resultat komplexer Vorgänge, die zudem mit kognitiven Prozessen interagieren. Es scheint so etwas wie eine natürliche Sensibilität für Ungerechtigkeit zu geben.

XVI.
Das Ultimatumspiel: Analyse

Betrachten wir das Ultimatumspiel aus unserer Sicht. Der zweite Spieler, der den Teilungsvorschlag des ersten ablehnt, zieht die Gleichheit des Nichthabens der Ungleichheit des Habens vor. Er zahlt dafür mit dem Verzicht auf den ihm zugedachten Teil und damit auf die unentgeltliche, weil ohne Arbeit und Einsatz eigenen Kapitals erfolgende Mehrung seines Vermögens. Da das Spiel in seiner hier allein relevanten Grundform nicht wiederholt wird, kann er auch nicht auf künftigen Nutzen der Ablehnung hoffen. Seine Motivation liegt allein in der Verhinderung einer subjektiv empfundenen Ungerechtigkeit des ersten Spielers, von dem wir und der ablehnende zweite Spieler freilich nicht wissen, ob sein Handeln und damit seine Abweichung vom reinen Rationalitätskalkül intrinsisch motiviert oder rein nutzenorientiert war. Gerade Letzteres zeigt, dass der Ablehnende nicht bereit ist, die objektive Abweichung des ersten Spielers vom reinen Rationalitätskalkül als solche schon moralisch zu honorieren, solange sie seiner subjektiven Vorstellung von Gerechtigkeit nicht positiv entspricht und solange die intrinsische Motivation nur möglich, aber nicht bewiesen ist. Schon das könnte man moralisch fragwürdig finden. Die wenn auch nur leichte Abhängigkeit der Entscheidung des zweiten Spielers von der Höhe des Einsatzes weckt ebenfalls Zweifel. Denn ist nicht die Tat eines jeden so viel wert, wie sie ihn kostet?

Was der ablehnende zweite Spieler übersieht, ist der Umstand, dass der Organisator des Spiels dem ersten Spieler einen entscheidenden strategischen Vorteil zugesprochen hat, nämlich das Privileg des ersten Zuges, das Recht der Spieleröffnung. Dieses Recht gibt dem ersten Spieler, und nur ihm, die Chance, durch die Teilung und die potentielle Zustimmung des anderen auf mehr als 50 % des Gesamtbetrags zu kommen, während der zweite Spieler in der Regel nicht 50 %, geschweige denn über 50 % erhalten wird. Ein Gutteil der empfundenen Ungerechtigkeit geht auf das Konto dieser von außen erfolgten Rollenverteilung, für die der erste Spieler keine Verantwortung trägt und wegen der durchaus hinterfragt werden darf, wenn dessen Teilung als ungerecht betrachtet wird. Der Organisator des Spiels hat dem ersten Spieler das Privileg erteilt, sein, des Organisators Geld (mit Zustimmung des zweiten Spielers) zu verteilen, also zu verschenken. Hätte sich der zweite Spieler auch ungerecht behandelt gefühlt, wenn der Organisator mit demselben Ergebnis wie beim ersten Spieler die Verteilung selbst vorgenommen hätte? Hätte er die Annahme abgelehnt, wenn durch Ablehnung auch hier der für den anderen Spieler vorgesehene Teil verfallen wäre? Man darf annehmen, dass dies in viel selteneren Fällen geschehen würde. Freilich mag das Ergebnis damit zusammenhängen, dass man demjenigen, dem die Verteilungsmasse gehört, der sie in der Regel durch eigene Anstrengung erworben hat, eher das Recht zugesteht, mit seinem Vermögen zu machen, was er will, und dass daher bei ihm von egoistischer Eigennützigkeit nicht die Rede sein kann. Aber hat nicht der Organisator des Ultimatumspiels den ersten Spieler zu seinem Stellvertreter, seinem Repräsentanten gemacht, sodass dessen Teilungsentscheidung als Entscheidung des Organisators zu betrachten ist? Und lag nicht in der Ermächtigung zum ersten Zug nicht auch die Genehmigung der Nutzenmaximierung auf Seiten des Teilers?

Was sagt denn der zweite Spieler mit seiner Ablehnung? Er sagt zunächst: „Ich will mein Vermögen nicht durch (und sei es auch fremde) Ungerechtigkeit mehren". Nun könnte er an sich bei einer solchen Einstellung auch das ihm Zugedachte nehmen und es an einen Dritten weiterverschenken, sodass er seine Ablehnung von Ungerechtigkeit zum Vorteil sowohl des ersten Spielers wie des Dritten kundtun würde. Doch so geht er gerade nicht vor. Er sagt also genauer: „Ich akzeptiere keine Ungerechtigkeit, auch wenn mich das etwas kostet". Dass der erste Spieler bei Ablehnung seines Vorschlags nichts bekommt, ist für den zweiten wichtig, weil dieser den anderen schädigen will. Der ablehnende zweite Spieler will den Teiler aber nicht nur für seinen konkreten ungerechten Vorschlag bestrafen oder, neutraler gesprochen, sanktionieren, er will ihn auch bessern, indem er ihm eine Lektion erteilt, damit er sein Verhalten nicht in Zukunft, zum Schaden anderer, wiederhole. Der Ablehnende zahlt seinen Preis auch für diesen Schutz potentieller Dritter außerhalb von Spielen, mit denen er nichts zu tun hat, erweist sich also hierin als altruistisch. In der Person des Teilers soll durch die Ablehnung der Teilung ein abstrakter Satz inszeniert werden: „Man beleidigt nicht andere Personen, indem man ihnen ungerechte Teilungsangebote macht und ihnen damit unterstellt, sie seien so geldgierig, so verächtlich, dass sie für unter 30 oder 40 % des Gesamtbetrags eine ihnen angesonnene Ungerechtigkeit hinnähmen". Die Empörung über diese subjektiv empfundene Beleidigung der eigenen Person ist es, die zum Bestrafungswunsch und zur selbstschädigenden Ablehnung führt. Gleichzeitig setzt sich der Ablehnende moralisch ins rechte Licht: „Ich bin jemand, dem die Verhinderung von Ungerechtigkeit wichtiger ist als Geld"; „Ich bin jemand, der seine Rechte wahrnimmt und ihm verliehene Gestaltungsmacht ausübt, mag dies auch zum Nachteil eines anderen führen".

Der Ablehnende könnte aus einer bestimmten Perspektive selber als ungerecht gelten: Bei einem Teilungsvorschlag von beispielsweise 60 : 40 sieht er zum einen nicht, dass der Teiler erheblich zu seinen, des Ablehnenden, Gunsten vom reinen Rationalitätskalkül abgewichen ist (statt 99 : 1 wählt er 60 : 40). Er unterlässt ferner einen positiven Bewertungsansatz in Hinsicht auf das dem Teiler von außen zugesprochene Privileg des ersten Zugriffs, das leicht einen Wert von 10 % des Gesamtbetrags ausmachen kann. Er verzichtet drittens nur auf 40, um auf der anderen Seite 60 zu verhindern, also einen deutlich größeren Betrag als den ihm zugedachten. Freilich waren die 40 sicher und die 60 für den anderen unsicher. Doch nur auf den ersten Blick, denn objektiv lagen die 60 und die 40 beide in derselben Entscheidung des zweiten Spielers begründet, waren also beide gleich wahrscheinlich. Der erste Spieler findet nicht, was er gesucht hat: einen über 50 % hinausgehenden Vorteil. Der Ablehnende findet, was nicht zu suchen war: das Gefühl moralischer Überlegenheit. Durch die Ablehnung der Teilung weist der Teiler folgende Bilanz auf: Kein Gewinn (von 60) und zusätzliche Enttäuschung. In der Bilanz des Ablehnenden stehen: Kein Gewinn (von 40) und Befriedigung seiner Empörung. Die Sache geht für den einen, nämlich den zweiten Spieler, besser aus als für den anderen. Der

Wähler wird das Ergebnis gerecht finden, der Teiler eher nicht.

Auch der ablehnende Spieler des Ultimatumspiels muss, wenn er sich selbst reflektiert und über sein Handeln Klarheit gewinnt, zuletzt (mit Hebbels „Judith") sagen: „Der Weg zu meiner Tat geht durch die Sünde". Die Reaktion auf empfundene Ungerechtigkeit ist selber so sehr von Ungerechtigkeit durchtränkt, dass in ihr sich die Tat des Ungerechten aufs Sichtbarste spiegelt.

XVII.
Kohlhaas: Darstellung

Den dunkelsten Typus der Empörung über Ungerechtigkeit repräsentiert der Executor des Fiat iustitia et pereat mundus. Das Paradebeispiel für ihn ist der Michael Kohlhaas in der Novelle von Kleist.

Fassen wir zunächst den Inhalt des Geschehens zusammen:

Michael Kohlhaas lebt mit seiner Frau Lisbeth und seinen fünf Kindern als rechtschaffener Pferdehändler im brandenburgischen Kohlhaasenbrück. Als er wieder einmal eine Koppel Pferde nach Dresden bringen will, um sie dort zu verkaufen, trifft er an der Grenze zwischen Brandenburg und Sachsen auf einen neuen Schlagbaum in der Nähe einer auf sächsischem Gebiet gelegenen Burg. Vom Zöllner erfährt er, dass der alte Schlossherr gestorben ist und das Gebiet nun Junker Wenzel von Tronka gehört. Nachdem Kohlhaas seinen Zoll bezahlt hat, will er weiterziehen, aber der Burgvogt ruft ihn zurück und verlangt, seinen Pass zu sehen. Der Pferdehändler hat diese Grenze bereits siebzehn Mal passiert, und noch nie hat ihn jemand nach einem Pass gefragt. Da aber der Burgvogt darauf besteht, verspricht Kohlhaas, sich in Dresden um ein entsprechendes Dokument zu kümmern. Als Pfand muss er zwei Rappen zurücklassen. Während seiner Abwesenheit soll sein zuverlässiger Knecht Herse auf die Tiere aufpassen.

In Dresden stellt sich heraus, dass es einen Pass wie den geforderten nicht gibt. Es hat sich um einen Willkürakt gehandelt.

Als Kohlhaas nach dem Verkauf der restlichen Pferde wieder zu der Burg an der Grenze kommt, findet er statt seiner wohlgenährten Rappen zwei Mähren vor, und den Knecht hat man davongejagt. Der Händler lässt seine beiden Gäule stehen und eilt nach Hause, wo ihm Herse berichtet, was vorgefallen ist: Der Burgverwalter hat die beiden Rappen als Zugtiere bei der Feldarbeit einsetzen und in einem Schweinekoben unterbringen lassen, in dem sie nicht aufrecht stehen konnten. Als Herse die verdreckten Tiere zur Schwemme außerhalb der Burg führen wollte, um sie zu säubern, hetzte man ihm die Hunde nach und prügelte ihn halb tot.

Michael Kohlhaas reicht in Dresden eine Klage gegen den Junker Wenzel von Tronka ein. Monatelang wartet er auf eine Nachricht. Erst im folgenden Jahr erfährt er, dass die Klage auf Veranlassung des Mundschenks Hinz von Tronka und des Kämmerers Kunz von Tronka, beides Jugendfreunde des sächsischen Kurfürsten und Verwandte des Junkers Wenzel, niedergeschlagen wurde. Der brandenburgische Stadthauptmann, zu dessen Regierungsbezirk auch Kohlhaasenbrück gehört, rät Kohlhaas, den Kurfürsten von Brandenburg in einer Supplik um landesherrlichen Schutz gegen das in Sachsen erlittene Unrecht zu bitten. Der Kurfürst von Brandenburg delegiert die Angelegenheit an seinen Kanzler, Graf Kallheim, aber der hintertreibt sie, weil er mit den von Tronka verschwägert ist. In der Resolution heißt es, Kohlhaas sei ein Querulant. Eine neue Bittschrift will Lisbeth Kohlhaas dem Kurfürsten persönlich überbringen, doch eine übereifrige Wache stößt sie so heftig vor die Brust, dass sie im Liegen nach Hause gebracht werden muss und eine paar Tage später stirbt.

Nun ruft Michael Kohlhaas seine sieben Knechte zusammen, bewaffnet sie und reitet mit ihnen zu der Burg des Junkers Wenzel von Tronka. Sie brennen die Gebäude nieder. Der Vogt und der Verwalter kommen mit ihren Frauen und Kindern ums Leben. Dem Junker gelingt es, sich in das von seiner Tante geleitete Damenstift von Erlabrunn zu retten. Als Michael Kohlhaas mit seinen Männern dort eintrifft, ist Wenzel von Tronka bereits weiter nach Wittenberg geflohen. Mit Plakaten fordert Kohlhaas dazu auf, „seine Sache gegen den Junker von Tronka, als dem allgemeinen Feind aller Christen" zu unterstützen. Dreimal steckt er Teile von Wittenberg in Brand, und mit seiner kleinen Streitmacht besiegt er den mit 500 Mann heranziehenden Prinzen Friedrich von Meißen.

Als Martin Luther dem Rebellen auf öffentlichen Anschlägen „Ungerechtigkeit" und den „Wahnsinn stockblinder Leidenschaft" vorwirft, dringt dieser verkleidet zu ihm vor und setzt ihm seine Sache auseinander. Luther erteilt ihm keine Absolution, verspricht aber, sich für ihn zu verwenden, und schickt am nächsten Tag ein Schreiben an den Kurfürsten von Sachsen, der daraufhin Kohlhaas freies Geleit zusichert, damit er seine Klage nochmals in Dresden vertreten kann.

Kohlhaas löst unverzüglich seine Kriegshaufen auf, reist in die sächsische Hauptstadt und trägt seinen Fall dem Großkanzler des Gerichts vor. Der verweist ihn an einen Advokaten, der die Klage formulieren soll, was auch geschieht.

Die Anwälte des Junkers geben zunächst vor, der Vorfall am Schlagbaum habe sich ohne Wissen und Beteiligung ihres Mandanten abgespielt, und schieben die Schuld auf den Burgvogt und den Verwalter, die bei dem Überfall auf die Burg ums Leben gekommen sind. Dann wieder behaupten die Verteidiger, die Rappen seien bereits bei der Ankunft an der Grenze unverkennbar krank gewesen. Der Junker habe deshalb nur seine Pflicht erfüllt, sie nicht auf sächsisches Territorium zu lassen.

Als der Präsident der sächsischen Staatskanzlei den Großkanzler des Gerichts ablöst und der vorübergehend abwesende Polizeichef durch einen weiteren Parteigänger Wenzels von Tronka vertreten wird, sieht Kohlhaas seine Chancen sinken. Gefährlich ist für ihn auch die Nachricht, dass sein ehemaliger Gefolgsmann Nagelschmidt sich als sein Statthalter ausgibt, auf eigene Faust eine Räuberbande rekrutiert hat und plündernd durchs Land zieht. Den Wachen, die nach Kohlhaas' Ankunft aufgestellt wurden, um ihn zu beschützen, hat man jetzt offensichtlich befohlen, ihn festzuhalten. Als Nagelschmidt einen Boten zu Michael Kohlhaas schickt und ihm die gewaltsame Befreiung anbietet, geht dieser in seiner Verzweiflung darauf ein. Aber die Behörden, die den Boten schon vorher abgefangen hatten und ihn seinen Auftrag nur zum Schein ausführen ließen, wissen Bescheid.

Wegen der neuen Geschehnisse wird Kohlhaas in Dresden zum Tode verurteilt. Aber der Kurfürst von Brandenburg verhindert den Vollzug des Urteils, indem er ihn als Untertan reklamiert und im Einverständnis mit dem Kurfürsten von Sachsen nach Berlin bringen lässt.

Während ein Ritter mit dem Gefangenen nach Berlin reist, nimmt der Kurfürst von Sachsen an einer Jagd teil. Als die Jagdgesellschaft hört, dass der berüchtigte Rebell in der Nähe sei, überredet die Ehefrau des Kämmerers Kunz den Kurfürsten, sich den Pferdehändler inkognito anzusehen. Der Kurfürst fragt den Gefangenen nach der Bleikapsel, die dieser an einem Seidenfaden um den Hals trägt. Kohlhaas erzählt, wie er den darin aufbewahrten Zettel vor sieben Monaten in Jüterbock unter ungewöhnlichen Umständen von einer Wahrsagerin zugesteckt bekommen hat. Der Kurfürst von Sachsen bricht ohnmächtig zusammen und ist tagelang schwer krank.

Schließlich verrät er dem Kämmerer im Vertrauen, was es mit dem Zettel auf sich hat. Er habe sich damals zu Verhandlungen mit dem Kurfürsten von Brandenburg in Jüterbock aufgehalten. Sie hatten eine Zigeunerin auf dem Marktplatz aufgefordert, etwas sofort Überprüfbares zu prophezeien. Auf diese Weise wollten sie die Frau vor allen Leuten lächerlich machen. Die Zigeunerin sagte voraus, ein im Schlosspark aufgezogener Rehbock werde auf den Marktplatz kommen. Der Kurfürst von Brandenburg schickte einen Boten mit dem Befehl ins Schloss, das Tier sofort zu erlegen. Die Zigeunerin las ihm Gutes aus der Hand, aber als auch der Kurfürst von Sachsen die Hand ausstreckte, schrieb sie den Namen des letzten Regenten seines Hauses auf, dazu das Jahr, in dem er seine Herrschaft durch Waffengewalt verlieren werde, und den Namen seines überlegenen Herausforderers. Den zusammengefalteten und versiegelten Zettel übergab sie einem der Umstehenden. Die beiden Kurfürsten hielten das alles für einen Spaß – bis der große Schlachterhund auf dem Marktplatz auftauchte und sie bemerkten, dass er den toten Rehbock herangeschleift hatte. Natürlich wollte der sächsische Kurfürst

nun um jeden Preis wissen, was die Wahrsagerin aufge-
schrieben hatte, aber sie war ebenso verschwunden wie der
Mann mit dem Zettel.

Inzwischen hat der Kaiser von Michael Kohlhaas' Rache-
feldzug erfahren und den Fall an sich gezogen. Ein Todesur-
teil wird nicht mehr zu verhindern sein.

In seinem Testament setzt Michael Kohlhaas einen Vor-
mund für seine fünf Kinder ein. Von der Wahrsagerin erhält er eine Nachricht mit der Warnung, der Kurfürst von
Sachen werde sich inkognito unter die Zuschauer am Richt-
platz mischen und noch im letzten Augenblick auf eine
Gelegenheit lauern, um an den für ihn so wichtigen Zettel
zu kommen.

Michael Kohlhaas wird zum Schafott geführt. Der Kurfürst
von Brandenburg beginnt mit den Worten: „Nun, Kohlhaas, heut ist der Tag, an dem dir dein Recht geschieht!"
Der Junker Wenzel von Tronka wird zu einer zweijährigen
Haftstrafe verurteilt. Der Pferdehändler bekommt alles zu-
rückerstattet, die beiden Rappen, die sich inzwischen erholt
haben, die Wäsche, die Herse auf der Burg hatte zurücklassen müssen, und den Geldbetrag, der zur Wiederherstellung
seiner Gesundheit erforderlich war. Zufrieden schenkt
Kohlhaas die Pferde seinen beiden Söhnen und die übrigen
Güter der Mutter des bei den Unruhen ums Leben gekom-
menen Herse.

Daraufhin fordert ihn der Kurfürst auf, auch das kaiserliche
Urteil wegen Landfriedensbruchs anzunehmen. Kohlhaas
reißt sich das Amulett ab, nimmt den Zettel heraus, zer-
bricht das Siegel, liest und verschluckt das Papier. Dann
lässt er sich widerstandslos köpfen. Im Publikum sinkt ein
Herr, den niemand kennt, ohnmächtig zu Boden.

Der Kurfürst von Brandenburg schlägt die beiden Söhne des Hingerichteten zu Rittern und bestimmt, dass sie an einer Pagenschule erzogen werden.

Ausgangspunkt des Geschehens ist das Unrecht, das Kohlhaas geschieht: Ihm wird ein vom positiven Recht nicht vorgesehener Passierschein abverlangt. Das von ihm, ohne objektiv dazu verpflichtet zu sein, gestellte Pfand (die Pferde) wird nicht verwahrt, sondern genutzt und trotz Nutzung schlecht gehalten, sodass es wertlos wird. Den Knecht des Kohlhaas misshandelt man mit dauerhaften Folgen und hohen Krankheitskosten. Begleitet wird das Unrecht von gravierenden Beleidigungen: Der Junker will Kohlhaas, wenn er das Pfand verweigere, über den Schlagbaum „zurückschmeißen" lassen; er bestätigt die Lüge seines Schlossvogts, dass ein Passagierschein nötig sei; die abgehärmten, dürren Pfandpferde sind „unehrlich", da sie nur noch für die Abdeckerei taugten; als Kohlhaas die Pferde als Pfand auslösen will, droht der Schlossvogt, ihn mit den Hunden vom Hof zu jagen, und begleitet seinen Bericht vor dem Junker mit Hohngelächter; der Junker bezeichnet ihn als „Hans Arsch". Herablassung, Beleidigung, Entwürdigung, Hohn und Zynismus sind es, die das Unrecht in ein besonderes Licht rücken. Das Unrecht ist insofern auch Ungerechtigkeit, als von anderen Rosshändlern in anderen Gebieten Sachsens kein Passagierschein verlangt wird, und auch insoweit, als es um das Verhalten des Junkers geht, der quasi die Auseinandersetzung zwischen Kohlhaas und Schlossvogt im Sinne des Letzteren entscheidet. Zu dieser Ungerechtigkeit kommt die Behandlung der in Dresden erhobenen Klage, die von korrupten Verwandten des Junkers von der Tronkenburg gar nicht erst entschieden, sondern unterdrückt wird. Dasselbe geschieht mit den Bittschriften an den eigenen Landesherrn, den Kurfürsten von

Brandenburg, die ebenfalls abgewiesen werden, nicht ohne dass dabei Kohlhaas als Querulant bezeichnet und damit erneut beleidigt wird. „Lieber ein Hund sein, wenn ich von Füßen getreten werden soll, als ein Mensch", sagt Kohlhaas, als er seinen Beschluss gefasst hat, sein Haus zu verkaufen und aus Brandenburg wegzuziehen. Welche Gefühle löst das Geschehen bei Kohlhaas aus? Die Erzählung nennt zunächst Erbitterung, Ingrimm und vor allem Ohnmacht, im späteren Fortgang Wut und Trotz, und nach dem sich abzeichnenden Bruch des freien Geleits Erschütterung und Traurigkeit.

Wir sehen also am Anfang ein grobes Unrecht, das zugleich Ungerechtigkeit ist, begleitet von einer tiefen Verletzung der Person des Kohlhaas und seiner Ehre. Beides löst Gefühle der Ohnmacht und der Erbitterung sowie (im Bedeutungsfeld von Ingrimm) Zorn, Wut und Empörung aus. Kohlhaas verlangt Beseitigung der Ungerechtigkeit und vor allem Genugtuung.

Kohlhaas ist kein jähzorniger Haudrauf. Im Gegenteil, er zeigt sich am Anfang als besonders zurückhaltend, geduldig und „rechtsgläubig": Er nimmt den neuen Zoll ohne Murren hin, kann sich auch für den Passierschein eine sinnvolle Begründung vorstellen, will die Pferde vor der Pfandgabe zu einem günstigen Preis an den Junker und die ihn begleitenden Ritter verkaufen, schluckt auch die Forderung nach einem Pfand, unterwirft, weil er letzte Zweifel hat, nach erkannter Pfandverletzung seinen Knecht einem strengen Verhör, beschreitet hoffnungsvoll den normalen Rechtsweg in Dresden, unternimmt zwei Mal eine Petition an seinen Landesherrn, hört auf den Rat seiner Frau und die Empfehlung eines Stadthauptmanns, macht seine Rache von der Zustimmung seiner Frau abhängig. Und auch später, als er schon bis zum Äußersten gegangen ist, fordert er, im Gespräch mit Luther, nichts Unmögliches, ja nicht einmal alles, was kausal aus dem ursprünglichen Unrecht des Junkers hervorgegangen ist: Er will nur Bestrafung des Junkers den Gesetzen gemäß; Wiederherstellung der Pferde in den vorigen Zustand, Ersatz des Schadens, den er und sein Knecht Herse erlitten haben. Haus und Hof und den Wohlstand, den er besaß, fordert er nicht zurück, ebensowenig die Kosten des Begräbnisses seiner Frau. Später will er sogar einer Monetarisierung der Pferde zustimmen, was dem Verzicht auf seine Hauptforderung gleichkommt.

Kohlhaas hätte, nach Enttäuschung all seiner Hoffnungen auf die Justiz, klein beigeben, die Sache auf sich beruhen lassen, das Ganze auf dem Konto „Vertiefung von Lebenserfahrung" verbuchen können. So groß war der materielle Schaden nicht, dass ein Mann mit seinem Vermögen ihn nicht wegstecken, so tief die Ehrverletzung nicht, dass eine Persönlichkeit mit seiner Reputation sie nicht verschmerzen, so universell das Versagen der Justiz nicht, dass ein Bürger mit seiner Zuversicht und Rechtstreue seine Hoffnungen auf ihr künftiges Funktionieren nicht aufrechterhalten konnte. Doch Kohlhaas sieht es anders. Nach dem Tod seiner Frau und nicht zuletzt, weil er beweisen will, dass sie nicht für eine ungerechte Sache gestorben ist, übernimmt der „das Geschäft der Rache".

Im ersten „Rechtsschluss" verdammt er „kraft der ihm angeborenen Macht" den Junker, die Rappen innerhalb von drei Tagen zu ihm zu führen und dort „in Person in seinen Ställen dick zu füttern". Die Frist verstreicht. Nun will er den Junker selber holen. Er bewaffnet seine Knechte und überfällt mit ihnen die Tronkenburg, zündet sie an, tötet fast alle Einwohner. Dem Junker gelingt die Flucht. Im „Kohlhaasischen Mandat" fordert er das gesamte Land auf, bei Strafe Leibes und des Lebens und dem Verlust aller Güter, ihm den Junker auszuliefern. Er zündet mehrfach Wittenberg und Leipzig an.

Luther sagt in dem von ihm verfassten Plakat: „Kohlhaas, der du dich gesandt zu sein vorgibst, das Schwert der Gerechtigkeit zu handhaben, was unterfängst du dich, Vermessener, im Wahnsinn stockblinder Leidenschaft, du, den Ungerechtigkeit selbst, vom Wirbel bis zur Sohle erfüllt?" Worin besteht die *Ungerechtigkeit* des Rosshändlers?

Wir konstatieren zunächst eine *Maßlosigkeit der Mittel.* Es kommt zu einer Eskalation der Gewalt, die Methoden werden immer grausamer. Kohlhaas führt nach eigener Aussage Krieg.

Mit der Eskalation einher geht die *Ausweitung der Ziele.* Zunächst soll nur der Junker mit Gewalt zur Dickfütterung herangeschleppt und dem Kohlhaas Genugtuung (Satisfaktion), d.h. Wiederherstellung seiner gekränkten Ehre, verschafft werden. Sodann fordert er jeden guten Christen auf, seine Sache gegen den Junker „als dem allgemeinen Feind aller Christen" zu ergreifen. Später soll an allen, die des Junkers Partei ergreifen, „die Arglist, in welcher die ganze Welt versunken sei", bestraft werden. Kohlhaas ruft das Volk auf, „sich zur Errichtung einer besseren Ordnung der Dinge" an ihn anzuschließen. Schon vor dem Verkauf des Hauses empfindet er den Schmerz, „die Welt in einer so ungeheuren Unordnung zu sehen".

Die Eskalation der Gewalt und die Ausweitung der Ziele wird begleitet von maßloser persönlicher *Hybris,* in die der Rächer sich förmlich hineinsteigert. Schon gleich zu Beginn bestattet er seine Frau wie eine Fürstin, nimmt sieben Knechte mit, nachgerade wie die sieben apokalyptischen Reiter, und fasst einen „Rechtsschluss", und zwar kraft der „ihm angeborenen Macht". In seinen öffentlichen Mandaten richtet er sich an das ganze Volk, fordert es ultimativ auf, sich mit ihm und seinen Zielen zu solidarisieren. Er nennt sich einen „Reichs- und Weltfreien, Gott allein unterworfenen Herrn". In einem späteren Mandat, gegeben „auf dem Sitz unserer provisorischen Weltregierung", bezeichnet er sich als „einen Statthalter Michaels, des Erzengels". Kurz bevor er Luthers Plakat liest, wird von ihm berichtet: „ein großes Cherubsschwert, auf einem rotledernen Kissen, mit Quasten von Gold verziert, ward ihm vorangetragen, und zwölf Knechte, mit brennenden Fackeln, folgten ihm". Die zwölf Knechte erinnern an die zwölf Apostel und an die zwölf Engel, die nach der Offenbarung des Johannes nach dem Weltuntergang die zwölf Tore des neuen Jerusalem bewachen (Kap. 21, Vers 12). Cherubim sind im alten Orient und im Alten Testament geflügelte Mischwesen zumeist mit Tierleib und Menschengesicht, die übernatürliche Kraft besitzen. In der Bibel werden Engel von hohem Rang, die für besondere Aufgaben herangezogen werden, als Cherubim bezeichnet, im Unterschied zu den Seraphim, einer anderen Klasse von Engeln, die menschenähnliche Gestalt haben. Nach 1 Mose 3, 24 soll der Cherub mit dem Schwert das Tor zum Garten Eden hüten. Der Vorname des Kohlhaas ist nicht umsonst Michael, erinnernd an den Erzengel Michael und im Hebräischen bedeutend „Wer ist wie Gott?" Sein Mandat lässt der sehr religiöse, lutherisch-religiöse Kohlhaas namentlich in Wittenberg an die Kirchentür anschlagen. Das Schwert gehört neben Waage und Binde zu den drei Attributen der Justitia.

Mit Gewalt, Zielen und Hybris steigen die Opfer. Der Tod von Kohlhaas' Frau macht den Anfang. Fast alle Bewohner der Tronkenburg werden getötet. Bei den Kämpfen gegen die militärischen Abteilungen sterben zahlreiche Menschen auf beiden Seiten. Die Brände zerstören Häuser und Kirchen. Viele unschuldige Opfer sind betroffen.

Naturgemäß muss bei alledem die *Rechtfertigung* des eigenen Handelns weiter ausgreifen und sich tiefer verankern. Am Anfang beruft Kohlhaas sich nur auf das an ihm begangene Unrecht des Junkers und auf die Ungerechtigkeit der Justiz. Später, im Gespräch mit Luther, stützt er sich auf das Kriegsrecht des Naturzustands: „Der Krieg, den ich mit der Gemeinheit der Menschen führe, ist eine Missetat, sobald ich aus ihr nicht ... verstoßen war... Verstoßen ... nenne ich den, dem der Schutz der Gesetze versagt ist! Denn dieses Schutzes, zum Gedeihen meines friedlichen Gewerbes, bedarf ich; ja, er ist es, dessenhalb ich mich, mit dem Kreis dessen, was ich erworben, in diese Gemeinschaft flüchte; und wer mir ihn versagt, der verstößt mich zu den Wilden der Einöde hinaus; er gibt mir ... die Keule, die mich selbst schützt, in die Hand." Kohlhaas übt Widerstand gegen eine ungerechte Herrschaft. Er führt den Krieg auch zugunsten seines schwer misshandelten Knechts, ja aller seiner Mitbürger, da sie ebenfalls auf Rechtssicherheit und Rechtsdurchsetzung angewiesen sind.

Die subjektiven *Motive* des Rosshändlers sind nicht immer ganz so hehr wie seine Ziele und seine Rechtfertigung. Neben dem verletzten Rechtsgefühl spielen eine Rolle verletzter Stolz, der Wunsch nach Rache, Hochmut, Überhebung und Anmaßung, Empörung und daraus als Steigerung hervorgehend Trotz, Erbitterung und Wut. Außerdem, und hier scheint vielleicht sein schlechtes Gewissen durch, will er beweisen, dass seine Frau bei ihrem Einsatz für ihn nicht für eine ungerechte Sache gestorben ist. Unersättlich ist Kohlhaas in seiner Rachsucht. Nach der Zerstörung der Tronkenburg hat er seinem Gegner schon einen deutlich höheren Schaden zugefügt als dieser ihm. Sein Rachedurst könnte gestillt sein. Aber er will eben nicht nur Rache, sondern Dickfütterung und Schadensersatz. Da er beides will, sucht die Rache immer neue Nahrung, solange das Movens seiner Rache, die Forderung nach Kompensation seines Schadens, nicht erfüllt wird.

Immer bleiben jedoch die Motive des Rebellen *fern von jedem materiellen Eigennutz*. Die eigenen Opfer sind groß. Seine Frau stirbt. Die Kinder muss er außer Landes bringen. Er verkauft sein Haus und gibt sein lukratives Gewerbe auf. Die Erlöse verzehrt der Krieg. Er verliert seinen besten und treuesten Knecht. Eine Rückkehr ins bürgerliche Leben mit seinem persönlichen Glück, seiner Ruhe und Ordnung scheint so gut wie ausgeschlossen. Die Kirche hat ihn ausgestoßen und verweigert ihm Vergebung. Stets steht er in der Gefahr, sein eigenes Leben zu verlieren. Kurz: Sein Handeln ist in seiner Motivation fern von jeder Art von Glückseligkeit, von der der Ethiker Kant in so kalter Geringschätzung spricht. Die Motive des Rosshändlers sind in dieser Hinsicht völlig rein. Er ist das Urbild des von der Gerechtigkeit seiner Sache pur durchdrungenen Terroristen. An keiner Stelle des Geschehens handelt er nach den Maximen einer Klugheit, die Kosten und Nutzen gegeneinander abwägt und hohe Kosten nur aufwendet für großen Nutzen. Mögen die Opfer und Einbußen noch so hoch sein, die Tilgung selbst der kleinsten Ungerechtigkeit rechtfertigt sie. Seinen Krieg führt er umso heftiger, je mehr das anfängliche materielle Interesse in seinem Ausmaß hinter der Intensität der Gewalt zurückbleibt, je mehr es im Grunde irrelevant, ja sinnlos wird. Denn was würden am Ende dem Kohlhaas, nach allem, was geschehen ist, zwei wohlgenährte Rappen und ein bisschen Schadensersatz nutzen?

In der Maßlosigkeit seines rasenden Wütens versucht Kohlhaas gerecht zu bleiben. Er trachtet danach, ein richtiges Leben im falschen zu führen, *in seiner Ungerechtigkeit* will er *gerecht* sein. Auch das Geschäft der Rache führt er nach den Maßstäben seiner bürgerlichen Rechtschaffenheit. Er verzichtet darauf, das Kloster Erlabrunn anzuzünden, da sein Straf-Mandat nachgewiesenermaßen erst nach der Weiterflucht des Junkers im Kloster eingetroffen war. Er will ein paar seiner Knechte, die gegen seinen Willen in der Gegend geplündert hatten, aufhängen lassen. Auch seinen Genossen Nagelschmidt will er kurz vor der Auflösung seines Haufens wegen auf dem platten Land verübter Notzucht und anderer Schelmereien hängen lassen.

XVIII.
Kohlhaas: Widersprüche

Tief und zahlreich, doch auch produktiv sind die Widersprüche, in die Kohlhaas sich verstrickt.

Monströs ist das *Missverhältnis zwischen Anlass und Reaktion*. Doch bleibt dieses Missverhältnis nicht ohne dialektische Spannung. Denn wo um des kleinsten Unrechts willen größte Opfer in Kauf genommen werden, strahlt der Idealismus des Rebellen in hellstem Licht, wird er aber zugleich hinabgezogen auf die Ebene seines Umwillens. Der Hass gegen die Niedrigkeit nimmt die Züge des Gehassten in all seiner Niedrigkeit an.

Das spürt auch Kohlhaas. Deshalb weitet er seine Ziele ins pathetisch Große aus. Er will Land, ja Welt retten. Aus einer Ungerechtigkeit im Staat wird ihm Ungerechtigkeit des Staats, letztlich Ungerechtigkeit („Arglist") der Welt. Erst in dem Gespräch mit Luther lenkt er ein und führt seine Wertung wieder auf den ursprünglichen Standpunkt einer Ungerechtigkeit im Staat zurück, und zwar auf Ungerechtigkeit bloß in einem konkreten, nämlich seinem Fall. Er *schwankt* so zwischen dem Suchen nach Gerechtigkeit *in der beste-*

henden Ordnung und einer Gerechtigkeit *im Anderen dieser Ordnung.* Mit dem Krieg gegen die Ordnung will er die bekriegte Ordnung wiederherstellen. Indem er eigensinnig und starrköpfig darauf besteht, dass ihm die bestehenden Institutionen der bestehenden Ordnung das ihm nach der bestehenden Rechtsordnung zustehende subjektive Recht geben, setzt er in jedem Akt gegen die Ordnung immer wieder gerade diese Ordnung. Einen treueren, loyaleren Bürger kann sich der Kurfürst nicht wünschen. Kohlhaas ist ein Rebell, der für die bestehende Ordnung kämpft.

Kohlhaas tut nichts für die von ihm verkündete Weltordnung. Zwar laufen ihm zahlreiche von der Gesellschaft Ausgestoßene oder an ihr Leidende zu. Das geschieht jedoch eher zufällig, denn Kohlhaas verspricht ihnen nichts Konkretes, er hat kein Programm für sie. Dass sie jemals unter den gegebenen Umständen einen solchen rechtswidrigen Schaden erleiden könnten wie Kohlhaas, ist angesichts ihres nicht vorhandenen Vermögens mehr als unwahrscheinlich. Er macht durch Intensität (Gewalt) wett, was er an Qualität (Programm) vermissen lässt. Er kündigt den Gesellschaftsvertrag, der für alle, d. h. für Millionen künftiger Fälle geschlossen ist, weil er in einem einzigen Fall versagt hat. Dabei greift er nicht die Obrigkeit an, übt nicht an ihr Rache. Das Anzünden von Wittenberg will nur die Herausgabe des Junkers erzwingen, aber nicht die Ordnung umstürzen.

Was ist das nun für ein *Fiat iustitia et pereat mundus?* Das Rechtssprichwort lässt drei Deutungen zu. Im frühen Christentum, von dem es wohl herkommt, ist das pereat mundus ein Optativ (del Vecchio, Gerechtigkeit, 1950, 174): Es soll göttliche Gerechtigkeit geschehen und, als Voraussetzung dafür, die irdische Welt untergehen. Bei Papst Hadrian VI., auf den die konkrete Gestalt des Satzes zurückgeht (1520) und der mundus seinem ursprünglichen Gehalt als Putz und Toilettengerät gemäß verstand, hat er die Bedeutung, die Justiz möge ihren Lauf nehmen und die Anmaßung Hochgestellter sich an ihr brechen (Liebs, Juristenzeitung 2015, 138 ff.). Auf in der Struktur ähnliche Weise deutet ihn Kant im „Ewigen Frieden": „Es hersche Gerechtigkeit, die Schelme in der Welt mögen auch insgesamt darüber zu Grund gehen"; das sei ein „wackerer, alle durch Arglist oder Gewalt vorgezeichneten krumme(n) Wege abschneidender Rechtsgrundsatz". Erst später hat sich für das Rechtssprichwort die heute gängige Auslegung durchgesetzt, sodass sie als praktisch einzige das Feld beherrscht: Es soll das positive Recht in voller Absolutheit und Erbarmungslosigkeit durchgesetzt werden, auch auf die Gefahr hin, dass darüber die Welt zugrunde geht. Aus dem Optativ des pereat mundus ist achselzuckender dolus eventualis, aus der Justiz, die ihren Lauf nimmt, die Gesamtheit des positiven Rechts geworden. Welche Deutung trifft auf Kohlhaas zu? Zeitweise hat es den Anschein, als wolle er die Welt, so wie sie ist, vernichten, um eine neue an ihre Stelle zu setzen, die dann freilich ein Reich bloß irdischer Gerechtigkeit wäre, dessen apokalyptische Züge allerdings nicht zu übersehen sind, betrachtete sich Kohlhaas doch in „einer Art von Verrückung" als Statthalter des Erzengels Michael und zuvor schon als einen „Reichs- und Weltfreien, Gott allein unterworfenen Herrn", der den Junker als einen „allgemeinen Feind aller Christen" ergreifen wolle. Kohlhaas sagt also: Möge diese verkehrte Welt untergehen und endlich wieder gerechte Justiz walten. Dann aber glaubt er wieder an die Möglichkeit einer gerechten Justiz innerhalb der bestehenden Welt. Er lässt, auf Druck Luthers, Paradies Paradies und Welt Welt sein und akzeptiert das Jammervolle einer jeden denkbaren irdischen Welt. In Kohlhaas zeigt sich jedoch auch die zweite und dritte Bedeutung des Fiat iustitia et pereat mundus: Kohlhaas verlangt, dass die Justiz ihren

Lauf nehme, selbst wenn dadurch der Hochmut des Adels und seiner korrupten Sippen zugrunde geht. Er will sein im positiven Recht verankertes subjektives Recht Punkt für Punkt durchsetzen und möge es das Leben selbst der unschuldigsten Menschen auf der Welt kosten. Kohlhaas ist der Repräsentant aller Deutungsmöglichkeiten unseres Rechtswortes. In ihm vereinigen sich sämtliche historische Phasen des Wortes. Es will scheinen, als könne man gegen Ungerechtigkeit gar nicht anders kämpfen als er. Und in gewisser Weise trifft dies sogar zu. Mag eine Gestalt wie die seine in ihrer bizarren Übersteigerung auch nur alle hundert Jahre vorkommen, so werden wir doch als mitgerissene Leser der Novelle stets den „Michael Kohlhaas in uns" entdecken und in dieser Entdeckung immer schon „den Junker und den Kurfürsten außer uns" mitentdeckt haben (Kampert, Der Rechtsfall als Fall des Rechts). Es ist eine nicht ganz unpeinliche Verwandtschaft, vor der man trotzdem nicht die Augen verschließen darf. Denn wer hätte nicht einmal die Lust verspürt, einem Mächtigeren seine Ungerechtigkeit brutal und gewaltsam heimzuzahlen, ihm auf demütigende Weise heimzuleuchten und einer Ordnung, die solche Ungerechtigkeit hinnimmt, erträgt, duldet, vielleicht sogar heimlich billigt, den Krieg zu erklären und sie in einem Akt ungeheurer Genugtuung mit wach erträumter totaler Übermacht zu bestrafen, wenn nicht zu vernichten?

Nach Ernst Bloch (Naturrecht und menschliche Würde, 13) hat sich bei Kohlhaas der Rechtsanspruch neurotisch verdinglicht und schließlich zur fixen Idee entwickelt. Er kämpfe für diese Idee, als wäre sie eine naturrechtliche, und sei der klassische Fall einer „leeren Leidenschaft fürs vorhandene Recht". Bei ihm glühe der Paragraph eines vorhandenen Gesetzes so, als wäre göttliches Recht darin. Kurz, er sei ein „Paragraphenreiter aus Rechtsgefühl", dessen Furor nichts anderem gelte als einem bereits vorhandenen gleichgültigen und keineswegs antifeudalen positiven Gesetz aus dem üblichen Pfandrecht, das auch Kohlhaas vor Beginn seiner Manie kaum wichtig genommen habe. Er kämpfe für die „unbewegte oder die dumm-erhabene Identität: Recht muss Recht bleiben".

Nichts könnte unsinniger sein als solche Sätze. In ihnen wird verkannt, dass es bei den Taten des Junkers tatsächlich um grundlegende und tiefgehende *Verletzungen des Naturrechts* geht. Verletzt sind folgende Verbote: Du sollst nicht lügen, täuschen und betrügen. Du sollst keinem anderen Schaden zufügen. Du sollst Personen und Ehre eines anderen nicht beschädigen. Ja, in den Naturrechtslehrbüchern von Pufendorf und Wolf wird selbst die Haftung für die Erhaltung eines übergebenen und zu verwahrenden Gutes aus dem Naturrecht abgeleitet und damit naturrechtlich aufgeladen. Zugleich sind im Fall des Rosshändlers die Verletzungen des Naturrechts unter besonders qualifizierenden Umständen verübt worden, indem die Person des Opfers mit zynischer Verachtung absichtlich verhöhnt wurde. Außerdem übersieht Bloch, dass Kohlhaas seine Ziele ausweitet. Mag er dabei noch so unbeholfen wirken, noch so abstrakt und erfolglos bleiben, einen Don Quichotte rigoroser bürgerlicher Moralität darf man ihn schon deshalb nicht nennen, weil der Bezug aufs Bürgerliche allenfalls avant la lettre Sinn macht und, wichtiger noch, Kohlhaas auch für das positive Recht der Nichtbürgerlichen streitet. Zwar erscheint ihm letztlich der Kampf gegen die irdische Obrigkeit als ein Tabu. Doch ist ein Tabu nichts anderes als die Sehnsucht nach seiner Durchbrechung. Und diese Sehnsucht leuchtet denn auch in der letzten Phase vor dem Gespräch mit Luther hell auf. Immer wieder setzt Kohlhaas sich und seinen Männern selbst Schranken. Doch liegt im Akt des

Setzens stets auch das Setzen eines Jenseits der Schranke. Alles Negative ist durchglüht vom Positiven als dem Anderen seiner selbst. Von wie fern auch immer scheint in Kohlhaas eine künftige Morgenröte auf, die einen Tag ankündigt, in dem der Mensch nicht mehr des Menschen Feind ist und alles gut sein kann, was gut sein will. In der Ungerechtigkeit des Ungerechtigkeitsopfers blitzt die Möglichkeit einer Ordnung auf, in der dessen Züge unverzerrt bleiben.

Kohlhaas will *Genugtuung*. Dieses Ziel wird immer wieder an zentraler Stelle des Geschehens genannt. Genugtuung, eine Lehnübertragung des lateinischen Wortes „satisfactio", geht über die Kompensation materieller Schäden hinaus. Sie ist die innere Befriedigung, die jemand hat, weil er etwas bekommt, was ihm seiner Meinung nach zusteht, sei es originär – z.B. Beförderung – oder sekundär als Kompensation für ein verletztes immaterielles Rechtsgut – z.B. Schmerzensgeld für Beleidigung. Mit ihr ist meist der Wunsch verbunden, dass alle das Objekt der Genugtuung zu sehen bekommen. Die Exaggeration des Wunsches nach Genugtuung ist oft das Zentrum der ungerechten Reaktion auf Ungerechtigkeit. Darin spiegelt sich, dass die originäre Ungerechtigkeit immer auch als Verletzung der Persönlichkeit erfahren wird. Kohlhaas will, dass der Junker die Pferde in persona dickfüttert und notfalls von Herse durchgepeitscht wird, falls er beim Füttern nicht spurt. Das ist mehr als Ausgleich, denn der Junker hat die Pferde nicht in persona aufs Feld geführt und in den Schweinekoben gesperrt. Kohlhaas will den Junker durch persönliche Kränkung und Herabsetzung der Verachtung preisgeben und in dieser Spiegelung der eigenen erfahrenen Kränkung Genugtuung erlangen. Am Ende will er Macht, höhere Macht als die des Junkers, höhere Macht auch als die des sächsischen Kurfürsten. Obwohl er selbst außer der Genugtuung einer Minute nichts mehr davon hat, demonstriert er dem Kurfürsten seine überlegene Macht, Macht selbst noch im eigenen Tod, indem er den Zettel der Wahrsagerin verschluckt. Außerdem hat er erreicht, seinen Landfriedensbruch von einer höheren Instanz als den Organen des Kurfürstentums, nämlich der Reichsgerichtsbarkeit, entscheiden zu lassen. Kohlhaas darf sich zum Schluss als moralischer Sieger über den Kurfürsten in doppelten Sinne fühlen. Dieser ist der Verlierer der Geschichte.

Zugleich zeigt sich das eigensüchtig Dürftige und Schale eines Kampfes, der im Streben nach Genugtuung sich nicht genug tun kann, im kürzesten Triumph sich über den eigenen dauerhaften Untergang im Straftod hinwegtröstet und den Sieg im Kampf gegen Ungerechtigkeit durch das Überleben der Ungerechten erweisen will. Wo wäre ein auch nur halbwegs einleuchtender Sinn in solchem Geschehen, der sich nicht der Flucht in fromme Illusion und pseudoheroischer Mystifikation zeihen lassen müsste? In Kohlhaas scheint die Aufgabe, aus der Empörung über Ungerechtigkeit ins Positive einer Welt ohne Ungerechtigkeit zu kommen, sich selbst als uneinlösbare zu erklären. Das bis zuletzt sich zeigende Nichtloskommen vom bekämpften Ungerechten macht aus ihm den ewigen Wiederholer des immer Gleichen. Was die Erzählung über ihn enthüllt, ist eben die durchgängige Bestimmtheit seines Kampfes aus der Gestalt des Bekämpften, die sich gerade in seinem Tod in ihrer vollen Fragwürdigkeit offenbart. Nur in seiner Hinrichtung aufgrund akzeptierten Todesurteils kann die absolut determinierende Funktionalität seines Kampfes in Hinsicht auf die Aufrechterhaltung von Ungerechtigkeit als sie selber erscheinen.

Moralische Siege sind ihrem Wesen nach zweifelhaft. Moralischer Sieger kann nur der Verlierer sein. Außerdem subjektiviert die Rede vom moralischen Sieg, was seinem Wesen nach objektiv ist: Der moralische Sieg – verstanden im ethischen, nicht umgangssprachlichen Sinn – gehört der Allgemeinheit. Kohlhaas will den moralischen Sieg, ganz seinem Charakter entsprechend, als privates Eigentum verbuchen. Darin zeigt sich die Haltlosigkeit eines Denkens, dessen Ziele unter dem Niveau seiner Mittel bleiben. Die Empörung über Ungerechtigkeit vermag Revolutionen auszulösen. Kohlhaas hat versucht, die Ungerechtigkeit mit Ungerechtigkeit zu besiegen. Ausgelöst hat er damit die Inszenierung einer Bestätigung der herrschenden Ordnung. Seine Söhne sind zu Rittern geschlagen, er selbst wird zum Ahnherr eines Adelsgeschlechts. Unterm Beil des Scharfrichters vollzieht sich die dialektische Peripetie, indem der Kampf gegen die bestehende Ordnung umschlägt in den tötenden und zugleich erhöhenden Wiedereintritt in die Ordnung.

XIX.
Irrationalität von Ungerechtigkeit auf Seiten ihrer Profiteure

Wir haben zuletzt die drei Formen der irrationalen Reaktion auf Ungerechtigkeit beschrieben: Die Übertreibung der Empörung aus Überschätzung fremder Macht – Die Selbstschädigung aus Sanktionsbedürfnis – Die mörderische Bekämpfung einer Ordnung, die Ungerechtigkeit zulässt.

Nun gilt es, *Irrationalität* und *Selbstschädigung* auf Seiten der *Profiteure von Ungerechtigkeit* zu erörtern. Das soll an einer Problematik geschehen, die sich in vielerlei Hinsicht von den bisherigen Beispielen unterscheidet: Erstens gibt es bei ihr nicht den Bestimmten oder die bestimmte Gruppe, die als Akteure die Ungerechtigkeit herbeiführen. Vielmehr handelt es sich um Ergebnisse innerhalb eines Systems bzw. Subsystems. Man kann allenfalls von Profiteuren und Benachteiligten des Systems sprechen. Zweitens besteht die Ungerechtigkeit nicht in einer einzelnen Handlung, einer Entscheidung, einem Gesetz. Stattdessen geht es um die Ergebnisse einer unendlichen Zahl von einzelnen Handlungen und Entscheidungen, um einen Zustand. Drittens lässt sich auf Seiten des oder der Ungerechtigkeitsopfer keine starke und individuelle emotionale Reaktion auf die Ungerechtigkeit feststellen. Zahllose Personen, die sich auf Seiten der Ungerechtigkeitsopfer sehen, sowie die Institutionen, die ihre Interessen verteidigen, bekunden zwar Empörung, aber es handelt sich gewissermaßen um eine abstrakte Empörung, die sich unmittelbar in politische oder ökonomische Forderungen umsetzt. Viertens ist in viel stärkerem Maße als bisher die Bewertung als Ungerechtigkeit umstritten. Die Verteidiger des Zustands sprechen von gerechtfertigter Ungleichheit. Fünftens lässt sich die Gruppe der Opfer der Ungerechtigkeit nicht ohne weiteres zuverlässig abgrenzen. Es sind die Opfer vielmehr zahlreich, ihre Einordnung als Opfer an den Rändern unscharf.

Wie schon in den bisherigen Beispielen soll nicht die Frage entschieden werden, ob es sich tatsächlich um einen Fall von Ungerechtigkeit handelt. Es soll nur beschrieben werden, welches Geschehen hier auf welche Art und Weise abläuft. In unserem Zusammenhang darf genügen, dass viele, auch mächtige Institutionen wie Gewerkschaften und Parteien, von Ungerechtigkeit sprechen.

In den letzten Jahren und Jahrzehnten ist eine immer größere *Konzentration der Vermögen* festzustellen. Wenigen Personen gehören große Teile des Gesamtvermögens. Der Anteil der unter dem Meridian liegenden Vermögensbesitzer am Gesamtvermögen wird immer kleiner. Eine ähnliche Entwicklung lässt sich bei den *Einkommen aus Arbeit* feststellen: Vorstände verdienen teilweise das 100-fache eines normalen Angestellten. Die Ungleichheit kann dann zu Ungerechtigkeit werden, wenn der Zutritt zum Markt nicht mehr allen in gleicher Weise offensteht oder Chancengleichheit nicht mehr gewährleistet ist, und das scheint nun in immer größerem Umfang der Fall zu sein. Liberale propagieren Ungleichheitstoleranz mit dem Hinweis, Chancengerechtigkeit, also das Streben nach einer fairen Verteilung von Chancen, sei wichtiger als Ergebnisgleichheit, also die Nivellierung finanzieller oder sozialer Ungleichheit. Gerechtigkeit und Ungerechtigkeit seien nur Eigenschaften menschlichen Verhaltens, nicht von Ergebnissen. Der Begriff der Ungerechtigkeit sei auf die Resultate eines spontanen Prozesses nicht anwendbar. Der Sinn des ökonomischen Spiels liege darin, dass nur das Verhalten der Spieler, nicht aber das Ergebnis gerecht sein könne (v. Hayek). Gerade die Prämisse einer bestehenden Chancengleichheit in Bildung, Ausbildung, Berufswahl, Einkommens- und Vermögenserwerb scheint nun aber zum Problem zu werden. Chancen scheinen bei erheblicher Ungleichheit nicht mehr angleichbar.

Die Untersuchungen *Pikettys* (Das Kapital im 21. Jahrhundert, 2014) warten mit einer verstörenden Botschaft auf: Unter Bedingungen normalen, d.h. relativ niedrigen Wachstums steigen die Vermögen schneller als die Arbeitseinkommen. Die Kapitalrendite sichert ein beständiges Wachstum von Wohlstand für die Besitzenden, während Einkommen in den letzten zwanzig Jahren nur sehr langsam zunahmen, in Deutschland erst seit 2014 wieder real etwas wachsen. Die Gruppe der Vermögenden und Rentiers erwirtschaftet eine dauerhaft höhere Rendite als die Gruppe der Leistungsanbieter und Arbeitnehmer. Vermögen wachsen schneller als durch Arbeit oder Leistungsproduktion zu erzielende Einkommen. Ohne entsprechende Regulierung tendiert der Markt also dazu, den Einsatz von Finanzkapital deutlich stärker zu honorieren als den Einsatz von Humankapital. Vermögensbesitz, Erbschaften und das Hineingeborenwerden in ein begütertes Elternhaus prägen den sozialen Status stärker als Aneignung von Bildung, Talent und fleißige Arbeit. Die Säulen des meritokratischen Modells beginnen zu wanken. Chancenangleichenden Institutionen wie den Schulen und Hochschulen fällt es immer schwerer, Herkunft und Zukunft eines Menschen zu entkoppeln.

Das Interessante an dieser Entwicklung ist nicht so sehr sie selbst, auch nicht die Summe ihrer Folgen, sondern vielmehr die Tatsache, dass die wichtigsten ihrer Folgen gerade auch zum *Nachteil* ihrer scheinbaren *Profiteure* ausschlagen. In England und Amerika diskutiert man das Phänomen unter dem Titel „Why Equality is better for Everyone". Die erste gravierende Auswirkung zu großer Ungleichheit besteht offenbar in der Reduzierung von Wachstum. Bei anhaltender Konzentration der Einkommen aus Kapital und Arbeit bleibt die Nachfrage nach Gütern und Dienstleistungen aus. Die Gewinner der Entwicklung, die Reichen, haben eine geringere Konsumneigung als die mittleren und unteren Einkommensbezieher und legen ihre Einkommenssteigerungen überproportional am Finanzmarkt an. Die Gruppen mit stagnierenden oder fallenden Einkommen versuchen, durch Verschuldung ihr Konsumniveau zu halten. Als Folge davon werden Finanz- und Kreditmärkte künstlich aufgebläht und zunehmend instabil. Extreme Ungleichheit schadet besitzenden Investoren, weil sie Wachstum schwächt, Rendite schmälert, Risiken des Kapitaleinsatzes erhöht.

Auch außerhalb der Sphäre des Ökonomischen sind die Kosten erheblich. Da sich erweist, dass Vermögensungleichheit per se Chancengleichheit zerstört, gerät das *meritokratische Legitimationsmodell* in eine *Krise*. Die Verteilungsverhältnisse scheinen allen gängigen Gerechtigkeitskriterien gleichermaßen zuwiderzulaufen: Sie scheinen weder dem Maßstab der (Chancen-)Gleichheit noch dem der Leistung noch dem des (notwendigen oder angemessenen) Bedarfs zu entsprechen. Die unterschiedlichen Ergebnisse des Marktes werden daher nicht mehr ohne weiteres als Ausdruck unterschiedlicher Leistungen akzeptiert. Die Idee des freien Marktes verliert an Überzeugungskraft für die von ihm generierten Ergebnisse. Die Leistungsmotivation innerhalb der Gesellschaft sinkt. Die Übernahme des Marktmodells in wirtschaftsfremde Gebiete (z.B. Organverteilungen im Krankheitsbereich, Führung von Universitäten) wird von vornherein und oft voreilig abgelehnt. Nach dem Gesetz des abnehmenden Grenznutzens wird – so einige Egalitaristen (gegen sie Harry G. Frankfurt, Ungleichheit, 2016, 26 ff.) – bei radikal ungleicher Verteilung von Geld der Gesamtnutzen minimiert, also die Summe der Befriedigungen aller Mitglieder einer Gesellschaft, denn ein zusätzlicher Euro bringt dem Reichen einen geringeren Nutzen als dem Armen. Der soziale Zusammenhalt wird schwächer, Vertrauen erodiert, Glücksfähigkeit nimmt ab, viele können mangels Ressourcen ihr Potential an Begabung, Intelligenz, Kreativität nicht ausschöpfen, die Zahl der psychischen Erkrankungen nimmt zu, immer mehr Spitzenmanager begehen Selbstmord, ebenso steigt die Kriminalität, die Lebenserwartung wird geringer, das Bildungsniveau sinkt, die Qualität politischer Institutionen leidet, Demokratie wird durch Überprivilegierung ökonomisch potenter Gruppen und den Fatalismus der unteren Schichten beschädigt. Insgesamt gilt: Extreme Ungleichheit erzeugt potentiell

Ungerechtigkeit, Ungerechtigkeit schadet dem Gesamtsystem, mit dem Gesamtsystem leiden auch (und, in absoluten Zahlen, am meisten) seine Profiteure. Mittlerweile wird den Gewerkschaften vorgeworfen, ihre Fokussierung auf die Frage der Verteilungsgerechtigkeit und ihr Kampf gegen Ungleichheit reproduziere dieses System der Ungleichheit: „Ein Spiel, das solche Gewinner erzeugt, ist idiotisch und ungesund, es macht über kurz oder lang alle zu Verlierern" (Hartmut Rosa, Idiotenspiel, Le Monde Diplomatique vom 13.04.2012).

In merkwürdiger Parallelisierung ist der Bereich, in dem die Heftpflaster für die Wunden der ökonomischen und sozialen Ungleichheit verteilt werden, der *Sozialstaat*, von derselben Eskalationsspirale erfasst: Auch seine Adressaten leiden unter Ungleichheit, aber unter immer neuen Ungleichheiten. Jeder Versuch des Sozialstaats, Einzelfallgerechtigkeit herzustellen, also ungerechte Ungleichheiten einzuebnen, führt zu neuen Ungerechtigkeiten. Eine Intervention zeitigt die nächste. Friedrich August von Hayek spricht von „Schacherdemokratie": „Jeder kämpft so gut er kann, für sich oder seine Gruppe um Begünstigungen. Damit bringt der Sozialstaat erst jene Ellenbogengesellschaft hervor, die abzuschaffen er angetreten war" (Grundsätze einer liberalen Gesellschaftsordnung). Je ungleicher die mit Ellenbogen errungenen Privilegien im Sozialstaat sind, und ihrer sind viele, desto mehr erodieren auch dessen Legitimationsgrundlagen. Der Sozialstaat will keineswegs die primären Ungleichheiten der Marktgesellschaft bereinigen. Er will den durch diese nicht gedeckten „Lebensbedarf" decken. Dabei schafft er unter seinen Empfängern Ungleichheiten, die die primären Ungleichheiten zum Teil spiegeln, zum Teil verstärken und nur zum geringsten Teil kompensieren. Da der Sozialstaat Interventionsstaat ist und jede Intervention a limine der Beseitigung einer primären oder sekundären Ungerechtigkeit dient, wird er zum Instrument der Reproduktion von Ungleichheit in seiner eigenen Welt, in der es ebenso wie in der primären Marktwelt Gewinner und Verlierer gibt und die Gewinner nicht selten zu Verlierern werden, indem die extreme Ungleichheit bei bestimmten Sozialleistungen diese selbst in Frage stellt.

Ungerechte Ungleichheit scheint wie ein Fluch zu wirken. Sie erschöpft sich nicht in ihren unmittelbaren Verteilungsfolgen, geht in ihnen nicht auf. Gleiches gilt für die in ihr angelegte Tendenz zur Eskalation. Vielmehr ist in ihr das Wachsende zugleich das Zerstörende. Das Wachsende zerstört nicht nur das Andere seiner selbst, sondern das Fundament, auf dem auch das Wachsende überhaupt nur wachsen kann. Die Gegenwelt von Gewinn und Verlust namens Sozialstaat wird auf untergründige Weise vom Fluch erfasst und ebenfalls mit dem Gift zerstörender Ungleichheit infiziert. Ersonnen, um die Übertreibungen der primären Marktwelt auszugleichen, verfällt sie dem Gesetz der Übertreibung nicht weniger stark als jene.

Selbst wenn Rousseau mit seiner Ansicht Recht hätte (Discour sur l'inegalité, 1754), der Staat sei im Interesse der Reichen zum Schutz schon bestehender Ungleichheit entstanden, müssten die Reichen im existierenden Staat zugleich darauf achten, dass die Ungleichheit nicht zu groß wird. Der Staat, der die Ungleichheit schützt, könnte seine Aufgabe nur erfüllen, indem er die Ungleichheit begrenzte. Dann würde gelten: Er konserviert, legitimiert und protegiert Ungleichheit, aber er limitiert sie auch. Und nur indem er limitiert, legitimiert und protegiert er auch. Begrenzung von Ungleichheit und Schutz von Ungleichheit wären eines.

XX.
Die Moderne und ihre Ungerechtigkeiten

Was erfahren wir über das Wesen von Ungerechtigkeit aus der in XIX. beschriebenen Konstellation?

Ungleichheit, die sich nicht selbst begrenzt, zerstört sich selbst. In sie ist eingeschrieben das Gesetz der Eskalation, nach dem, was groß geworden ist, noch schneller größer wird und, zu schnell zu groß geworden, sein eigenes Fundament untergräbt. Nicht, dass die Rechtsordnung den Wachstumsprozess und seine Ergebnisse nicht mehr schützen würde. Es ist vielmehr der Wachstumsprozess selbst, der mit sich in einen Zwiespalt gerät, in welchem nicht nur die Dynamik erlahmt, sondern diese ihre Richtung wechselt. Die Ungleichheitsdynamik frisst ihre Kinder.

Ferner zeigt sich auch hier, was in unserer Untersuchung schon mehrfach festzustellen war: Die (notdürftige) Kompensation der Folgen ungerechter Ungleichheit durch den Sozialstaat gelangt ebenso in den Sog dessen, was sie kompensiert, wie der politische und gewerkschaftliche Kampf zur Umverteilung der hohen Vermögens- und Arbeitsrenditen die Farbe dessen annimmt, was er sozialrechtlich bekämpft. Führen dort die immer zahlreicher werdenden und sich immer schneller folgenden Interventionen in ein eigenes Reich der Ungleichheit, sind hier die Teilhabeerfolge mit dem Makel behaftet, dass sie am Extreme und damit Krisen erzeugenden System selber nichts ändern, sondern es ständig reproduzieren. Ungerechtigkeit macht auch ihre Gegner ungerecht. Was man bekämpft, davon ist man immer selbst ein Teil.

Paradoxien zeigen sich insbesondere in den extrem unterschiedlichen *Einkommen aus Arbeit*. Im postfordistischen Arbeitsprozess sind die Mitarbeiter eines Unternehmens statt Diener der Maschine, in die der Arbeitsvorgang eingeprägt ist, Mitgestalter von Arbeit und Arbeitsergebnis und damit in ihrer Individualität und Subjektivität angesprochen. Sie stellen dem Unternehmen nicht nur Zeit und Kraft zur Verfügung, sondern ihre Kreativität, ihre Phantasie, ihr freies Engagement, ihre Ideen, ihr Innovationspotential, ihre ständige Bereitschaft zur eigenen Fortentwicklung, ihre Fähigkeit zum lebenslangen Lernen, ihre Team- und Koordinationsfähigkeit, ihre Identifikation mit dem Unternehmen und seinen Produkten. De-Hierarchisierung und Entbürokratisierung stärken ihre Autonomie, freilich eine unter dem Vorbehalt ökonomischen Nutzens stehende Autonomie und Subjektivität von Leistungsträgern. Diese Entwicklung enthält zugleich den Grund dafür, dass die Höhe des Arbeitseinkommens nur noch schwer vergleichbar ist mit dem anderer Mitarbeiter und noch schwerer vergleichbar mit demjenigen der Führungsspitze. Gleichzeitig wird der Einkommensunterschied, namentlich in seinen Extremen, zum Ausdruck unterschiedlicher Bewertung der Subjektivität des einzelnen Mitarbeiters, seiner Person, seiner Kreativität, seiner ureigensten individuellen Fähigkeiten. Dem postfordistischen Modell ist Arbeitseinkommen mehr als nur Entgelt für objektiv messbare Leistung, es ist ihm gewissermaßen (nur zufällig materielle) Symbolisierung des Wertes einer ganzen Person. Gerade dadurch offenbart sich die extreme Einkommensdifferenz aus der Sicht des Unterlegenen als Abwertung der Person und als Verletzung seiner Würde. Etwas von solcher Abwertung reflektiert sich selbst noch in der Zumutung ständiger Personalentwicklungsmaßnahmen, die im Grunde auf eine Entwicklung der Person eher hinauslaufen als auf eine solche des Personals. Der Verlierer des Einkommensvergleichs hat es daher schwer, in diesem nur ein politisch oder verbandspolitisch adressierbares Strukturproblem zu

sehen. Er wird dazu tendieren, den Unterschied als Ungerechtigkeit zu lesen, basierend auf einer Verkennung seiner
Person und der ungerechtfertigten Vergabe eines Starbo-
nus für die Führungsspitze. Gehörte man in früheren Jahr-
hunderten einem Stand an, so fiel der Vergleich der eigenen Person mit einer Person aus einem höheren oder dem
höchsten Stand viel weniger entwürdigend aus. Denn niemand hätte in einer stratifizierten Gesellschaft die Unterschiede auf unterschiedliche Leistung, Tüchtigkeit und
Begabung zurückgeführt. Das galt auch noch im Fordis-
mus, in dem durch Taylorisierung Zeiteinsatz und Produk-
tionsergebnisse eher subjektiv-messbar waren. Zudem exis-
tierten früher andere Quellen von Anerkennung, und zwar
in Ehe, Familie, Verwandtschaft, Dorfgemeinschaft, bürgerlicher Stadtgemeinschaft und Kirche, die in der Gegenwart an Kraft und Reichweite verloren haben. Heute muss,
wer in der Arbeit alles gibt, in der Entlohnung die Anerkennung für alles sehen, was er hat. Dass diese so unendlich weit von der eines Anderen entfernt ist, muss jene Empörung erregen, die aus der Erfahrung von Ungerechtigkeit
erwächst und sich aus der intuitiven Überlegung speist, es
könne der Wert einer Person, die alles gibt, nicht so weit
vom Wert einer anderen Person abliegen, die auch nur alles
gibt.

Auf der anderen Seite aber fühlt der Betroffene, wie sein
Ungerechtigkeitsurteil brüchig wird. Wo nicht nur Zeiteinsatz, Ausbildung, Fleiß gemessen wird, sondern die Person
als Ganzes, kann der Unterschied zu anderen so unendlich
groß werden wie der zwischen Heiligem und Sünder, zwischen Superstar und Breitensportler. Wo die Entlohnung
alles repräsentiert, was das Subjekt zu bieten hat, können in
sie unendlich viele Differenzierungsfaktoren eingehen,
vermögen einzelne kaum messbare Faktoren wie Verant-

wortung, Talent, Engagement, Führungskraft ebenso wie beim Supersportler den Glanz der großen Ausnahme anzunehmen. Warum lässt das Publikum das hohe Einkommen des Sportstars gelten, während ihm das des Topmanagers aufstößt? Beim einen sieht es, was zählt, und stellt sich nicht selbst in einen Vergleich. Beim letzteren vergleicht es seine Subjektivität mit der eines Anderen und glaubt nicht ganz so schlecht dabei wegzukommen und vor allem sieht es hier kaum je das Glänzen des Ausnahmetalents. Die Differenz erscheint ungerecht in dem Maße, in dem ihre Grundlage unsichtbar ist. Und paradoxerweise wird das Ungerechtigkeitsurteil in demselben Maße und aus demselben Grunde zweifelhaft: Im Unsichtbaren kann sich unendliche Differenz verbergen. Wo das Subjekt in der Arbeit sich selbst verwirklicht, wird die Entlohnung zur Bewertung seines Selbst, drückt sich im hohen Abstand der Entlohnung aus, was von diesem Selbst zu halten ist. Sollte nicht gerade diese Repräsentanz des Selbst in der Entlohnung dem Suum des suum cuique als dem Maß der Leistungsgerechtigkeit den Boden entziehen?

Wieder zeigt sich an unserem Beispiel, wie schwer es dem Einzelnen fallen muss, sein Zurückbleiben im Vergleich mit dem Erfolgreichen als Ausfluss von Ungerechtigkeit zu deuten. Leicht wird der Adressat einer solchen Deutung den Deutenden zum Objekt einer naheliegenden Psychologisierung machen. Jacques Lacan hat behauptet, dass die Eifersucht eines Ehemannes selbst dann pathologisch sei, wenn alles stimme, was er über seine Frau sagt (dass sie ein intimes Verhältnis mit anderen Männern habe). Denn die eigentliche Frage sei nicht, ob „seine Eifersucht gut begründet ist", sondern „warum er Eifersucht benötigt, um seine Ich-Identität zu behaupten". Slavo Žižek hat den Gedanken auf den Antisemitismus übertragen. Der Antisemitismus der

Nazis sei auch dann pathologisch, wenn das meiste von dem, was sie über die Juden behaupten (dass sie die Deutschen ausbeuten und nichtjüdische Frauen verführen), zuträfe, weil damit der eigentliche Grund unterdrückt werde, warum die Nazis den Antisemitismus brauchten, um ihre ideologische Position zu verteidigen. Im Falle des Antisemitismus sei also alles Wissen davon, was die Juden „wirklich sind", falsch und irrelevant. Das einzige Wissen liege darin zu erkennen, warum ein Nazi die Figur des Juden „benötigt", um sein ideologisches Gebäude aufrechtzuerhalten. Ließe sich nicht auch sagen, der Vorwurf der Ungerechtigkeit, erhoben durch den Benachteiligten, erweise sich selbst dann als pathologisch, wenn alles stimmt, was er zur Begründung anführt (dass der besser Entlohnte seine Position nur seinen Beziehungen, aber nicht seinen Fähigkeiten und Leistungen verdankt). Denn die eigentliche Frage, so könnte man fortfahren, sei nicht, ob hier tatsächlich ein Fall von Ungerechtigkeit vorliege, sondern, warum der Betroffene das Gefühl und den Vorwurf der Ungerechtigkeit benötigt, um seine Ich-Identität zu behaupten. Alles Wissen darum, ob hier wirklich ein Fall von Ungerechtigkeit vorliege, sei falsch, irrelevant und sogar irreführend. An dieser Stelle unserer Überlegungen geht es nicht darum zu prüfen, ob diese „Hinterfragung" des Ungerechtigkeitsvorwurfs „stimmt". Es soll nur gezeigt werden, dass man mit ihr, weil sie nahe liegt, rechnen muss. Und natürlich darf dem „Hinteren" des Hinterfragten gerade bei der Beschreibung des Ungerechtigkeitsgeschehens nicht ausgewichen werden. Der Vorwurf von Ungerechtigkeit ist nie nur Behauptung einer Tatsache oder Appell zur Veränderung, er ist immer auch *Selbstaussage*, in der der Erklärende etwas über sich mitteilt, über seine Gefühle, seine Nöte, seine Bedürfnisse. Ich weiß mehr von einem Menschen, wenn ich weiß, warum es für ihn wichtig ist, ob etwas ungerecht ist, als wenn ich weiß, was er unter Ungerechtigkeit versteht. Vielleicht weiß ich sogar sehr viel von einem Menschen, wenn ich weiß, wozu er Ungerechtigkeitserfahrungen braucht. Hört Ungerechtigkeit möglicherweise dort auf, wo sie nicht mehr gebraucht wird? Oder ist, umgekehrt, Ungerechtigkeit das, als was sie gebraucht wird? Wäre sie dann vielleicht nicht das Problem, sondern schon seine Lösung? Sollte das Ungerechtigkeitsurteil nichts anderes sein als die Externalisierung eines inneren Mangels? Wenn das ganze Selbst auf der Waagschale steht und im Vergleich mit dem auf der anderen Schale stehenden Selbst für zu leicht befunden wird, wäre da nicht verzeihlich, die Waage für defekt zu erklären? Auf die Waage stellt sich allerdings nicht, wer gleichviel wiegen will wie ein anderer, sondern nur der, der mehr wiegen und die Waagschale des anderen so nach oben drücken will. Tritt das Gegenteil ein, muss das ehrgeizige, getriebene Selbst den nun dokumentierten Selbst-Mangel umdeuten in eine extern verursachte Selbst-Verletzung. Der vom Mangel angetriebene Gleichheitswunsch verbirgt das frustrierte Überlegenheitsstreben, das sich aus demselben Mangel speist wie jener. Und dieser Mangel könnte in einem Für-sich-selbst-nicht-genug-sein-können bestehen. Dann bräuchte, wer Ungerechtigkeit braucht, sie nur deshalb, weil er vergisst, dass auch er ein mangelfreies Ganzes sein könnte, da er immer schon ein Ganzes ist. Es könnte über Ungerechtigkeit sich nur empören, wer vergäße, dass Ungerechtigkeit endete, sobald er sie nicht mehr suchte. Unter den Bedingungen der Konkurrenzgesellschaft scheint der kollektiv geteilte Ungerechtigkeitsvorwurf die Rückkehr zu ursprünglicher Ungeschiedenheit zu verheißen. Der Sehnsucht danach, die Anderen möchten die eigene Deutung einer Ungleichheit als Ungerechtigkeit teilen, steht das Bild von Gemeinschaft statt von Gesellschaft vor. Zugleich ist diese Sehnsucht nicht ohne geheimen Widerspruch, verfestigt sich in ihr doch gerade jenes Denken in Differenzen, das dem Vorwurf der Ungerechtigkeit den Maßstab liefert.

Der zum Zeugnis über tatsächlich bestehende Ungerechtigkeit *angerufene Dritte* wird bei extremen Einkommensunterschieden in der Regel kühl bleiben, es sei denn, er ist durch den Vergleich mit dem Vielverdiener ebenfalls betroffen. Die Kühle rührt daher, dass er für die Prüfung des Urteils so viele Fakten und Umstände kennen müsste, wie er sie gar nicht ermitteln kann oder will. Soll er nur die eine Seite des Vergleichs, das Einkommen des Topmanagers, abstrakt beurteilen im Sinne eines „Das kann auf keinen Fall verdient sein, es geht, schon für sich betrachtet, zu weit", wird er so leicht einwilligen, wie seine Einwilligung belanglos, und so schnell widersprechen, wie der Widerspruch interessengeleitet ist. Auch das Verhalten des Dritten bringt daher mehr zum Ausdruck als seine Vorstellung von Ungerechtigkeit. Ihm bei der Beantwortung einer scheinbar rein objektiven Frage zuhören, heißt seine Einschätzung der Person des Fragenden und seine eigenen Bedürfnisse kennenlernen. Der Fragende erhält insofern Antwort auf eine Frage, die er gar nicht gestellt hat, genauer: die er nicht explizit gestellt hat. Und der Antwortende, der Ungerechtigkeit bejaht, wird in seiner Identifizierung mit dem Fragenden, indem er seine Bedürfnisebene kenntlich macht, aus jener Sphäre der Überlegenheit entrückt, aus der heraus er als neutraler Dritter antworten sollte. Seine Antwort verliert im selben Maß an Autorität, in welchem auch er Ungerechtigkeit braucht und Identifizierung in gemeinsamer Empörung sucht. So wäre denn das Urteilen allseits ein Brauchen oder Nichtbrauchen, gestiftet von einem Ermangeln oder Nichtermangeln, wobei das, was mangelt (Selbst), nicht identisch wäre mit dem, was im Ungerechtigkeitsurteil als illegitime Differenz aufscheint (Geld). In eben diesem Auseinanderfallen von Ermangeltem und Ungerechtem vollzieht sich die Dialektik des Ungerechtigkeitsgeschehens.

Wir hatten bereits bemerkt, dass die meisten Behauptungen von Ungerechtigkeit im Bereich von Einkommen, Vermögen und Beschäftigung schwer zu überprüfen sind, da die Feststellung ihrer vom Urteilenden postulierten objektiven Richtigkeit von der Prüfung zu vieler Faktoren abhängt, die sich zudem nur schwer messen lassen. Diese Umstände sind es, die die *Flucht in die Ungerechtigkeitsbehauptung* begünstigen, ja zu ihr verleiten. Die Behauptung gerät dadurch mit sich selbst in Widerspruch. Denn sie wird begleitet von der impliziten Aussage, es gehe nicht um das vom Markt mit seinen unendlich vielen spontanen Entscheidungen von Teilnehmern gefundene Ergebnis, das zu überprüfen weder möglich noch sinnvoll noch legitim ist, sondern um das Resultat einer konkreten und individuellen Ungerechtigkeit, deren Urheber man namhaft machen, deren Zustandekommen man beschreiben und deren Qualität man beurteilen könne. Die Unbegründbarkeit des Marktergebnisses teilt sich ihrem angeblichen Gegenteil, der Erfahrung von Ungerechtigkeit, mit, das in dieser Abfärbung einen Teil seines Wesens dementiert. Damit zieht sich der Vorwurf von Ungerechtigkeit in eine Sphäre zurück, in der Überprüfbarkeit Prämisse, faktische Nichtüberprüfung Regel, Glaubbarkeit kompensierende Norm ist. Das Glauben des Vorwurfs darf, so scheint es, umso eher beansprucht werden, als das an sich Überprüfbare nicht überprüft wurde und man aus der Dichte des Rauchs (Vorwurf) auf die Existenz eines wirklichen Feuers (Ungerechtigkeit) schließt.

XXI.
Die Medialisierung des Ungerechtigkeitsopfers

Wer sich durch Ungerechtigkeit benachteiligt fühlt und davon spricht, stellt sich als Opfer dar. Um diesen Vorgang richtig einordnen, ja das gesamte Ungerechtigkeitsgeschehen verstehen zu können, bedarf es einer kurzen Beschreibung der politisch-sozialen Umwelt, in der Ungerechtigkeit sich heute ereignet.

Wir leben in der *Zweiten Moderne* (Begriff von Heinrich Klotz, dann verwendet von Ulrich Beck; vgl. zum Folgenden v.a. Honneth/Lindemann/Voswinkel, Hrsg., Strukturwandel der Anerkennung, 2013, darin v.a. die Beiträge von Günther, Lindemann, Voswinkel u. Wagner). Sie ist die kulturelle Reaktion auf die digitale Revolution und die politisch-soziale Folge einer totalen und unumkehrbaren Globalisierung. Transnationale Konzerne, unkontrollierte Finanzströme, weltweite Folgen von Umweltproblemen und Erderwärmung, asymmetrische Kriege und internationaler Terrorismus schwächen und überfordern den Nationalstaat, ohne dass sich schon stabile und gleichstarke trans- oder supranationale Organisationen an seiner Stelle etabliert hätten. Herkömmliche politische, soziale und kulturelle Systeme erodieren. Der Einzelne sieht sich extremen Flexibilitätsanforderungen gegenüber. Prekäre Arbeitsplätze, durch mehrfachen Wechsel gekennzeichnete Erwerbsbiographien, die Übernahme verschiedenster Rollen mit verschiedensten Anforderungen verunsichern den Einzelnen, erweitern aber auch seine Möglichkeiten. Lokale, regionale und ethnische Herkunft, Ehe, Familie und Verwandtschaft, Tradition, Geschlecht, religiöses Bekenntnis, soziale Klassenzugehörigkeit oder Nationalität geben dem Menschen seine individuelle Lebensführung kaum noch vor. Die sozialen Beziehungen werden vielfältiger, flexibler, gestaltbarer,

kurzfristiger, anonymer, austauschbarer. Jeder Einzelne ist
für die eigene Lebensgeschichte weitgehend allein verantwortlich. Damit wachsen die Anforderungen und Ansprüche an die Ausbildung einer individuellen ethischen Identität, an ein Narrativ des eigenen Selbst. Die eigene Biographie wird reflexiv und damit zu einem Thema kontinuierli-
cher Überprüfung, Bewertung und Korrektur. Mit der Individualisierung der gesellschaftlichen Verhältnisse und ihrer
Freiheitsgewinne geht einher eine verschärfte Subjektivierung von Disziplin, Kontrolle, Verantwortlichkeit, Identifizierung mit übernommenen Rollen, jeder wird zum Unter-
nehmer seiner selbst und seines Selbst. Selbstvertrauen und
Selbstwertgefühl können wachsen und sich auf weiteste
Kreise erstrecken, denn auch der Einfache kann ein an-
spruchsvolles virtuelles „second life" führen, das ihm hohe
Anerkennung verschafft. Sie sind aber zugleich und immer
aufs Höchste gefährdet. Statusangst, Wettbewerbsdruck und
Unsicherheit untergraben, halb latent, halb erkennbar,
mehr schleichend als akut das eigene Selbstbild. Das Risiko,
im Wettbewerb erfolglos zu bleiben oder Erfolg zu verspie-
len, wirkt sich destruktiv auf die individuelle Lebensführung
aus, weil der Einzelne stets befürchten muss, nicht nur mit
dieser oder jener Leistung, sondern mit seiner ganzen
ethisch-existentiellen Identität als ein Selbst zu scheitern.
Berufsarbeit wird intensiver, Beschäftigung allumfassend,
Druck unausweichlich; Burnout breitet sich auf alle Be-
schäftigungsebenen aus und erfasst die gesamte Person. Es
herrscht ein repressiver Optimismus: Optimismus wird zur
Pflicht gemacht, weil der optimistische Mensch produktiver
ist als der Pessimist und die bestehenden Verhältnisse nicht
in Frage stellt. Ein esoterisch-spiritueller Optimismus predigt die Devise „Wenn man wirklich etwas will, dann bekommt man es auch". Daraus folgt umgekehrt, dass jedes
Scheitern der persönlichen Verantwortung des Gescheiter-

ten überantwortet wird. Soziale Anerkennung wird zum knappen Gut, das, wenn überhaupt, nicht mehr für die ganze Person und auf Dauer, sondern nur vorübergehend und als stets neu zu erkämpfende erworben wird. Bleibt sie aus, lässt sich dies fast immer als Zeugnis eines Selbst deuten, das keine hinreichenden unternehmerischen Tugenden besitzt. In der globalisierten Weltgesellschaft tobt ein regelrechter Kampf um Anerkennung. Er nimmt bisweilen bizarre Formen an, vor allem im Fernsehen und im Internet; dazu gehören exhibitionistische Fernsehtalkshows, TV-Schönheits- und Sängerwettbewerbe, Bilder und Blogs im Internet, soziale Netzwerke. Manische Twitterer und Selfie-Jäger posten ihre Erlebnisse in alle Welt, „schaut her, mich gibt es" heißt ihre Devise; permanente Selbstvermarktung wird grundiert durch die hysterische Ausdehnung des Selbst-Modells in die Welt der Medien. Selbst die Anerkennung des Einzelnen als Opfer mutiert zum Gegenstand von Leistungswettbewerb. Auch Scheitern will gekonnt und inszeniert, professionell ins individuelle Lebens-Narrativ integriert werden. Vulnerabilität, die Anfälligkeit dafür, Opfer zu werden, ist das Komplement zunehmender Individualisierung und Subjektivierung.

Der *Individualisierungsprozess* besitzt auch *politikprägende* Qualität. Das politische Engagement der Bürger ändert sich. Es wird zum Element des persönlichen Lifestyles. Das Engagement ist spontan, punktuell, variabel, thematisch selektiv, äußert sich auch in unkonventionellen und innovativen Formen und lässt sich nur von Fall zu Fall auf bestimmte Fragen ein. Es handelt sich um den Übergang von der politischen Weltanschauung zum selektiven Interesse für eine bestimmte Problematik, von der Mitgliedschaft zum punktuellen Engagement, vom Mitgliedsbeitrag zur zweckgebundenen Spende. Soziale Risiken, deren Absicherung zuvor als genuine Aufgabe von Politik und Staat galt, werden individualisiert, etwa in der Altersvorsorge. Mit dem Zerfall der „großen Strukturen" und der Individualisierung gehen einher Pluralisierung und ständiger Wandel und diese wiederum verursachen, dass politische Koalitionen (im untechnischen Sinn) punktuell, mit wechselnden Partnern, themen- und situationsspezifisch, also ad hoc gebildet und aufgelöst werden. Politik reagiert immer häufiger auf massenmedial befeuerte Erregung über Einzelfälle. Bürger ändern ihr Wahlverhalten öfter und aus momentanen und individuellen Überlegungen. Politik- und Parteienmarketing orientieren sich an Lebensstilen statt wie früher an soziostrukturell gestützten Interessen und ihre Formen nähern sich immer stärker dem wirtschaftlichen Marktwettbewerb und seinen Marketingstrategien an. Sachfragen werden zu Personalfragen. Politiker mutieren durch Lifestyle und mediale Auftritte zu Marken. Individualisierung und Subjektivierung verwandeln so auch das politische Leben. Anthony Giddens spricht von „life politics", die auf die Epoche der „emancipatory politics" gefolgt sei: „While emancipatory politics is a politics of life chances, life politics is a politics of lifestyle... Life politics, to repeat, is a politics of life decisions ... First and Foremost, there are those (decisions – K.M.) affecting self-identity itself" (Modernity and Self-Identity – Self and Society in the Late Modern Age, 1991, 214 f.).

Wichtig für unseren spezifischen Zusammenhang ist Folgendes: Individuelle Schicksale, Lebens- und Leidensgeschichten, aufsehenerregende Einzelfälle, Skandale sind wie geschaffen für massenmediale Aufbereitung, für emotionale Identifikation und damit für den schnell einstreichbaren Gewinn im politischen Machtkampf, indem, an diese Fälle anknüpfend, dringend zu befriedigende Regelungsbedürfnisse formuliert werden. Das unmittelbar Einleuchtende *der individuellen Geschichten* unterdrückt möglichen Widerstand und bewirkt Einigkeit zwischen Bürgern und einer sich als Vollstreckerin des Volkswillens aufführenden Politik, der sich zu entziehen nur um den Preis des Vorwurfs von Kälte, Gleichgültigkeit und Hartherzigkeit möglich wäre. Sicherheit wird dann nicht als objektive Größe thematisiert, sondern als subjektives Sicherheitsgefühl, besser: Unsicherheitsgefühl, das schon als solches Relevanz und Legitimation beanspruchen und Politik zum Handeln antreiben darf. Im Bereich der sozialen Sicherung muss schon das Gefühl des Zukurzgekommenseins ernst genommen und durch vorweisbares politisches Handeln aus der Welt geschafft werden. Von „gefühlter Armut", der neben der „absoluten" und der „relativen" dritten Form von Armut, spricht man, wenn sich Menschen aufgrund ihrer wirtschaftlichen Situation gesellschaftlich und kulturell ausgegrenzt fühlen und unter Perspektivlosigkeit leiden. Immer mehr setzt sich auch im Recht statt des natürlichen oder des anoperierten das „gefühlte Geschlecht" durch. Inflation wird schon (ebenso wie im Wetterbericht die Temperatur) als bloß gefühlte gemessen und den Zentralbanken und der Finanzpolitik als Handlungsanlass vor Augen gehalten. Man verzichtet lieber auf eine an sich notwendige Steuererhöhung, um nicht das objektiv vielleicht unberechtigte Gefühl, im Land sei die Steuer- und Abgabenlast besonders drückend, zu vertiefen. „Social justice warriors" berufen sich auf selbst kreierte Schlagworte wie „safe space", „micro aggression" und „trigger warning" und leiden, wie sie behaupten, unter „buzz words", „injustice" und einer „rape culture". Sie sind chronisch empörte, latent aggressive, sachliche Argumente von vornherein als erneute Beleidigung unterbindende Internet-Aktivisten, die sich hyper-„correct" und immer auf der Jagd nach der neuesten Korrektheitsmode, laut, selbstgerecht und selbsterhöhend, meist im Namen anderer, prophylaktisch oder reaktiv gegen drohende oder realisierte Verletzung von Gefühlen, Gleichberechtigung, Angstfreiheit usw. richten und überall Opfer von Diskriminierung sehen oder erwarten, und zwar in einer Weise, dass das subjektive Gefühl des „Opfers" das alles Entscheidende, jede Diskussion Erübrigende, jede Debatte mit ihrem Beginn Beendende und dessen Auslöser von vornherein im Unrecht ist. Ein weiteres Beispiel für die Gleichsetzung von gefühlter Wirklichkeit und objektiver Wirklichkeit: Mit rein symbolischer Politik versucht man Minderheiten, die objektiv schon vollständig der Mehrheit gleichgestellt sind, ihr letztes Diskriminierungsgefühl durch formale Umbenennung zu nehmen, sodass z.B. Homosexuelle statt einer bloßen Lebenspartnerschaft, die ihnen schon gleiche Rechte vermittelt, die Ehe schließen können. Dass jemand empört ist, dass jemandes Gefühle verletzt wurden, dass sich jemand diskriminiert wähnt, dass jemand seinen Gott oder dessen Propheten in den Schmutz getreten sieht, dass jemand sich durch den scheelen Blick eines anderen beleidigt glaubt, ist Anklage und Urteilsspruch in einem. Es handelt sich in all diesen Fällen um die Beurteilung von Personen, die ihre *subjektive Wahrnehmung* anerkannt sehen wollen, und um Personen, die sich *subjektiv* als *Opfer* empfinden, also um „Gefühlsopfer". Der Bericht des Opfers darf schon als solcher Zuhören, Glauben, Achtung und Empathie und die Ergreifung von Gegenmaßnahmen beanspruchen. Vorbild sind die „gefühlte Temperatur", die „gefühlte Armut" und die „gefühlte Inflation", und zwar dadurch, dass man sie mittlerweile schon glaubt „messen" zu können. In ihrer Messbarkeit beweisen sie ihre Objektivität. Und in ihrer Objektivität erweisen sie ihre Berechtigung. Die dazu gehörige subjektivistische Internetdevise lautet: „Vieles wird einzig dadurch richtig, dass man es durchzieht", oder auch: „Wahrheit entsteht, indem man sie lebt".

Wie beeinflussen *diese Entwicklungen* das *Ungerechtigkeitsgeschehen*? Globalisierung reflektiert sich in der Universalisierung des Ungerechtigkeitsgefühls. Im Prozess der Globalisierung spielen infolge gesunkener Informations- und Transportkosten und des Abbaus von Handelsschranken sämtliche Distanzen nur noch eine ephemere Rolle, haben sich die regionalen und nationalen Märkte zunehmend zu einem einzigen Weltmarkt verbunden. Wissensströme, Technikentwicklungen, Produktionsverfahren sowie Marketing und Managementstrategien werden weltweit komponiert und integriert. Produktionsstandorte, Produkte, Dienstleistungen, Kapitalanlagen und Arbeitskräfteangebote aus allen Teilen der Welt treten miteinander in direkten Wettbewerb. Das „global village" wird jedoch nicht durch global legislation regiert und geordnet, vielmehr kommt es zu kaum regulierbarer wechselseitiger Konfrontation mit den möglicherweise besseren Produkten, geringeren Lohnkosten, niedrigeren Umwelt- und Sozialstandards, höheren Zinsen und Renditen des jeweils anderen. Die Unübersichtlichkeit auf den internationalen Finanzmärkten verschärft den Anpassungsdruck und macht die eine Krise zur Krise aller. Ungerechtigkeitserfahrungen resultieren daraus, dass der demokratische Nationalstaat als bisheriger Hauptadressat von Gerechtigkeitsforderungen zunehmend an die Grenze seiner Handlungsmacht stößt und daher aus seiner Sicht vieles als hinzunehmendes globales „Naturphänomen" erscheint, was bei den Betroffenen als Ungerechtigkeit empfunden wird. Durch Globalisierung hat sich vermehrt erstens die Menge des Vergleichsfähigen, zweitens die Zahl derjenigen, die Vergleiche anstellen, drittens die Menge der Vergleichsanlässe; schließlich und vor allem hat sich auch der Kreis des Vergleichswürdigen ausgedehnt. Moderne Kommunikation erlaubt Kenntnis des entferntesten Geschehens und ermöglicht den Vergleich mit anderem, sei es ebenfalls Entferntestem oder Eigenem. In der Wahrnehmung ihrer als ungerecht qualifizierten Situation vor Ort entdecken Menschen mehr und mehr globale, d.h. außerhalb ihres Landes liegende Ursachen. Auch Nicht-Betroffene z.B. in den wohlhabenden Ländern halten solche Urteile für legitim, billigen auch die Bezeichnung von Armut dort und Reichtum hier als Ungerechtigkeit, sehen ein an keinerlei Bedingungen geknüpftes Migrationsrecht von Einwohnern armer Länder in die reichen. Mögen solche Vergleiche und Urteile auch noch nicht überall geteilt werden, so zeigt schon allein die Tatsache ihres Vorhandenseins die Globalisierung und Universalisierung von Ungerechtigkeitserfahrungen.

Im Westen erweist sich diese Anerkennung fernster, aus globalem Vergleich gespeister Ungerechtigkeitserfahrungen in hohem Maße als dialektisch ambivalent. Sie erhebt moralische Anklage im eigenen rechtlichen und staatlichen Solidaritätsrahmen, dessen Machtbeschränkung schon nach innen offenkundig, nach außen aber schlechterdings unüberwindbar und gerade in der global bedingten fernsten Ungleichheit erlebbar ist. Sie äußert sich umso empathischer, je geringer ihre Kenntnisse von den Fakten vor Ort und je geheimnisvoller deren vermutete globale Ursachen sind. Sie buchstabiert eine Konkretion aus, die sich eher ihrer angstbesetzten Einbildungskraft und ihrem schlechten Gewissen als dem Blick in Realität verdankt, sagt darin mehr über sich als über das verglichene Fremde aus und wird so in vielfach obszöner Weise zum inszenierten Bestandteil eines ethisch-personalen Lifestyles, von dem nur einer profitiert, nämlich der, der ihn hat. Im Gewande europäischer Rationalität jagt sie den Geistern nach, die sie hinter den ungreifbaren und nicht eindeutig eruierbaren Urhebern jener globalisierungsbedingten Ungerechtigkeiten vermutet, von denen sie mehr halluziniert, als dass sie sie begreift. Die Unbenennbarkeit der Akteure steht ihr für die Unnennbarkeit des Unheils ein, das jene angerichtet haben. Globalisierte Ungerechtigkeit scheint nur eine Richtung zu kennen: Verursacht wird sie ausschließlich von den reichen Ländern, erfahren ausschließlich in den armen Ländern, anerkannt sodann wieder in den reichen Ländern. In dieser Ein-Seitigkeit manifestiert sich das Maß-lose eines maßstablosen Ungerechtigkeitsvorwurfs, der diese seine Qualitäten aus der tieferen Tatsache bezieht, dass ein gerechtigkeitsorientiertes Vergleichen einen einheitlichen Erfahrungs-, Traditions-, Solidaritäts-, Rechts- und Staatsraum voraussetzt. Hinter Maß-losem steht An-Maßung. The white man's burden besteht nun darin, dass er alle Ungerechtigkeiten dieser Welt auf seine Schultern nimmt. Kiplings gleichnamiges Gedicht war eine weinerliche Rechtfertigung vermessener, von Überheblichkeit geprägter Ungerechtigkeiten. Heute liegt die Überheblichkeit nicht so sehr in der Verursachung von Ungerechtigkeiten als vielmehr in der apriorischen Beurteilung eines Zustandes als Ungerechtigkeit.

Abgesehen von diesen Widersprüchen kann von den globalisierten Ungerechtigkeitserfahrungen gesagt werden, dass sie einsinnig im Sinne von nur in eine Richtung verlaufend sind, auf prekärem Fakten- und Kausalitätsgrund beruhen, sich daher ihrer selbst weniger sicher sein können, bei nicht betroffenen Dritten anderer Staaten und Kulturen eher abstrakte Empörung auslösen (so wie auch Solidaritätsgefühle und solidarische Handlungen nach allen empirischen Untersuchungen sich auf bestimmte Gruppen beschränken und umso mehr abnehmen, je mehr in einer Gruppe sich auch aufgenommene Fremde befinden) und der mit Empörung an sich verbundene Handlungs- und Änderungsimpuls eher schwächer ausfällt. Zwar unterscheiden sich Solidaritäts- und Ungerechtigkeitsgefühle von Nichtbetroffenen grundsätzlich darin, dass Solidarität ihrem Wesen nach gruppenorientiert ist, Anerkennung von Ungerechtigkeit an sich einen allgemeingültigen Maßstab impliziert. So wie aber in den gegenwärtigen Entnationalisierungsprozessen die moralische Legitimation von Solidaritätsverpflichtungen zunehmend schwerer wird – für diesen Zusammenhang stehen die USA als traditionelles Einwanderungsland mit ihren niedrigen Sozialstandards –, so wird auch die Erfahrung und Anerkennung transnationaler und globaler Ungerechtigkeiten in diesen Prozessen einen heute noch nicht genau beschreibbaren Gestaltwandel durchlaufen.

Ungerechtigkeit blitzt am Einzelfall, zumindest aber am Partikulären auf. Spezialisten in der dramatisierenden Aufbereitung des konflikthaften Einzelfalls und des schreienden Partikulären sind die *Massenmedien*. Sie nehmen Empörung auf, verschaffen ihr den skandalisierenden Ausdruck und besorgen ihre massenhafte Verbreitung. Das Partikuläre scheint ihnen geradezu das Allgemeine zu verbürgen. Wo alle traditionellen und damit unhinterfragten Unterschiede aus Herkunft, Geschlecht, Religion, Klassenzugehörigkeit, Ethnie, sexueller Orientierung, Nationalität verblassen, wird der Ungerechtigkeitsvorwurf ubiquitär, gerät jeder Unterschied und jede Unterscheidung unter Generalverdacht und wird als solche perhorresziert. Es ist, als hätte erst die Abschaffung der traditionellen Ungleichheiten die wahren Teufel der Ungleichheit losgelassen, gegen die nun als einzige Waffe, in einer Welt, in der politisches Engagement überwiegend themenorientiert und ums aufblitzende Partikuläre herum gezeigt wird, der Vorwurf illegitimer Ungleichheit übrig geblieben wäre.

Von Ungerechtigkeit betroffen zu sein heißt partizipieren am Bonus, den die moderne Gesellschaft und ihre Massenmedien dem *Opfer* gewähren, indem sie dem subjektiven Verletztheitsgefühl ungeprüft, ja unbesehen Objektivität zusprechen, es von vornherein im Recht sein lassen, allen Widerspruch zum Schweigen bringen und jeden Zweifel, ihn antizipativ skandalisierend, entwaffnen. Wo das eigene, sei es heroische, sei es religiöse oder familiäre Opfer selten geworden ist, ja nachgerade denunziert wird, nimmt das Opfer, zu dem andere einen machen, an Bedeutung zu. Nicht das freiwillig gebrachte, sondern das erlittene Opfer prägt die Zeit. Die Anerkennung als Opfer bedeutet Anerkennung eines an sich defizitären Zustands als nicht selbst verschuldet. Sie ermöglicht die Bewahrung des eigenen Selbstbildes, der eigenen ethisch-personalen Identität. Gerade auch wegen dieser Funktion gibt es eine Flucht in den Ungerechtigkeitsvorwurf. Er enthebt den Beteiligten, der auch eine Gruppe sein kann, der Mühe, nach den eigenen Anteilen des Zurückbleibens zu fragen. Er erlaubt, auch einen Zustand, dessen verursachende Handlungen und Akteure wegen zunehmender Komplexität der Verhältnisse nicht identifiziert werden können, zu stigmatisieren.

Freilich ist Opfer-Sein stets auch das Andere seiner selbst, es gehört zu seinem Wesen, es selbst und sein eigener Widerspruch zu sein. So wie objektiv bestehender Ungleichheit die Tendenz innewohnt, sich selbst unkenntlich zu machen, so verschweigt auch das Opfer-Sein Wesentliches, indem es seine Geburt aus innerer Not, aus der Absicht, Verletzung der Selbst-Identität zu verhindern, unthematisiert lässt, auch vor sich selbst. Es ist nicht das rein Passive und ausschließlich von Anderem Betroffene, bleibt vielmehr auch im Opfer-Sein handelndes und unterlassendes Subjekt. Opfer-Sein ist immer auch gewählt, nie nur von außen auferlegt. Mag im Traum das eigene Wollen sich hinter den verschiedensten Gestalten externen, scheinbar unbeeinflussbaren Zwangs verbergen, in der Wirklichkeit des Tages wird das sich bedenkende Ich dieser Gnade, wenn es denn eine ist, nicht zuteil. Es kann sogar sein sein eigener aktiver Anteil so groß sein, dass es den Opfer-Status geradezu sucht und herbeiführt, und zwar so, dass sein Erlangen nicht Gescheitertsein bezeugt, sondern, jedenfalls vor dem forum internum, Obsiegen bedeutet. Verlust markierte Gewinn, und das Opfer wäre keines. Wer sich den bestehenden Ungerechtigkeiten so sehr anschmiegte, dass er sie in sich selbst in ihrer Defizitseite abbildete, wäre der Verlierer eines Spiels, nach dessen Regeln nicht der Gewinner gewinnt, sondern der Verlierer. Das moderne Ungerechtigkeitsopfer erwiese sich als eines, das von Ungleichheit profitierte, und zwar so stark mindestens profitierte wie der von ihr äußerlich Begünstigte. Dessen Funktion bestünde darin, der Steigbügelhalter des kommenden Opfers zu sein. Das rein passive Betroffensein vermag so ins Extrem getrieben zu werden, dass es zum Gegenteil seiner selbst wird. In Abwandlung von Francis Bacons „natura enim non nisi parendo vincitur" (die Natur wird nur durch Gehorsam gebändigt) ließe sich sagen „iniustitia enim non nisi parendo vincitur" (Ungerechtigkeit wird nur überwunden, indem man sich ihr ergibt). Parieren hieße Triumphieren.

Opfer-Sein reflektiert jedoch gewiss auch die Ohnmacht des Nicht-verhindern-Könnens und das Angewiesensein darauf, sich als Opfer zu zeigen. Es macht sich, wo es äußerlich nur sein „Recht" einfordert, letztlich abhängig von der Anerkennung seiner Opferrolle durch Dritte, die, selbst wenn erteilt, stets prekär bleibt. Dies Letztere gilt namentlich für die medialen Vermittlungsinstanzen, deren Aufmerksamkeit so schnell erlischt, wie sie sich entzündet. Getragen von rasch erlahmender und wankelmütiger Anerkennung, sieht sich die Ungerechtigkeit von heute leicht durch die Ungerechtigkeit von morgen verdrängt und in die Unsichtbarkeit zurückgeworfen, in einer Welt, in der Sichtbarwerdenlassen der erste und vielleicht wichtigste Akt von Anerkennung ist.

XXII.
Das Ungerechtigkeitsopfer als Produkt des Ressentiments

Dass das Opfer so stark interessiert ist am Opfersein, legt den Verdacht nahe, es sei ein Produkt des Ressentiments. Von ungefähr geschah es gewiss nicht, dass Eugen Dühring (Der Werth des Lebens, 1865), der den Begriff des Ressentiments in die deutschsprachige philosophische Debatte einführte und sogleich seine wertpolemische Verwendung vorgab, alle Rechtsbegriffe und insbesondere den grundlegenden der Gerechtigkeit, weil sie gegen das Naturrecht des Stärkeren gerichtet seien, aus dem Ressentiment erklärte. Nietzsche, von Dühring beeinflusst, sich jedoch auch von ihm absetzend, macht sodann das Ressentiment zu einem seiner Zentralbegriffe. Er definiert ihn als Selbstvergiftung durch gehemmte Rache: „Einen Rachegedanken haben und ausführen heißt einen heftigen Fieberanfall bekommen, der aber vorübergeht: einen Rachegedanken aber haben, ohne Kraft und Muth, ihn auszuführen, heißt ein chronisches Leiden, eine Vergiftung an Leib und Seele mit sich herumtragen" (Menschliches, Allzumenschliches, 1878, Erster Band, Zweites Hauptstück, Aph. 60). In der „Genealogie der Moral" (1887) wendet Nietzsche den Gedanken auf die „Historie der Moral" an. Das Ressentiment schafft im Laufe

der Geschichte einen neuen, durch seine Wirkung korrum-
pierten Menschentyp (Erste Abhandlung, 10): „Während
der vornehme Mensch vor sich selbst mit Vertrauen und
Offenheit lebt (gennaios ‚edelbürtig‘ unterstreicht die Nu-
ance ‚aufrichtig‘ und auch wohl ‚naiv‘), so ist der Mensch
des Ressentiment weder aufrichtig, noch naiv, noch mit sich
selber ehrlich und geradezu. Seine Seele *schielt*, sein Geist
liebt Schlupfwinkel, Schleichwege und Hinterthüren, alles
Versteckte muthet ihn an als *seine* Welt, *seine* Sicherheit,
sein Labsal; er versteht sich auf das Schweigen, das Nicht-
Vergessen, das Warten, das vorläufige Sich-verkleinern,
Sich-demüthigen. Eine Rasse solcher Menschen des Ressentiment wird nothwendig endlich *klüger* sein als irgend eine
vornehme Rasse".

Das Ressentiment findet bei Nietzsche seinen weltgeschicht-
lichen Niederschlag in der jüdisch-christlichen Moral. „Der
Sklavenaufstand in der Moral beginnt damit, dass das
Ressentiment selbst schöpferisch wird und Werthe gebiert:
das Ressentiment solcher Wesen, denen die eigentliche Reaktion, die der That versagt ist, die sich nur durch eine ima-
ginäre Rache schadlos halten. Während alle vornehme
Moral aus einem triumphierenden Ja-sagen zu sich selber
herauswächst, sagt die Sklaven-Moral von vornherein Nein
zu einem ‚Ausserhalb‘, zu einem ‚Anders‘, zu einem ‚Nicht-
selbst‘: und *dies* Nein ist ihre schöpferische That. Diese
Umkehrung des werthbesetzenden Blicks – diese *nothwendige* Richtung nach Aussen statt zurück auf sich selber –
gehört eben zum Ressentiment: die Sklaven-Moral bedarf,
um zu entstehen, immer zuerst einer Gegen- und Aussen-
welt, sie bedarf physiologisch gesprochen, äusserer Reize,
um überhaupt zu agiren, – ihre Aktion ist von Grund aus
Reaktion. Das Umgekehrte ist bei der vornehmen Werth-
hungsweise der Fall: sie agirt und wächst spontan, sie sucht

ihren Gegensatz nur auf, um zu sich selber noch dankbarer, noch frohlockender Ja zu sagen". An die Stelle der ursprünglichen vornehmen Schätzwerte „gut" und „schlecht" tritt nun das moralisierende Paar „gut" und „böse". Der ursprüngliche Racheimpuls wird zurückgedrängt, indem die Rache an Gott und die Bestrafung an den Staat delegiert wird, und diese Zurückdrängung erzwingt eine Verinnerlichung des Menschen und führt über diesen Weg zur Ausbildung der moralischen Begriffe (Sünde, Schuld, Gewissen). Diese moralischen Begriffe verleugnen nach Nietzsche ihre Herkunft aus dem Ressentiment und beanspruchen Objektivität und Absolutheit. Dem gilt es mit einer „Kritik der moralischen Werte" und der Frage nach dem „Wert der Werte" entgegenzutreten. Dieser Kritik unterliegen namentlich die modernen europäischen Demokratien. Deren grundlegender Wert sei der „Wille zur Gleichheit", und dieser stamme aus der Ressentiment-Moral. Der Wille zur Gleichheit ist für Nietzsche in Wahrheit Wille zur Macht. Immer wieder grenzt er sich von den „Predigern der Gleichheit" ab. Weil die Menschen von Natur aus nicht gleich seien, bräuchten sie auch im Recht nicht gleich zu sein. In einer „Kritik der großen Werte" sagt er (Der Wille zur Macht): „gleiches Recht, Philanthropie, Friedensliebe, Gerechtigkeit, Wahrheit: alle diesen großen Werte haben nur Wert im Kampf, als Standarte: nicht als Realitäten, sondern als Prunkworte für etwas ganz anderes (ja Gegensätzliches!)". Die Kritik an der Gleichheit hängt mit Nietzsches Religionskritik zusammen, der angeblichen „Gleichheit der Seelen vor Gott". Der Wille zur Macht versucht sich auf mehreren Stufen zu realisieren: „In der ersten verlangt man Gerechtigkeit von Seiten derer, welche die Macht haben. Auf der zweiten sagt man ‚Freiheit', d.h. man will ‚loskommen' von denen, welche die Macht haben. Auf der dritten sagt man ‚gleiche Rechte', d.h. man will, so lange man noch nicht das Übergewicht hat, auch die Mitbewerber hindern, in der Macht zu wachsen" (Der Wille zur Macht) oder anders formuliert: „Man will Freiheit, solange man noch nicht die Macht hat. Hat man sie, will man Übermacht; erringt man sie nicht (ist man noch zu schwach zu ihr), will man ‚Gerechtigkeit‘, d.h. *gleiche Macht*" (ebd.).

Die ständige Suche nach und das Anprangern von Ungleichheiten und Ungerechtigkeiten wäre demnach der Herkunft aus dem Sündenbegriff der christlichen Moral geschuldet und teilte dessen Ressentiment-Charakter. Der im natürlichen Kampf oder, neutraler, in der Auseinandersetzung Unterlegene, da er zur Rache oder, weniger pathetisch, zum sofortigen Gegenangriff nicht in der Lage ist, würde das gehemmte Rachebedürfnis verbergen und ummünzen in den reaktiven und moralisierenden Vorwurf eines Nicht-wie-es-sein-soll-Seins, eines Verstoßes gegen das objektiv und absolut gültige Gesetz der Gerechtigkeit. In Wahrheit würde er nicht nach Gerechtigkeit streben, die ohnehin nichts objektiv Existierendes und nur ein verstecktes Kampfmittel ist, sondern seinem geheimen Willen zur Macht die Zügel schießen lassen, einer Macht, die aus der moralisch aufgewerteten Schwäche stammt und letztlich, ihres moralischen Scheins entkleidet, Schwäche bleibt.

Seit dem Beginn der Postmoderne liebt es ein Denken, das dem Menschen psychologisch auf die Schliche kommen will, an Nietzsche anzuknüpfen. In ihrem Verlauf sind alle Werte dekonstruiert, alle moralischen Diskurse als machtgestützte Inszenierung durchschaut, die „großen Erzählungen" für beendet erklärt und dem Einheitsdenken der Moderne eine Vielfalt gleichberechtigter Perspektiven relativistisch gegenübergestellt worden. Wenn jede Wahrheit und jede Form von Gerechtigkeit diskursiv vermittelt, der Diskurs selbst aber entweder machtbasiert oder in eine Vielfalt unvermittelbarer Positionen zersplittert ist, dann gibt es immer mehr als eine Wahrheit und mehr als eine Gerechtigkeit. Und die Erfahrung von Ungerechtigkeit gar wäre erst recht als eine objektiv nachvollziehbare und teilbare in Frage gestellt. Natürlich aber, und das wird oft übersehen, wäre sie damit auch entfesselt und würde den rationalen Panzer des Begründungszwangs sprengen. Da sie teilnähme am allgemeinen Relativismus, würde sie partizipieren an der spezifischen Legitimation des Partikulären, die der Relativismus, möglicherweise gegen seinen Willen, konstituiert.

Da nun in der Wirklichkeit der heutigen Gesellschaft sich nicht nur immer mehr Menschen von den christlichen Kirchen abwenden, sondern auch deren Glaubens- und Moralgebote nicht mehr teilen und das Denken in seiner postmodernen Beliebigkeit keine neuen Werte an die Stelle der verlorenen zu setzen vermochte, gleichzeitig aber, so ließe sich Nietzsche fortführen, das Ressentiment in alter oder sogar vergrößerter Stärke weiterlebt, muss dieses sich in neue Gewänder kleiden, sich modern geben. Es behält das Einzige, was ihm an der christlichen Lehre zusagt, weil es ihm nützt, nämlich die Gottebenbildlichkeit des Menschen und die daraus abgeleitete Gleichheit aller Menschen, bei. Die Gleichheit ist ihm die neue säkulare Religion, das Prinzip der Moral. In ihr versichert er sich seines wichtigsten Abwehrmittels gegen die Anmaßungen der „Ungleichen". Aus Sünde wird Ungerechtigkeit, aus Schuld Verantwortlichkeit, aus dem Gewissen der „Sinn für Ungerechtigkeit", aus Reue Anerkennung geschehener Ungerechtigkeit, aus Vergebung Billigung der zur Beseitigung der Ungerechtigkeit angebotenen Änderungen durch die „Gleichen".

In dieser Neubeschriftung der Begriffsfassade meldet sich, so könnte man fortfahren, ein die geänderten Zeitläufe reflektierendes, scheinbar religionsloses, nicht an eine bestimmte Moral gebundenes und gerade darin raffinierteres Herabsetzen der Anderen, dessen Ressentiment-Charakter noch schwerer sich durchschauen ließe als früher. Die Verweltlichung der modernen Gesellschaft erzwingt die *Verweltlichung* der Instrumente, mit denen das Ressentiment sein Geschäft betreibt. Indem es seine Farbe der Umwelt anpasst, perfektioniert es seine Tarnung. Indem es vor aller Augen der alten Religions-Moral abschwört, bannt es den Blick auf das Geschehen des Vordergrundes und entzieht so den Hintergrund der Aufmerksamkeit.

Der *Preis*, den das Ressentiment zu zahlen hat, war immer hoch, er ist es noch. Nietzsche beschreibt ihn. Achten wir genau auf seine Worte. Der Mensch des Ressentiments trägt „ein chronisches Leiden, eine Vergiftung an Leib und Seele" mit sich herum. Seine Umwelt zu vergiften, gelingt ihm nur, indem er sich selber vergiftet: Er muss an das, was er predigt, glauben. Betroffen sind an ihm Leib und Seele, also beileibe nicht nur dieses oder jenes Einzelne, sondern seine Person als Ganzes und das Ganze seiner Person. Das Ganze seiner selbst, seine Identität, zersplittert sich in so viele Teile, wie es die Anlässe sind, bei denen es sich durch Ungleichheit zurückgesetzt fühlt. Durch jeden Akt des Vergleichens entäußert es sich in das jeweils Andere des Verglichenen. Keine comparatio, durch die es sich nicht verloren ginge. Es ist sich selbst schon am Grunde Feind genug, um das strahlende Andere in sein eigenes Dunkel scheinen zu lassen. Es ver-gleicht in der Absicht, sich zu ent-gleichen.

Das Leid erfasst auch die Seele. Das Ich leidet durch sich selbst (Selbstvergiftung) an sich selbst (Vergiftung des Selbst) und (da es wegen der Heimlichkeit, von der es lebt, sein Inneres nicht öffnen kann) für sich selbst. „Die Seele schielt", sagt Nietzsche. Ihre Augen schauen in verschiedene Richtungen, das macht sie unschön. Aber die Seele des

Ressentiments schielt auch nach etwas: Sie schielt auf das beneidete Andere, das ein Anderer hat, sie selbst aber nicht. Sie schaut nicht geradeaus, sondern schräg von der Seite her, mit Hintergedanken und dem Willen, beim Sehen des Anderen nicht gesehen zu werden. Schielen ist meist konstitutionell, der Schielende kann gar nicht anders als Schielen, er schielt immer und bei allem, was es zu sehen gibt. Der Schielende macht sein Gegenüber unsicher, dieser weiß nicht, auf welches Auge er seinen Blick richten soll. Dem Schielenden teilt sich die Welt in Freunde des einen Auges und Freunde des anderen Auges. Man kann dem Schielenden nicht in die Augen, sondern nur ins Auge schauen. Lebt der Schielende in zwei Welten gleichzeitig? Fast hat man, wenn man ihn sieht, den Eindruck. Mag der Körper es nicht können, die Seele vielleicht vermag es. Die Seele arbeitet die Spannung ihrer inneren Widersprüche im Schielen ab, das aller Widersprüche materialisierter und naturalisierter Ausdruck ist. Halb Ausdruck, halb Arbeit des Ausgedrückten, sind die schielenden Augen des Ressentiments Teil jener Welt, die mit sich selbst zerfallen ist. Friedrich Hebbel klagt darüber, dass der Mensch nirgends einen Brennpunkt habe, worin sein ganzes Ich, zusammengefasst, auf einmal hervortritt: „Es macht in manchen Stunden auf mich einen ganz eigenen Eindruck, dass man sich ihn immer erst aus Kopf und Rumpf, aus Armen und Beinen, zusammensetzen und zusammensuchen muss, ja, dass er sogar zwei Augen hat, nicht ein einziges, aus dem die Seele blickt" (Tagebücher). Doch im Grunde hat erst der Schielende wirklich zwei Augen, weil ihnen das Geschwisterliche des normalen Augenpaares fehlt. Was schielt, ist zerstrittene Zweiheit. Zwei Seelen wohnen ach in des Ressentimentverhafteten Brust, die eine will sich von der andern trennen. Woher kommt es, dass, wer in des Schielenden Gesicht schaut, unwillkürlich nach einem fiktiven Auge in der Mitte zwischen den vorhandenen Augen sucht? Die Unsicherheit des Betrachters kommt daher, dass es dieses Auge nicht gibt.

„Ein chronisches Leiden, eine Vergiftung" trägt der Mensch des Ressentiments „mit sich" herum. Das reflexive Pronomen „sich" verweist auf das Subjekt, also den Träger des Leidens. Überall, wo das Subjekt ist, ist auch das Leiden. Dort, wo der Träger sich befindet, dort befindet sich auch das Getragene. Beide gehören zusammen. Das Getragene ruht auf dem Ich des Trägers. Keine Rede davon, dass er es nur passiv ertrüge, wie ein von außen Verhängtes. Er trägt es vielmehr von sich aus mit sich. Er kann nicht anders, als es mit sich herumtragen.

Das chronische Leiden besteht in einer *Vergiftung*. Zu einem chronischen Leiden kann eine Vergiftung auf zweierlei Arten führen. Entweder handelt es sich um eine „chronische Vergiftung" im engeren Sinne. Davon spricht man bei langdauernder Einwirkung (Exposition) eines Giftes. Oder es handelt sich um eine normale, nicht chronische Vergiftung, also eine einmalige Einwirkung des Giftes, die aber chronische Folgen, eben ein chronisches Leiden, hervorruft. Nietzsche wird wohl die erste Möglichkeit gemeint haben. Dann wäre der Mensch des Ressentiments permanent einem Gift ausgesetzt. Dieses Gift würde er ständig selbst produzieren und sich selbst beibringen. Er lebte dauerhaft in einem vergifteten Zustand. Dieser wäre vergleichbar dem Zustand des Menschen, der sich zu jeder Zeit im Drogenrausch befindet.

Nun dürfte die Selbstvergiftung in den wenigsten Fällen beabsichtigt sein. Der Ressentimentgeladene weiß nicht um seine Lage, er führt sie nicht gewollt herbei. Auch die Fremdvergiftung, welche die Selbstvergiftung nur im Gefolge hat, wird nicht als solche bewusst angestrebt, sie erfolgt bona fide. In dieser Hinsicht besteht ein gewichtiger Unterschied zur Vergiftung durch Drogen: Bei dieser sind die Vergiftungserscheinungen als solche gewünscht und erstrebt. An dieser Differenz hat die Vergiftung durchs Ressentiment ihr Wesen. Das Gift der Drogen öffnet und belebt das Bewusstsein und vermittelt ihm buntere Farben (so jedenfalls verkünden es ihre Propagandisten), das Gift des Ressentiments verengt, schwärzt und vergällt das Bewusstsein.

Gifte wirken störend oder blockierend (Zellatmung), lähmend (Nervensystem und Bewusstsein) oder zersetzend (Organe). Bei der Vergiftung geht es um Störung, Blockierung, Lähmung, Zersetzung. Oft wird nicht nur das Funktionieren des Körpers gestört, sondern dauerhaft seine Funktionsfähigkeit beeinträchtigt, ähnlich wie die Ver-wüstung nicht nur eine Ernte, sondern alle Ernten zerstört. Eine Vergiftung ruft, anfänglich jedenfalls, meist unscheinbare Symptome hervor, auch darin der Verwüstung gleich. Das erschwert rasche Entdeckung und Ergreifung von Gegenmaßnahmen. Die schleichende Verwüstung ist ihr Wesen, fehlendes Bewusstsein und Ausbleiben von Gegenmaßnahmen sind ihre Begleiter. Therapeutische Maßnahmen wären Entfernung des Gifts aus dem Körper, Inaktivierung (Entgiftung) des Gifts und Einsatz eines Gegenmittels (Antidot). Das Gift des Ressentiments besitzt die Heimtücke, die Kenntnis von der eigenen Lage sicher zu verhindern und damit den Gedanken an Remedur gar nicht erst aufkommen zu lassen.

Ja umgekehrt: Das Ressentiment betrachtet das Gift als eine *Gabe*, die es anderen und sich darbringt. Es kehrt darin, etymologisch betrachtet, an den Ursprung des Wortes zurück, der im Deutschen noch in der „Mitgift" nachhallt, im Englischen sich im „gift" für „Schenkung" erhalten hat. „Vergiftetes Geschenk" wäre dann sein richtiger Name und in ihm seine wesenhafte Tarnung und Täuschung zum Ausdruck gebracht. Angesprochen ist damit aber auch der Hochmut, der dem Ressentiment des Vergleichens innewohnt. Es scheut sich nicht, kommt darin vielmehr in sein eigentliches Element, seine Vergleiche auf die ganze Welt auszudehnen, fremdartige Zustände in fernsten Weltgegenden nimmt es ins Visier. Darin prägt es unsere Gegenwart so sehr, dass es nicht übertrieben wäre zu sagen: Wir leben im Zeitalter der überdehnten Vergleichsbögen. In der sich angeblich anbahnenden demographischen Katastrophe der Weltbevölkerung verschärft sich die Ungerechtigkeitslage derart, dass einige bereits im bloßen Dasein der einen „auf Kosten" anderer, die nicht zugleich überleben können, eine schuldhafte Ungerechtigkeit sehen. „Demnach wäre nicht einmal mehr die nackte Existenz jedes Einzelnen der Ungerechtigkeit unverdächtig" (B. Liebsch, in: Kaplow/ Lienkamp, Hrsg., Sinn für Ungerechtigkeit, 2005, 11). Gegen anmaßenden Hochmut spricht es keineswegs, dass hier die von Ungleichheit Begünstigten sich selbst das Urteil sprechen. Das Ressentiment kann übergreifen auf den „Ungleichen", in ihm steigert es sich in nachgerade masochistischer Weise bis hin zu jenem Punkt, von dem aus man Neid empfindet gegenüber dem, dessen Leben aufs Höchste gefährdet und dessen Lebensrecht daher in geradezu naturalistischer Unbezweifelbarkeit gegeben ist.

Empörung, die sich aus postulierter Ungerechtigkeit speist und durchs Ressentiment befeuert wird, zielt nur *selten* auf *Revolution* ab. Es fehlen ihm dafür Kraft und Energie und das Mit-sich-selbst-im-Reinen-Sein des kraftvoll nach vorne Stürmenden. Vergleichen schwächt. Vergleichen lenkt ab. Vergleichen konserviert. Denn der Vergleichende vindiziert für die beiden Seiten des Vergleichs die Existenz eines einheitlichen Bewertungsmaßstabs. Im und mit dem Vergleich wird das Vergleichsobjekt für an sich legitim erklärt. Im und mit dem Ungerechtigkeitsurteil wird dem Ungerechten grundsätzlich Gerechtigkeitsfähigkeit attestiert. Der Ungerechte und das Ungerechtigkeitsopfer leben aus der Sicht des letzteren in derselben Welt, und diese Welt gilt auch dem Kritiker als eine Welt, in der man leben kann (wenn man denn nicht zu den oben erwähnten Fanatikern des globalisierten Ungerechtigkeitsvorwurfs gehört). Die reine Negativität vergleicht nicht, sondern zerstört (negare). Die dialektische Negativität vergleicht nicht, sondern hebt auf in und zu sich selber (negare, conservare und elevare zugleich). Die scheinbare Negativität des Ressentiments vergleicht und bewahrt (reines conservare). Sie leidet nicht am System, sondern im System. Gift ist etwas nur im Rahmen eines Ganzen, eines Organismus, und immer hängt sein Charakter als Gift von der Dosis ab. So wie danach alles Gift sein kann, so muss auch Gift alles außerhalb von Gift sein können.

Die moderne Welt der Ungerechtigkeit wäre nach alldem, über Nietzsche hinausgehend, geboren aus säkularisiertem, aber von der Intensität des Religiösen noch zehrendem, globalisiertem und universalisiertem Ressentiment. Rettung verspräche ihm einzig die Wendung des Blicks auf sich selbst und die Suche nach dem „Eigenen, so weit es auch ist" (Hölderlin). Erahnen lässt sie sich, diese Rettung, im Kommen scheint sie nicht zu sein.

XXIII.
Ungerechtigkeit und Neid

Die gehemmte Rache, von der Nietzsche als dem Grund des Ressentiments spricht, ist in Wahrheit Neid.

Nach herkömmlicher Sicht existiert Neid in zweifacher Ausprägung. Er ist zum einen der Wunsch der neidenden Person, selbst über mindestens als gleichwertig empfundene Güter wie die beneidete Person zu verfügen, oder, in reiner Form, auch über genau die Güter zu verfügen, um die ein Anderer beneidet wird. Man bezeichnet diese Form des Neids als *„konstruktiven Neid"*. Sie motiviert im Allgemeinen als Ehrgeiz zu erhöhter Leistung und ist damit im Rahmen einer marktwirtschaftlich orientierten Gesellschaft akzeptiert, vielleicht sogar erwünscht. Da der Wunsch noch nicht erfüllt ist, bedeutet auch der konstruktive Neid seiner Natur nach zunächst Unlust.

Die zweite Form des Neids zeigt sich in dem (solange noch nicht erfüllt, sich als Unlust äußernden) Wunsch, die beneidete Person möge die Güter, um die sie beneidet wird, verlieren, obwohl diese Güter das objektive Wohl des Neidenden nicht mindern und deren Verlust beim Beneideten dem Neidenden nicht nutzt. Ebenfalls zu dieser Form gehört der Wunsch des Neidenden, die beneidete Person möge einen anderen Schaden (als den Verlust des Gutes, um das sie beneidet wird) erleiden. Man spricht in beiden Fällen von *„destruktivem Neid"* (oder „Missgunst"). Er gilt als moralisch verwerflich und von alters her als sechste Form der Todsünde (Invidia). Das rührt daher, dass er im Allgemeinen zerstörerische Emotionen oder Handlungen auslöst, z.B. Hass, Schadenfreude, Denunziation, Verrat, Sabotage, üble Nachrede und im schlimmsten Fall Tötung des Beneideten. Der destruktiv Neidische hat wenig Anlass, auf Eigenes stolz zu sein. Er ist so dürftig ausgestattet, dass er den Anderen nicht einholen kann. Daher bleibt er angewiesen auf Pech, Verluste, Unglücke Anderer. Neid, sagt Francis Bacon (Essays, IX), „is a gadding passion, and walketh the streets, and does not keep home". Er kümmert sich mehr um fremde als um eigene Angelegenheiten, er forscht sie aus, er spürt ihnen nach, er geht durch die Straßen und spielt Detektiv in eigener Sache. „Non est curiosus, quin idem sit malevolus" (Niemand ist neugierig, ohne zugleich übelwollend zu sein), heißt es bei dem römischen Komödiendichter Titus Maccius Plautus. Je mehr Nahrung das Auge hat, desto größer der Neid. Überhaupt ist das Auge das Organon des Neids. Die Schrift nennt den Neid ein „böses Auge". Vor dem Blick des Neids muss man sich schützen. Der Neid nährt sich von Suggestionen und vor allem von Imaginationen. Die Einbildungskraft des inneren Auges ergänzt die Kräfte des äußeren. Das Auge ist das primäre Instrument des Vergleichs und der Vergleich die Grundlage des Neids. Der Neid wirkt am stärksten dort, wo die Augen von Dritten zusehen, wie das Auge des Neiders die Vorzüge des Beneideten wahrnimmt. Umso ruchloser daher, so der Gedanke von Bacon, Kains Neid gegen seinen Bruder, weil, wenn auch das Opfer des letzteren eine günstigere Aufnahme fand, doch niemand da war, der es gesehen hätte. Beneidet werden übrigens meist die, die wir häufig sehen, und zwar um der Güter willen, die uns oft vor Augen treten. Neid ist ansteckend, denn der Blick des neidischen Auges zieht den Blick Anderer auf sich, indem er auf eine Art blickt, dass dem Dritten etwas höchst Bemerkenswertes und Bedenkliches zu sehen versprochen wird. Der Neid bewirkt eine chronische Vergiftung des Auges durch den Sehenden selbst. Vergiftung, weil der neidische Blick den Neider selbst schmerzt. Und chronisch, weil das Auge immer neue Nahrung findet. „Invidia festos dies non agit" (Der Neid hält keine Feiertage), formuliert Bacon. Giotto malt den Neid als eine Schlange, die wie die Zunge aus dem Mund des Neiders kommt, sich draußen um 180 Grad dreht und dann die Augen des Neiders anfrisst. Die Farbe des Neides ist gelb, die Farbe der Galle. Gelbe Augen deuten auf eine Erkrankung der Galle (oder der Leber) hin. Der Neid ist so sehr Sehen, dass der Zerstörungswille des destruktiven Neides auch dann befriedigt wird, wenn nicht er selber, sondern ein Dritter das beneidete Gut zerstört. Die Schadenfreude erfreut sich am Sehen des Schadens, mag Schädiger sein wer immer.

Destruktiven Neid pflegt man zu verschweigen und zu leugnen, da er ein Eingeständnis von empfundener Unterlegenheit im Vergleich mit der beneideten Person bedeutet. An seiner Wurzel finden sich Schwäche, Kleinmut, Selbstzweifel, überspannter Ehrgeiz. Der destruktive Neid kann statt feindselig-schädigend auch depressiv-lähmend sein; seine Destruktionsenergie richtet sich dann nicht nach außen, sondern nach innen, schadet nicht so sehr dem Beneideten als vielmehr dem Neidenden. Doch ist letztlich jede Art von destruktivem Neid eine Form von Selbstvergiftung.

In Wahrheit, also entgegen der herkömmlichen Sicht, gibt es neben dem konstruktiven und dem destruktiven Neid noch eine dritte Grundform des Neids. Jemand möchte dasselbe Gut wie die beneidete Person oder Personengruppe erlangen, und zwar auf Kosten der beneideten Person, deren Stellung als Ergebnis von Ungerechtigkeit oder direkt als Ungerechtigkeit empfunden wird (Unlust in Form von Empörung). Man kann hier von *„delegitimierendem Neid"* sprechen. Er ist an sich weder destruktiv noch konstruktiv, ähnelt dem konstruktiven Neid aber auf den ersten Blick stärker als dem destruktiven, weil er der Gesellschaft durch das neidvermittelte Streben nach Beseitigung von Ungerechtigkeit und generell durch die Schärfung der Sensibilität für Ungerechtigkeit mittelbar dienen kann. Er steht in der Gefahr, von den Beneideten als destruktiver Neid denunziert zu werden. „Neid" mutiert dann zum politischen Kampfbegriff. Der delegitimierende Neid ist im Kern seines

Wesens grundsätzlich Anerkennung des Beneideten; welche Anerkennung im Übrigen selbst dem destruktiven Neid eignet, ist dieser doch, mit Wilhelm Busch zu reden, „die aufrichtigste Form der Anerkennung".

Die *Bedeutung von Neid* kann gar nicht *hoch* genug eingeschätzt werden. Er ist Faktor des Überlebens und der Evolution. Selbst Tiere beneiden sich. Menschlicher Neid unterscheidet sich davon aber insofern, als wir uns des Neides meist bewusst sind, sodass es sich nicht (mehr) um einen bloßen Instinkt, sondern um eine Emotion handelt. Neid ist eine komplexe Emotion, die als Hauptkomponenten Ärger, Wut und Traurigkeit enthält. Er ist so alt wie die Menschheit. Wahrscheinlich erzeugt kein anderes Motiv so viel Konformität wie die Furcht, bei anderen Neid zu erwecken und dafür geächtet zu werden (H. Schoeck, Der Neid und die Gesellschaft, 1966). Erst durch die Fähigkeit, sich gegenseitig durch den Verdacht auf Neid zu kontrollieren und zu limitieren, ist die Bildung von Gruppen mit unterschiedlichen Aufgaben sozial möglich geworden. Zu groß gewordener Neid sprengt Gruppen und führt innerhalb von Gruppen und Betrieben zu erheblichen Schäden in Form von Blockierungs- und Verweigerungsfolgen, innerer Kündigung, Hemmung von Kreativität, Nachlassen von Disziplin und Arbeitseifer.

Es gibt Umstände, die die Entstehung von *Neid begünstigen*: Der erste ist Nähe. Wir vergleichen uns am ehesten mit Menschen, die uns ähnlich sind, die ähnliche Ziele und Interessen und einen ähnlichen Status haben und denen wir oft begegnen. „Kings are not envied, but by kings" (Fr. Bacon). Das zweite ist die faktische Relevanz des Vergleichskriteriums. Der Vorteil des Anderen muss auf einem Gebiet liegen, das für einen selbst auch Bedeutung hat. Je wichtiger uns etwas ist, desto mehr schmerzt es uns, wenn wir darin überholt werden. Neidbegünstigend ist drittens, wenn wir uns in einer Situation eingeschränkter Reflexions- und Differenzierungsfähigkeit befinden. Besonders neidisch reagiert der Mensch, wenn er den Kopf gerade mit anderen Dingen voll hat, wenn er gestresst, müde, aus anderen Gründen verärgert oder alkoholisiert ist. Auch Verdrängung gehört hierher. Wer eine starke Verdrängung hat, wird eher dazu neigen, sein eigenes Zu-kurz-Kommen Anderen zuzuschreiben, statt sich die eigenen Unzulänglichkeiten einzugestehen. Viertens: Kleinere Unterschiede führen eher zu Neid als ganz große. Triumphierenden oder auftrumpfenden Menschen gegenüber empfindet man eher Neid als Bescheidenen gegenüber.

Kommen wir zurück auf die dritte Grundform des Neids. Bei Erich Fromm lesen wir (Haben oder Sein, 1979, 87, ganz ähnlich schon Epikur, Hegel und Marx): „Auf der anderen Seite verraten jene, die Gerechtigkeit im Sinn absolut gleicher Verteilung aller Güter fordern, daß ihre Orientierung am Haben ungebrochen ist und daß sie sie lediglich durch ihre Versessenheit auf völlige Gleichheit verleugnen. Hinter dieser Forderung ist ihre wahre Motivation erkennbar: Neid. Wer darauf besteht, daß niemand mehr haben dürfe als er selbst, schützt sich auf diese Weise vor dem Neid, den er empfände, wenn irgend jemand auch nur ein Quäntchen mehr besäße als er selbst". Danach wäre der Ungerechtigkeitsvorwurf, der völlige Gleichheit fordert, zwingend neidgetrieben und sein Erfolg egoistische Neidprophylaxe. Ist damit auch schon gesagt, dass der das suum cuique anerkennende und nach diesem Maßstab Ungleichheit zulassende Ungerechtigkeitsvorwurf per se nicht von Neid gesteuert ist? Unlust empfindet auch sein Subjekt. Das Moment der freien Entscheidung fehlt auch ihr, sie kommt spontan auf, fällt über ihr Opfer her, wie die anderen Formen des Neids. Im echten Sinne konstruktiv ist der delegitimierende Vorwurf (der das suum cuique anerkennt) nicht, denn er selber traut sich nicht zu, aus eigenen Kräften so viel wie die Vergleichsperson zu erwerben, sondern will ja gerade ein schon vorliegendes Ergebnis korrigieren lassen. Er appelliert an eine übergeordnete Instanz, die Ungerechtigkeit beseitigen soll, indem sie dem Bevorzugten etwas nimmt und ihm selber etwas gibt oder nur ihm etwas gibt oder nur dem Bevorzugten etwas nimmt (bis es „stimmt"). Sucht und sieht die betreffende Person überall Ungerechtigkeit, wird die Unlust permanent und habituell. Aber selbst wenn das nicht der Fall ist, steht an der Quelle des Ungerechtigkeitsvorwurfs Neid. Dies hängt mit dem Umstand zusammen, dass das Subjekt des Ungerechtigkeitsvorwurfs sich als hilflos, ohnmächtig und abhängig von fremdem Urteil und fremdem Handeln erlebt. Die Quelle des Neids liegt hier nicht so sehr in dem, unterstellt, unangemessenen Mehr-Haben des Anderen als in dem Nichtbelastetsein des Anderen durch den bestehenden Zustand im Vergleich mit der empfundenen Unlust des Weniger-Habenden: Ich fühle mich abhängig und ohnmächtig, er fühlt sich gut und freut sich über den status quo. Es gibt letztlich kein Ungerechtigkeitsgeschehen ohne Beimischung von Neid. Allerdings geht es hier nicht darum, den Ungerechtigkeitsvorwurf zu diskreditieren oder gar zu diffamieren, sondern um seine phänomenologisch genaue Beschreibung. Das Gesagte erklärt auch, warum es so selten zum „umgekehrten" Ungerechtigkeitsvorwurf kommt, bei dem der Begünstigte seine eigene Begünstigung für ungerecht erklärt. Ihm fehlt die Unlust.

Für die Zuordnung des Ungerechtigkeitsvorwurfs zum Neid spricht auch, dass bei ihm ein bestimmter Moment des Neids besonders deutlich zum Ausdruck kommt, nämlich die (neben dem Ärger stehende) *Traurigkeit*, die dem Neid schon Thomas von Aquin im Anschluss an Aristoteles zuspricht. Beim Ungerechtigkeitsvorwurf handelt es sich zum einen um die Traurigkeit über das Mehr-Haben des Anderen, sodann um die Traurigkeit darüber, dass das Wesen und die Leistung des Benachteiligten durch den Dritten, den Verteiler und Zuteiler, nicht gesehen wurden, die Traurigkeit darüber, dass der Benachteiligte den ungerechten Zustand in Gestalt der Unlust aushalten muss, während der Begünstigte sich seines Wohlergehens und seines Gesehen-worden-Seins erfreut, und schließlich die Traurigkeit, die der empfindet, der seine Unlust und seine Abhängigkeit im Ungerechtigkeitsvorwurf öffentlich machen und sich damit bloßstellen muss (was der destruktive Neid tunlichst zu vermeiden sucht). Das Nicht-gesehen-werden hat den größten Anteil an der Traurigkeit, hinter ihr verbirgt sich die latente Einsicht, dass der Mensch den anderen nie vollständig richtig sehen kann, dass hier eine Grenze waltet, gegen die es zwar immer wieder anzukämpfen gilt, die aber nie ganz überwunden werden kann. Letztlich zeigt sich an diesem Ort „die allem endlichen Leben anklebende Traurigkeit … der Schleier der Schwermut, der über die ganze Natur ausgebreitet ist, die tiefe unzerstörliche Melancholie alles Lebens" (Schelling, Philosophische Untersuchungen über das Wesen der menschlichen Freiheit, 1809). Das schielende, böse Auge (oculus malignus), das man seit alters her als Charakteristikum des Neids betrachtet, wäre bewirkt durch das nicht richtig sehende Auge des Ungerechten, das bei Zu- und Verteilung nicht richtig Maß genommen hat. Das Fehlsehen des Einen führt zum Scheelsehen des Anderen. Die dem Ungerechtigkeitsvorwurf anklebende Traurigkeit ist im tiefsten Grund eine selbstbezügliche Emotion: die Traurigkeit darüber, dass es Traurigkeit, die sich mit Neid verbindet, gibt.

Da die Traurigkeit von Ärger begleitet wird, bleibt sie Neid. Den Ärger schüttelt sie nicht ab. In ihm gründet die nach außen gerichtete Empörung, die auf Anerkennung hofft und auf Abhilfe drängt. Wie die Traurigkeit ihr Substrat am Nicht-gesehen-werden, so hat der Ärger sein Substrat am Mehr-Haben des Anderen. Wie Letzteres im Ungerechtigkeitsgeschehen das Ergebnis, das Erste seine Voraussetzung ist, so soll bei der Abhilfe das Richtig-gesehen-werden zur Voraussetzung für das Ergebnis eines beidseitig angemessenen Habens werden. Das Scheel-Sehen des rechtenden Neids wäre den Augen des Ungerechten ein Signal, dass auch mit seinem Sehen etwas nicht stimmt. Es besäße eine sinnvolle Funktion, wäre appellatives, zielgerichtetes Handeln. Das *Scheel-Sehen* spiegelte dem *Fehl-Sehen* sein Fehl-Sehen. Kein Zufall daher, dass der Ungerechtigkeitsvorwurf den Zu- und Verteiler besonders hart trifft, wird ihm doch falsches Sehen zur Last gelegt. Vielleicht war schon das ursprüngliche Fehl-Sehen ein Scheel-Sehen; in solchem Fall wäre die Spiegelung perfekt und nicht nur symbolhaft. Nicht auszuschließen freilich auch der umgekehrte Fall, dass das Scheel-Sehen des Betroffenen schon vor dem angeblichen Fehl-Sehen des Anderen bestand und das Fehl-Sehen daher nur falsch imaginiert. Wir werden übrigens noch sehen (s.u. XXV.), dass das Nichtgesehenwerden des von Ungerechtigkeit Betroffenen in Wahrheit mehr ist und Tieferes als ein bloßes Fehlsehen.

Machtvoll ist das Auge des destruktiven Neids, weil es Ärger vermeldet und Böses androht. Das Auge des delegitimierenden Neids drückt neben dem Ärger vor allem Traurigkeit aus, und er droht auch nicht Böses an, sondern zeigt Änderung fordernde Empörung, die sich, neben der Suche nach Anerkennung bei Dritten, Abhilfe gerade vom angeblich Ungerechten erhofft und sich darin ihm erneut unterwirft. Freilich gibt es auch *destruktiven Neid*, der *aus Ungerechtigkeitsgefühl* entsteht. Er will das Gut des Beneideten zerstören, weil er es für ungerecht hält. Er reagiert also auf Ungerechtigkeit nicht mit dem Ungerechtigkeitsvorwurf und damit mit delegitimierendem Neid, sondern mit destruktivem Neid. Auf die Beseitigung des ungerechten Guts zielt er nicht als eine Ungerechtigkeit mit dem Mittel des Ungerechtigkeitsvorwurfs, sondern als ein Objekt seines rein destruktiven Neids mit dem Mittel der puren Zerstörung. Er sucht nicht Anerkennung für sein Ungerechtigkeitsurteil und angemessene Neuverteilung, sondern „greift durch" (die Ungerechtigkeit hindurch) und macht kurzen Prozess. Und schließlich gibt es noch eine Mischform zwischen delegitimierendem und destruktivem Neid: In ihr wird, delegitimierend, von Ungerechtigkeit gesprochen und gleichzeitig, destruktiv, nicht nur mit Abwertung, sondern auch mit Zerstörung reagiert. „Wo der Neid das Gewand der sozialen Gerechtigkeit überstreift, kommt eine Lust an der Herabsetzung zum Zuge, die schon die Hälfte der Vernichtung ist" (Sloterdijk, Zorn und Zeit, 257). „Neid – Abwertung (als Ungerechtigkeit) – Zerstörung" heißt der Dreiklang. Der delegitimierende Neid steht hier im Dienste des destruktiven Neids.

Die Tatsache, dass jedes Ungerechtigkeitsgeschehen mit Neid verbunden ist, führt zur *inneren Selbstgefährdung* dieses Geschehens. Durch den Neid wird das Gut des Beneideten höher eingeschätzt, als es in Wirklichkeit ist. Und umgekehrt wird der Wert des Eigenen im Vergleich mit dem Gut des Beneideten niedriger eingeschätzt, als es in Wirklichkeit ist. Je nachdem, ob wir mehr oder weniger Glück bei anderen sehen, taxieren wir unser eigenes Glück höher oder niedriger; die erlebte Größe des Eigenen ist also relativ. Wir neigen dazu, „unser eigenes Wohl durch das Anderer

in Schatten gestellt zu sehen, weil wir den Maßstab desselben nicht in dessen innerem Werth, sondern nur in der
Vergleichung mit dem Wohl Anderer zu schätzen und diese
Schätzung zu versinnlichen wissen" (Kant, Metaphysik der
Sitten, Akademie-Ausgabe 6, 45). Oder in den Worten Bacons: „it is like a deceit of the eye, that when others come on
they think themselves go back" (Essays, IX). In einem Beispiel von heute: Der eigene Zug fährt an, aber man glaubt,
er stehe noch und werde vom Nachbarzug überholt, der
aber in Wirklichkeit noch steht. Der Ungerechtigkeitsvorwurf gefährdet wegen des ihm innewohnenden Neidanteils
und seiner unzutreffenden Maßeinschätzung die Chance,
dass seine Berechtigung von anderen anerkannt wird.

Das Ungerechtigkeitsgefühl, haben wir gesagt, ist Neid,
wenngleich eine besondere Unterform von Neid. Weil es
Neid ist, nimmt seine Häufigkeit in der modernen Gesellschaft zu. Denn auch der Neid als solcher in allen seinen
Formen nimmt zu. Schon Kierkegaard hat festgestellt, dass
in einer leidenschaftslosen und stark reflektierenden Zeit
Neid das negativ-einigende Prinzip sei, während in einer
leidenschaftlichen Zeit die Begeisterung vorherrsche und zu
gemeinsam gesteckten Zielen führe (Kierkegaard, Werke,
Übers. E. Hirsch, 1954, 17. Abt.). Wo es, trotz rechtlicher
und sozialer Chancengleichheit, nach wie vor den Gegensatz von Reichtum und Armut gibt, müssen solche Differenzen viel stärker Neid entfachen als in einer ständisch
strukturierten Gesellschaft. Durch die modernen Massenmedien und die Globalisierung kann alles, was es auf der
Welt gibt, mit allem verglichen werden. Am stärksten zunehmen aber musste der delegitimierende Neid. Denn das
Ungerechtigkeitsgefühl ist schon reflektierter, wenn auch
noch oberflächlich und intuitiv reflektierter Neid, ein Neid,
der sich bereits bewaffnet hat, der eine starke Waffe in Form

einer intuitiv gewonnenen Begründung mit sich führt. In einer Zeit der gesetzlichen Gleichheit sucht jeder Neid verzweifelt nach Legitimation. Er gewinnt sie durch Delegitimierung des Beneideten. Er nimmt auf der Legitimationsebene vorweg, was Neid stets erstrebt, nämlich die Enteignung des Beneideten und die Zu-eignung des Neidobjekts durch den Neider. Was durch De-legitimierung dem Beneideten genommen wird, Legitimation, führt sich der Neider im Ungerechtigkeitsurteil selber zu. Der Erfolg der Ungerechtigkeitsempörung würde auf der Realebene am Beneideten noch einmal vollstrecken, was sie ihm auf der Legitimationsebene bereits angetan hat. Eine Zeit, der die gesetzliche Gleichheit und das Ideal der Chancengleichheit zur Selbstverständlichkeit geworden sind, lässt den Ungerechtigkeitsvorwurf (und nur ihn, nicht den puren Neid), wie subjektiv er immer sein mag, schon als solchen passieren und gewährt ihm das Entréebillet für die Teilnahme am herrschaftsfreien Diskurs. Neid ist in seiner Gestalt salonfähig geworden. Ein Kind des Neids, wird er durch seine legitimatorische Bewehrung seines Neidcharakters entkleidet und unter dem Namen eines so authentischen wie seine Würde in sich selbst tragenden Gefühls von einer auf ihre Rationalität bedachten Gesellschaft adoptiert. Man glaube nicht, wenn man nach der gesetzlichen Gleichheit auch vollständige soziale und ökonomische Gleichheit herbeiführen würde, wäre der Neid getilgt. Das Gegenteil dürfte der Fall sein: Wo Gleichheit sich ausbreitet, wird sie zum alles beherrschenden Maßstab. Die Menschen würden dann „verlangen, daß jene Gleichheit, die der Mensch anerkennt, nun auch von der Natur und dem Zufall anerkannt werde, sie zürnen darüber, daß es dem Gleichen nicht gleich ergeht" (Nietzsche, Gesamtausgabe Colli/Montinari, 4/3, 200). Je mehr Legitimationsmöglichkeiten es für Neid gibt, umso weniger lässt er sich besänftigen, umso stärker wird er angestachelt.

Wie verhält es sich mit dem Ungerechtigkeitsvorwurf, wenn sein Autor nicht Opfer der behaupteten Ungerechtigkeit ist, sondern neutraler Dritter oder sogar Begünstigter? Ein Beispiel für Letzteres wäre es, wenn ein Bürger der Ersten Welt die an der Dritten Welt begangenen Ungerechtigkeiten oder ein Reicher die ungerechte, weil Reichtum begünstigende Steuergesetzgebung kritisierte: Kann man auch in diesen Fällen von Neid sprechen? Sollte man diesem Gefühl umso tiefer verfallen, je unbewusster es bleibt? Handelt es sich womöglich eher um prophylaktische Neidabwehr als um Neid?

Betrachten wir das Beispiel des *Reichen, der höhere Steuern für Reiche fordert.* Mehrere Dinge fallen ins Auge. Der Reiche fordert einen Dritten, den Steuergesetzgeber, auf, etwas zu tun, was er selbst tun könnte: Er könnte dem Staat die für seinen Fall sich ergebende Differenz zwischen dem von ihm für richtig gehaltenen und dem geltenden Steuersatz aus seinem Vermögen spenden oder stiften. Es ließe sich ihm entgegenhalten: Quidquid vis fieri, fac. Sein Bestreben zielt dahin, zu etwas gezwungen zu werden, was freiwillig zu tun ihn niemand hindert. Zweitens stellt er eine Forderung zu Lasten aller Reichen auf, obwohl diese ihn nicht dazu mandatiert haben. Er tut es zwar nicht absichtlich, bezeichnet sich ja nicht selbst als Repräsentanten aller Reichen, doch insinuiert er dem Publikum, verursacht jedenfalls dessen Eindruck, selbst „die Reichen" hielten ihre Besteuerung für ungerecht. Er verschafft sich drittens ein gutes Gewissen und eine Erhöhung seines sozialen Prestiges, deren Preis, wenn seine Forderung zur Durchführung kommt, nur zum geringsten Teil von ihm selbst gezahlt wird. Viertens definiert er mit seiner Forderung seine Stellung innerhalb der

Reichen. Er setzt sich von ihrem steuerpolitischen Schweigen und Genießen ab, lässt es als hartherzig und wenig sozial erscheinen. Da seine Forderung öffentlich erhoben wird, verschafft er sich fünftens auf vorläufig (und wahrscheinlich sogar endgültig) kostenlose Weise „positive Publizität", die wiederum seinen Geschäften und Absichten zugute kommen wird. Der Reiche wirft also mit der Wurst nach der Speckseite. Er verschafft seiner Meinung sechstens im politischen Spiel der Kräfte gegenüber öffentlich nicht vernehmbaren Stimmen ein stärkeres Gewicht, nur weil er genug Geld besitzt, um eine öffentliche Anzeigenkampagne zu finanzieren. Das, was gemäß der Forderung reduziert werden soll, wird eingesetzt, um die Forderung durchzusetzen. Der Reiche will mit Hilfe seines Reichtums seinen politischen Ansichten zur Geltung verhelfen. Siebtens berücksichtigt der Reiche nicht, dass seine Forderung nicht isoliert, sondern in einem systemischen Gesamtzusammenhang erhoben wird: Wo die Spitze des Steuersatzes steigt, zieht er über kurz oder lang auch die unteren Sätze nach oben. Auch die Nichtreichen werden von der Forderung der Reichen betroffen sein. Höhere Steuersätze für Reiche allein machen den Kohl des Fiskus nicht fett.

Den egoistischen Altruismus, die unbescheidene Bescheidenheit, das Individuelle, das sich als Allgemeines gibt, und die merkwürdige Sehnsucht nach freiwilligem Gezwungenwerden vielleicht zugebend, wird man fragen, wo bei all dem der Neid bleibe. Beim Versuch einer Antwort ist daran zu erinnern, dass der Reiche nicht einfach irgendeine politische Forderung erhebt, sondern dass er die gegenwärtige Rechtslage als ungerecht bezeichnet und daraus eine moralische Pflicht zur Änderung der Rechtslage ableitet. Indem er die Steuer als ungerecht bezeichnet, verbirgt er die mögliche Ungerechtigkeit des zu Versteuernden. Mit seiner Forderung nach Erhöhung der Steuer will er dem Steuersubstrat erhöhte Legitimation zuführen. Er beneidet die, die mit ihrem Reichtum keine Probleme, die kein schlechtes Gewissen haben. Ohnehin beneidet der Reiche gern die, die noch reicher sind als er und die trotzdem weniger subjektive Legitimationsprobleme haben als er. Den Reichen beneidet, anders herum, meist nicht der Arme, sondern der ebenfalls, aber ein bisschen weniger Reiche. Der Reiche, der höhere Steuern fordert, versteckt seinen Neid hinter seiner Orientierung an der Gerechtigkeit und hinter der Selbstunterwerfung unter seine Forderung. Der Reiche, der in seiner Besteuerung eine Ungerechtigkeit sieht, spürt offenbar den delegitimierenden Neid Anderer auf sich ruhen. Darunter leidet er. Er beneidet alle, die keine Legitimationsprobleme haben, weil sie nicht reich sind, um ihr Nichtbeneidetsein. Der Reiche beneidet die Nichtbeneideten um ihr Nichtbeneidetsein; er beneidet die Beneideten, die anderen Reichen, um ihre fehlenden Probleme mit dem Beneidetsein; und er beneidet die, die noch mehr beneidet werden als er, weil sie noch reicher sind, um das Substrat ihres Beneidetseins. Der Reichen Neid ist wahrlich ohne Grenzen. Nirgendwo findet dies drastischeren Ausdruck, als wenn der Reiche um eine rigidere Besteuerung der Reichen betteln muss.

Wie steht es mit den im Westen nicht seltenen Stimmen, die die Beseitigung von Ungerechtigkeiten gegenüber der *Dritten Welt* fordern? Objektiver scheint nichts als solches Fordern. Wie könnte ihm Neid attestiert werden? Wenn man schon aus der Position der Ersten Welt eine Ungerechtigkeit erkennt und anerkennt, wer möchte dann an der Berechtigung des Vorwurfs zweifeln? Aber auch hier gilt es erst einmal die Forderung phänomenologisch zu beschreiben. Monströser ist nichts als die hinter ihr stehende Anmaßung. Es beginnt mit einer Wissensanmaßung: Die Feststellung von Ungerechtigkeit setzt einen Vergleich voraus. Vergleichen setzt Kenntnis des Verglichenen voraus. Die Behauptung globaler Ungerechtigkeiten vindiziert sich ein ebenso globales, in Wirklichkeit aber kaum einholbares Wissen. Neben die Wissensanmaßung tritt eine Wertungsanmaßung: Überall soll derselbe Wertungs- und Vergleichsmaßstab gelten, ungeachtet der Tatsache, dass dieser Maßstab aus einer ganz bestimmten, der westlichen Kultur stammt und sich vielleicht nicht ohne weiteres auf andere Kulturen und auf andere Entwicklungsstadien übertragen lässt. Die Quantitätsanmaßung markiert die dritte Ebene: Die im Ungerechtigkeitsvorwurf enthaltene Forderung nach einer Änderung der realen Verhältnisse würde ein derartiges Ausmaß annehmen, dass das Leben von Milliarden von Menschen in grundlegend neue Bahnen gelenkt werden müsste. Nicht zu vergessen bleibt schließlich die Machtanmaßung. Um die Forderung nach Beseitigung der globalen Ungerechtigkeit zu realisieren, müsste ein riesiger supranationaler Machtapparat geschaffen werden, errichtet, finanziert und personell ausgestattet von jenen entwickelten Ländern, denen man die Ungerechtigkeit anlastet. Darin erweist sich, dass schon das Ungerechtigkeitsurteil selbst jener Sphäre entstammt, darin alles Böse seinen Anfang genommen haben soll, dass es selbst schon jenen Geist der Hybris atmet, der, träfe das Urteil zu, die ganze Welt den schreiend ungerechten Regeln eines entfesselten Kapitalismus unterworfen hätte. Im Ungerechtigkeitsvorwurf wäre auf theoretischer Ebene repetiert, was auf der Realebene das Ergebnis ungerechten Handelns sein soll: die Hilflosigkeit dessen, der ob seiner fremdverschuldeten Hilflosigkeit auch in der von den Schuldigen verordneten Remedur hilflos bliebe. Indem das Übermächtige sich erneut über das Hilflose hermachte, wiese sich das Ungerechtigkeitsurteil als

Geist vom Geiste der Ungerechtigkeit aus. In der Empörung des Empörten würde das Empörende sich auf empörende Weise erneut zur Geltung bringen. Nicht zuletzt weil dies so ist, lässt sich der auch hier im Verborgenen vorhandene Neid nur schwer aufzeigen. Leicht stellt sich die Vermutung ein, Neid und Anmaßung hätten nichts miteinander zu tun. Fast scheint es, als sei Anmaßung das genaue Gegenteil von Neid, beruht dieser doch auf einer Art von Minderwertigkeitserleben. Doch mag auch nicht jede Anmaßung mit Neid verbunden sein, so lässt Neid sich jedenfalls ohne Anmaßung nicht denken. Neid ist immer eine Form von Anmaßung. Er mischt sich in die Angelegenheiten eines Anderen ein, zumindest emotional, indem er dem Anderen dessen Güter missgönnt, sie vielleicht sogar zerstören will. Aber was gehen ihn die Güter des Anderen an? Aus dem Gefühl des eigenen Mangels imaginiert er eine ihm selbst gegebene Macht, die in der Lage wäre, des Anderen Güter ihm zu nehmen. Erweist sich so jeder destruktive Neid als eine Form der Anmaßung, harrt noch die umgekehrte Frage der Beantwortung, ob unsere konkrete Form der vierfachen Anmaßung Neid sei. Sie ist es. Es handelt sich um abstrakten Vater-Neid. Den Herrschenden der eigenen Welt, den Politikern, den global agierenden Konzernen, den Welt- und Entwicklungsbanken wird eine Macht zugeschrieben, die größer sich nicht denken lässt und schon deswegen beneidet wird, weil man, wäre man selber in ihrem Besitz, die eigenen, nicht eben bescheidenen Pläne im globalen Maßstab realisieren könnte. Man glaubt, die Welt auf eine bessere Weise regieren zu können als ihre bisherigen Beherrscher, aber eben „die Welt". Die globalisierten Größenphantasien „der Herrschenden" färben auf ihre Kritiker ab, diese werden Fleisch von ihrem Fleisch. Globalisierte Ungerechtigkeitskritik erweist sich als das schlechte Abstrakte, das bereits durch seine monströsen Inhalte sich selbst dementiert: Sie würde eben das nivellieren, was sie in sein eigenes Recht zu bringen verspricht. Sie würde aus drei Welten eine machen, aber diese eine Welt wäre eine weltlose Welt, eine Welt, in der alles Besondere sich dem einen Abstrakten geopfert sähe. Vater-Neid ist Macht-Neid. Indem einer nach der Macht greift, wird ihm, gleich dem König Midas der antiken Mythologie, dem alles, was er berührt, zu Gold wird, auch Speisen, Kleider und Frauen, alles zu Macht, auch sein Gerechtigkeitsdenken. „Wer Menschheit sagt, will betrügen", sagt Carl Schmitt (Der Begriff des Politischen, 1932), weil sich in dem Wort ein maßloser Herrschaftsanspruch verbirgt und es nur „ein spezifisches Vehikel des ökonomischen Imperialismus" ist. Das Urteil über die globale Ungerechtigkeit verdankt sich einem Kurzschluss zwischen Hypermoral und Machtstreben; Schuldbewusstsein und Wiedergutmachungseifer mutieren in ihm zum negativen Größenwahn. Die Solidarisierung mit den Opfern der Ungerechtigkeit ist Identifizierung mit ihnen. Durch die Identifikation mit den Opfern gelangt man in den Besitz dessen, wofür diese stehen, das reine Opfersein. Und das ist es auch, worum sie beneidet werden. Indem man beides will, das Opfersein der Fernen und die Macht der Nahen, nistet der Neid sich in dem Maße in beides ein, in dem man es entbehrt.

Es bleibt die dritte Konstellation zu betrachten, in welcher derjenige, der Ungerechtigkeit feststellt, sich in einer *neutralen Position* befindet. Nehmen wir ein Beispiel: Ein Forscherteam untersucht eine Schule. Es macht einen Test in einer Jahrgangsstufe. Das Team untersucht auch die Notengebung. Es stellt fest, dass Kinder aus schwierigen sozialen Milieus schlechtere Noten bekommen als andere Schüler, obwohl sie dieselben Leistungen erbracht haben. Die Lehrkräfte waren sich dessen nicht bewusst. Hier lässt sich auf

Seiten des Forscherteams offenbar kein Neid konstatieren, es sei denn, man nähme an, die Mitglieder des Teams neideten den Lehrern ihre Machtposition, die nicht nur in ihrer hierarchischen Überordnung und in ihrer Wissens-Auto-rität, sondern auch in ihrer faktischen Freistellung von der Kritik der Schüler an ihrem Unterricht und ihrer Notengebung begründet liegt. Die Existenz einer solchen Art von Neid dürfte im Beispielsfall nicht ganz selten sein: Jeder Erwachsene war einmal Schüler und hat als solcher schlechte Erfahrungen mit der Notengebung von Lehrern gemacht. Dagegen war in der Regel kein Mitglied des Forscherteams für längere Zeit hauptberuflich Lehrer, sodass ihm die spezifischen Probleme des Lehrers bei der Notengebung jedenfalls nicht aus längerer Praxis vertraut sind. Außerdem schielt Forschung automatisch nach Beifall für ihre Er-gebnisse. Da der Lehrer heute in der Erwachsenenkette von Schulaufsicht, Schulleitung, Lehrer und Eltern das schwächste Glied ist, wird ein Ergebnis, das ihm Fehlverhalten attestiert, im Zweifel den größten Beifall bekommen. Außerdem strebt empirische Forschung, wenn möglich, nach quasi-mathematischer und damit der Kritik entzogener Eindeutigkeit ihrer Ergebnisse; und für eine solche Eindeutigkeit scheint der Gleichheitsverstoß besonders geeignet zu sein. So wie die Eltern ihren Neid gegen die Machtposition des Lehrers, die sie schon früher als Schüler empfunden haben und die ihnen selbst in ihrer jetzigen Rolle als Eltern nach den Prinzipien der modernen Pädagogik nur noch mit starken Abstrichen zukommt, gerne mit anderen teilen oder in seiner Berechtigung bestätigt sehen wollen, so kommt dem die empirische Forschung in einer Mischung aus Eigenneid und Fremdneidbestätigung, halb aus Eigenmotivation und halb aus dem Schielen nach fremden Beifall für ihre Ergebnisse, aufs Bequemste entgegen.

Wenn nun aber selbst in einer von den professionellen Regeln eigentlich erzwungenen Neutralitäts- und Objektivitätssituation und obwohl das Forscherteam nur Ungleichheit feststellt, aber nicht im strengen Sinne ein Ungerechtigkeitsurteil ausspricht, Neid sich nicht ausschließen lässt, ja sogar naheliegt, um wieviel mehr besteht dann Anlass zu entsprechender Vermutung beim echten Ungerechtigkeitsurteil eines (scheinbar) neutralen, weil nicht selber vom Urteil betroffenen Dritten, der wegen des Ungerechtigkeitsvorwurfs Empörung empfindet und bekundet und daher emotional stärker engagiert sein wird als ein zur Emotionslosigkeit verpflichtetes Forscherteam. Dieses Ergebnis muss eine idealistische Erwartung frustrieren, die im Ungerechtigkeits-Urteil per se, wegen seiner (scheinbaren) Orientierung an (scheinbar objektiver) Gerechtigkeit, zwingend Neidfreiheit am Werk sieht. Nach seinen möglichen Neidanteilen zu fragen, heißt nicht, das Ungerechtigkeitserleben zu diskreditieren oder a limine in eine Sphäre des generalisierten Verdachts zu rücken. Es heißt nur, sein offenes Wesen zur Anschauung und die ihm immanenten Gefahren und Widersprüche zur Sprache zu bringen. Wer Macht über die Mächtigen ausübt, und der Autor des Ungerechtigkeitsurteils tut dies im Verhältnis zum Ungerechten, aber so, dass seine Macht nur im Urteil aufscheint, der beneidet den im Urteil Benannten um die Macht zum im Urteil Beschriebenen, die Ungerechtigkeit, welche das Urteil überdauert, weil sie Machtquelle für weitere Ungerechtigkeit ist. Denn es ist eben die Macht des Handelnden stets größer als die des über die Handlung Urteilenden. Wer die Macht des Handelns hat, besitzt viele Möglichkeiten zu handeln, aber des Urteilenden Optionen sind durch den Handelnden gesetzt und beschränkt. Der über die Macht des Handelns verfügt, ist immer schon über die Macht des Urteilenden hinaus. Im Beurteiltwerden erschöpft sie sich nicht.

XXIV.
Kognition und Emotion

Verlassen wir das Gebiet der kollektiven Ungerechtigkeitserfahrung und kehren wir zur Natur des Ungerechtigkeitsgeschehens im Allgemeinen zurück. Was geschieht im Ungerechtigkeitsgeschehen?

Die *Tradition* sieht in ihm ein wohlüberlegtes und begrün-
detes kognitives Urteil, in dem ein abstrakter und genereller
Satz über Gerechtigkeit auf einen konkreten Einzelfall an-
gewandt wird, mit dem Ergebnis, dass der Einzelfall sich
nicht unter den Satz subsumieren lässt. Dieses Ergebnis
führt sie zu der Aussage, dass eine Ungerechtigkeit vorliege.
Die Feststellung des Ergebnisses trifft sie, im Idealfall, ebenso emotionslos, wie der Subsumtionsprozess als solcher
abläuft. Es verhält sich, in diesem Punkt, nicht anders, als
wenn der Subsumtionsvorgang keine Abweichung vom
abstrakten Satz ergeben hätte. Der abstrakte Satz ist Bestandteil einer elaborierten Theorie der Gerechtigkeit, auf
die sich, in einem rein kognitiven Prozess, die Mehrheit der
Sozialtheoretiker nach einem herrschaftsfreien Diskurs
geeinigt hat.

Die Tradition verfehlt das wahre Wesen des Ungerechtigkeitsgeschehens. Für sie beherrscht das abstrakte Gerechtigkeitsdenken alles, auch die Erfahrung von Ungerechtigkeit.
Denn auch sie wäre die rationale Feststellung, dass ein abstrakter Satz über Gerechtigkeit verletzt wurde. Es handelte
sich um die objektive Feststellung eines objektiven Sachver-
halts. Gefühle, die sich daran anknüpften, wären sekundär,
kontingent und an sich belanglos. Dagegen könnte die Feststellung von Ungerechtigkeit, getroffen vom Opfer der Ungerechtigkeit, von jedem Dritten auf seinen Wahrheitsge-
halt nachgeprüft und bestätigt oder verworfen werden. Der

Empathie bedürfte er dafür nicht. Die Angelegenheit wäre für alle Beteiligten ein rein rationales Geschäft, allenfalls begleitet von belanglosen Gefühlen, die, wenn überhaupt, nur die Handlungsopfer von Ungerechtigkeit motivieren, wobei aber diese Handlungen sich keineswegs zwingend aus dem Ungerechtigkeitsurteil als solchem ergeben.

Nichts könnte falscher sein als ein solches Verständnis von Ungerechtigkeit. Im Kern ist sie ein *subjektives Geschehen*. Sie besteht in starken Emotionen (zum Folgenden v.a. Sylvia Terpe, Ungerechtigkeit und Duldung, 2009, S. 65 ff.). Daher setzen sich Erlebnisse von Ungerechtigkeit nachhaltig in der Erinnerung fest. Daher lassen diese sich noch nach Jahren nicht nur als Vergangenes erinnern, sondern in der Erinnerung mit emotionaler Intensität wiedererleben. Daher lösen solche Erlebnisse starke Handlungsfolgen aus, stellen sie Dritte so entschieden vor die Wahl, so oder so Stellung zu nehmen, in die Emotion des Opfers sich einzufühlen oder ihr mit gegenteiligen Emotionen zu widerstreben. Ungerechtigkeit ist nicht ein statischer Zustand, sondern ein dynamischer Prozess, eben wegen seines emotionalen Kerns.

Natürlich stellt sich auch bei ihr die Frage, was zuerst da ist: Erzeugen bestimmte Formen von Kognition spezifische Emotionen, oder sind es vielmehr die Emotionen, die für sie charakteristische Kognitionen auslösen. Zieht erst die Deutung einer Situation oder eines Geschehens als ungerecht bestimmte Emotionen nach sich, oder sind diese bereits im Vorfeld wirksam und prägen so das Urteil? Und die zweite Frage würde lauten: Handelt es sich bei den Kognitionen, wenn sie eine Rolle spielen, um Urteile aus vorgegebenen abstrakten Sätzen, oder wird in ihnen nur das Negative bewusst „dieses und jenes Neue stört mich und will ich nicht", ohne dass man den normativen Gehalt des jetzt (ungerecht) veränderten Status quo ante benennen könnte?

Es dürfte sich so verhalten, dass wohl begründete Überlegungen nicht als ursächliche Auslöser einer moralischen Bewertung verstanden werden können, sondern dass es sich dabei um nachträgliche Rationalisierungen handelt, in denen eine Person nach Argumenten für eine bereits getroffene Bewertung sucht. Dank einer Art moralischer Intuition kommt die Person zunächst zu einer moralischen Bewertung, die plötzlich und ohne Anstrengung und vorläufig ohne Gründe im Bewusstsein aufscheint, ohne dass die Person genau sagen könnte, wie es zu dieser intuitiven Bewertung kam. Die Bewertung wird von Anfang an durch erfahrungsgesättigte Emotionen gesteuert (nicht nur begleitet). Menschen nehmen ihre Welt nicht nur, wahrscheinlich sogar nur in Ausnahmefällen, durch einen kognitiven Filter (z.B. abstrakte Gerechtigkeitssätze) wahr, sondern erleben sie zunächst und vor allen anstrengenden und zeitaufwändigen Prozessen des Überlegens emotional. Diese emotionalen Regungen werden automatisch und sehr schnell aktiviert, d.h. die emotionale Wertigkeit eines Erlebnisses wird erfahren, bevor es zu komplizierteren Vorgängen der Sinn- und Wertdeutung kommt. Darüber hinaus sind sie umfassend und ganzheitlich derart, dass sie den Eindruck einer Situation in ihrer Gesamtheit wiedergeben und zugleich schon die Wahrnehmung des tatsächlichen Geschehens in seinen Einzelheiten prägen. Damit wird keineswegs die Existenz auch kognitiver Elemente in diesem Prozess geleugnet, doch bleiben diese dem Bewusstsein des Betroffenen selbst verborgen, und zwar schon deshalb, weil es sich nicht um kognitive Urteile aus abstrakten Sätzen, sondern um kognitive Intuitionen handelt, die gespeist sind aus Erinnerungen, früher getroffenen Entscheidungen und moralischen Tendenzen der Person. Am Ende dieses unbewussten Vorprozesses scheint jedenfalls ein emotional aufgeladenes moralisches Urteil („Dies ist eine Ungerechtigkeit") im Bewusstsein auf und löst dann eine nachträgliche Suche nach Begründungen und Argumenten aus, um das intuitive Urteil zu verteidigen.

Was ist die Hauptarbeit der steuernden Emotionen? Sie schreiben Verantwortlichkeit zu; sie sehen hinter der in Rede stehenden Situation oder Handlung eine menschliche Ursache, deren Träger sie die Verantwortung dafür adskribieren. Dabei verhält es sich keineswegs so, dass wir zuerst Verantwortlichkeit zuschreiben und dann darauf emotional reagieren. Vielmehr ist es die Emotion selbst, die die Verantwortungszuschreibung vornimmt. Sie macht Situation oder Handlung unmittelbar zur Tat einer bestimmten Person oder Personengruppe. Die emotionale Reaktion durchläuft, genauer gesprochen, in Sekundenschnelle einen *vierfachen Prozess*, indem sie eine Situation oder Handlung aus der Unmenge an Situationen und Handlungen als besonders bedeutsam kennzeichnet, sodann eine implizite Bewertung als gut oder schlecht vornimmt, daraufhin die Zuschreibung von Verantwortung an einen Dritten in Form einer Schuldzuweisung aktiviert, um schließlich, damit es sich um eine spezifische Erfahrung von Ungerechtigkeit handeln kann, die Verantwortung inhaltlich an ein die Würde des Betroffenen verletzendes Nicht-Sehen seiner Person im Vergleich mit Anderen anknüpft. In allen vier Elementen dieses Prozesses sind als solche unbewusste kognitive Elemente, also Erkenntnisse von Tatsachen und Bewertungen, enthalten, die aber ihrerseits schon Folge einer affektiven Aufladung der Situation sind und vor allem wegen der Schritte drei und vier die Situation oder Handlung als unmittelbar und evident ungerecht erscheinen lassen.

Affektive Aufladung, unbewusste und emotionsgesteuerte vierfache Intuitivkognition, Ungerechtigkeitsurteil, anschließende Rationalisierung durch Suche nach Gründen (die meist nicht in abstrakten Gerechtigkeitssätzen ihre Grundlage haben), Empörung, Aufforderung an Dritte zur Teilung des Ungerechtigkeitserlebnisses, Handlungen zur Beseitigung der Ungerechtigkeit (oder Resignation): Dies sind die *einzelnen Phasen des dynamischen Ungerechtigkeitsgeschehens*. In jedem Ungerechtigkeitsgeschehen sind sie, mal mehr, mal weniger intensiv, enthalten. Die Hauptemotion nennen wir Empörung.

Wichtig und hervorzuheben ist, dass es bei der Ungerechtigkeit nicht um Gefühle, sondern um *Emotionen* geht. Beide unterscheiden sich erheblich. Das Besondere der Emotion ergibt sich schon aus der Etymologie des Wortes: Emotion kommt von lateinisch „e-movere" gleich „herausbewegen". Emotionen sind Affekte, d.h. nach außen gerichtet, Gefühle innerlich. Emotionen sind in der Regel intensiver als Gefühle. Sie sind reaktiv, der externe Auslöser spielt eine größere Rolle, wohingegen Gefühle auch rein innere Auslöser haben können. Emotionen lösen stärkere körperliche Veränderungen aus (Rotwerden, Weinen). Sie können den Willen umgehen oder ausschalten, während Gefühle körperlich disponibel sind und der Steuerung durch das vegetative Nervensystem unterliegen. Sie sind stets „gerichtet", Gefühle sind auch als „ungerichtete" möglich. Damit hat zu tun, dass Emotionen sozial, Gefühle dagegen ichhaft sind. Emotionen drängen auf Handeln, Gefühle bleiben oft ein rein innerlicher Zustand. Emotionen sind Gemütsbewegungen, Gefühle Gemütswahrnehmungen.

Kognition bedeutet das Erkennen von etwas als etwas. Etwas wird als existierend, als wichtig, schlecht, zu verantworten von X, als die Würde verletzende Gleich- oder Ungleichbehandlung erkannt. Trotz ihres intuitiven und unbewussten Ablaufs sind sie es, die Ungerechtigkeitserfahrungen für Dritte grundsätzlich nachvollziehbar und teilbar machen, wobei Nachvollzug und Teilhabe meist wieder intuitiv und unbewusst erfolgen, bevor ihre Träger dann bewusst ins Urteil über das Vorliegen von Ungerechtigkeit einstimmen. Kognitionen, wie unbewusst und spontan und willens- oder emotionsgesteuert sie immer erfolgen mögen, beziehen sich ihrem Aktsinn nach auf etwas, was schon vor der konkreten Kognition als in irgendeiner Richtung verbindlich oder geltend vorhanden ist, also ein Recht auf Befolgung geltend macht. Gleichwohl darf nicht übersehen werden, dass das Opfer von Ungerechtigkeit, wie viele andere Opfer auch, heute oft den von vielen geteilten Anspruch erhebt, in seinem subjektiv empfundenen Opfersein nicht weiter hinterfragt, sondern als solches ohne weiteres anerkannt zu werden. Die Stärke der Emotion scheint für die Stärke ihres Rechts zu sprechen. Der intuitive und unbewusste Charakter der in die Emotion eingebetteten Kognition legitimiert offenbar den Anspruch gegen die Mitwelt, nicht diskursiv und damit auf einer anderen Ebene, auf der voller Rationalität, kontrolliert zu werden. Ihre Emotionalität drängt den Betrachter ebenfalls in die Emotionalität (samt eigener eingebetteter Kognition). So ist in das subjektive Ungerechtigkeitsgeschehen ein grundlegender Widerspruch eingeschrieben zwischen dem Aktsinn des Ungerechtigkeitserlebens einerseits und dem sozialen Anspruch auf unmittelbare Anerkennung des Ungerechtigkeitsopfers andererseits. Dabei handelt es sich keineswegs um die banale und von jedermann sofort zugestandene Tatsache, dass die Kognitionen des Ungerechtigkeitserlebnisses sich in einem Raum des Ermessens abspielen, weil „wichtig", „verantwortlich" und „würdeverletzend" unbestimmte Begriffe sind, bezüglich derer jedem, der sie verwendet, ein Beurteilungsspielraum zugestanden wird.

Die nachträgliche *Rationalisierung* (Begründung) ist nachträgliche Interpretation der durchlebten Ungerechtigkeit und Verteidigung der Bewertung als ungerecht vor dem forum internum und gegenüber Dritten. Die emotionale Aufwallung bewirkt, dass im nachfolgenden Begründungsprozess tendenziell nur noch bestätigende Überlegungen und Wahrnehmungen zugelassen werden. Die Emotion „definiert" den Spielraum der posterioren Reflexion. Diese ist Reflexion im wörtlichen Sinne insofern, als sie die vorangegangene Emotion verbal spiegelt. Gerade die emotionale Grundlage macht auch verständlich, warum Ungerechtigkeitserlebnisse eine starke handlungsmotivierende Wirkung haben.

Die Feststellung, dass Ungerechtigkeit ein primär subjektives Geschehen darstellt, bedeutet nicht, dass ihr Charakter als zutiefst *soziales Geschehen* übersehen würde. Erlebnisse von Ungerechtigkeit sind für die Betroffenen immer auch eine Situation, in der die Existenz ihrer sozialen Beziehungen oder ihre Positionierung innerhalb eines Geflechts sozialer Beziehungen auf dem Spiel steht. Die Mitteilung als Ungerechtigkeitserleben an Dritte, deren Aufforderung zu moralischer Empathie und die Handlungsorientiertheit von Empörung gehören zu den tiefsten sozialen Dynamiken, die es gibt. Ungerechtigkeitserlebnisse sind nicht nur Gefährdungs- und Ausgrenzungserlebnisse, sie sind auch und nicht zuletzt Erlebnisse der sozialen Zugehörigkeit. Denn die Empörung über Ungerechtigkeit zählt zu den stärksten Erlebnissen von Zugehörigkeit, Zugehörigkeit zu einer sozialen Gruppe, in der Ungerechtigkeit moralisch verboten und, wenn trotzdem geschehen, zu beseitigen ist. Ungerechtigkeit ist Negation, aber nie nur Negation, sondern Negation, die zur Negierung ihrer selbst drängt.

XXV.
Der „Sinn für Ungerechtigkeit"

Bedarf es für die Beschreibung des Ungerechtigkeitsgeschehens der Annahme einer bestimmten Fähigkeit, die man *„Sinn für Ungerechtigkeit"* oder „sense of injustice" (Edmond N. Cahn, The sense of injustice, New York 1949) nennen könnte?

Über diesen „sense of injustice" heißt es bei einem seiner Verfechter: „The sense is clearly and frequently manifested; it is a familiar and observable phenomenon. Its incidences show how justice arises and what biologic purpose it serves in human affairs" (Cahn, 13) (Der Sinn zeigt sich klar und oft; er ist ein vertrautes und beobachtbares Phänomen. Sein Auftreten zeigt, wie Gerechtigkeit entsteht und welchem biologischen Zweck sie in menschlichen Angelegenheiten dient); „the sense of injustice … appears as an indisociable blend of reason and empathy" (26) (Der Sinn für Ungerechtigkeit … erscheint als eine unzertrennliche Mischung aus Vernunft und Einfühlungsvermögen); „Nature has thus equipped all men to regard injustice to another as personal aggression. Through a mysterious and magic empathy or imaginative interchange, each projects himself into shoes of other, not in pity or compassion merely, but in the vigor of self-defense. Injustice is transmuted into assault; the sense of injustice is the implement by which assault is discerned and defense is prepared" (24) (Die Natur hat so alle Menschen mit der Fähigkeit ausgestattet, die einem Anderen gegenüber begangene Ungerechtigkeit als personale Aggression zu betrachten. Durch eine geheimnisvolle und magische Einfühlung oder einen durch Einbildungskraft bewirkten Austausch versetzt sich jeder an die Stelle des Anderen, nicht nur in Mitgefühl und Mitleid, sondern in der Kraft der Selbstverteidigung. Ungerechtigkeit ist umgewandelt in Angriff; der Sinn für Ungerechtigkeit ist das Werkzeug, durch das ein beleidigender Angriff erkannt und Abwehr vorbereitet wird).

In einer anderen Konzeption (Burkhard Liebsch, Der Sinn der Gerechtigkeit im Zeichen des Sinnes für Ungerechtigkeit, in: Kaplow/Lienkamp (Hrsg.), Sinn für Ungerechtigkeit, 2005, 11-39) ist der Sinn für Ungerechtigkeit die vor allem im sozialen und politischen Nahraum des Alltags wichtige Fähigkeit, Ungerechtigkeit als solche sichtbar zu machen und sie als Ungerechtigkeit originär zur Sprache zu bringen, ohne bereits einem bestimmten Gerechtigkeitsbegriff vorzugreifen. Er ist das Andere der Gerechtigkeitstheorie, der Stachel in ihrem Fleisch, und als solches ein Moment der Suche nach einer angemessenen Gerechtigkeitstheorie und kontrolliert umgekehrt die fallbezogene Anwendung der allgemeinen Gerechtigkeitstheorie. Er weckt oft ein unvermitteltes Gerechtigkeitsverlangen, das sich als Empörungspotential in politischem Zorn und Protest meldet und bisweilen jedes Maß aus den Augen zu verlieren droht.

Leicht erkennbar ist, dass der „Sinn für Ungerechtigkeit" an die Stelle des immer schon bekannten „Gerechtigkeitssinnes" tritt. Der Gerechtigkeitssinn ist eine mit dem Charakter verbundene Haltung. Wer diese Haltung oder Einstellung hat, versucht stets und immer wieder in allen einschlägigen Fällen das Problem zu lösen, Lasten und Vorteile in einer Gesellschaft so zu verteilen, dass jeder bekommt und tragen muss, was ihm zusteht. Viele behaupten, er sei ein dem Menschen angeborenes, durch Erziehung und Bildung entfaltetes, in einem Menschen mehr, im anderen weniger stark ausgeprägtes Gespür für Gerechtigkeit. Wenn man ihn einer bestimmten Person ausdrücklich zuspricht, will man meist sagen, sie habe einen ausgeprägten und unbeirrbaren Gerechtigkeitssinn. Ein Hauptbestandteil des menschlichen Gerechtigkeitssinns scheint die Sorge um Andere, geleitet durch rationale Empathie, zu sein. Untersuchungen zeigen scheinbar, dass schon Kleinkinder einen ausgeprägten Gerechtigkeitssinn haben. Schon Dreijährige setzen sich für Geschädigte ähnlich ein, wie wenn sie selbst Opfer sind. Bei Schimpansen, den nächsten Verwandten des Menschen im Tierreich, verhält es sich umgekehrt: Aktiv werden sie nur bei eigener Opferrolle (s.o. VII.). Wurde ein Anderer geschädigt, ist ihnen das meist egal, auch wenn es sich um Verwandte handelt und das Opfer heftig protestiert.

Bei John Rawls ist der Gerechtigkeitssinn („sense of justice") in einer elementaren Bestimmung „die Fähigkeit, etwas als gerecht oder ungerecht zu beurteilen und dafür Gründe anzuführen", und das gewöhnlich vorhandene „Bedürfnis, diesen Urteilen gemäß zu handeln ... und dies auch von Dritten zu erwarten". In Rawls' Neuentwurf „Gerechtigkeit als Fairness" werden die einzelnen Aspekte des Gerechtigkeitssinns genauer ausdifferenziert. Dort wird er als die Fähigkeit eingeführt, „die für die fairen Bedingungen der sozialen Kooperation bestimmenden Prinzipien der politischen Gerechtigkeit zu verstehen, anzuwenden, sich von ihnen zum Handeln motivieren zu lassen (und nicht nur in Übereinstimmung mit ihnen zu handeln)". Er hat damit nichts oder nur wenig zu tun mit rein spontanen, gefühlsmäßigen moralischen Empfindungen. Der Einsatz dieses Sinnes beim Urteilen nimmt die Kräfte der Vernunft und des Urteilsvermögens in Anspruch. Immerhin changiert er zwischen Wahrnehmung, Gefühl und Kognition, besitzt aber schon (vorläufige) normative Gehalte und vor allem motivationale Kraft.

Die Rede vom Gerechtigkeitssinn und vom Sinn für Ungerechtigkeit ist verwirrend, weil verworren, irritierend, weil auf Irrtum beruhend, täuschend, weil selber aus Täuschung entstanden. Der Gerechtigkeitssinn erweist sich im Grunde, trotz aller scheinbaren Unterschiede, die konstruiert werden, als mit dem Sinn für Ungerechtigkeit identisch. Denn er meldet sich fast ausschließlich beim konkreten Problem und beim einzelnen Fall, kaum je beim Sozialphilosophen, der an einer allgemeinen Theorie der Gerechtigkeit arbeitet. Er wird aktiviert, wenn Ungerechtigkeit droht oder schon begangen wurde. Dass er zugleich sagt, wie man es hätte richtig machen müssen, markiert nicht wirklich eine Differenz zum Sinn für Ungerechtigkeit, dem seine Propagatoren durchaus dasselbe zutrauen. In der Sache geht es also letztlich nur um den Ungerechtigkeitssinn.

Zahlreich sind die Gefahren, die von den beiden Sinnen, vor allem vom Ungerechtigkeitssinn, ausgehen. Zunächst handelt es sich um die Gefahr einseitiger *Objektivierung*: Der Gerechtigkeits- bzw. Ungerechtigkeitssinn wirkt scheinbar wie ein Organ, mit dem externes Seiendes so wahrgenommen wird, wie es ist. Grundsätzlich kann es jeder Mensch wahrnehmen, wenn er nur seinem Gerechtigkeits- bzw. Ungerechtigkeitssinn Raum gibt. Es hat den Anschein, als verhalte es sich wie z.B. beim Sehsinn. So wie man nur sieht, was da ist, könnte auch der Träger des Gerechtigkeits- bzw. Ungerechtigkeitssinns behaupten, das, was er „sehe", nämlich die Gerechtigkeit bzw. eine Ungerechtigkeit, sei unbestreitbar, weil da seiend. Daran schließt sich die zweite Gefahr an, die der *Passivierung*: Offenbar handelt es sich bei der Feststellung dessen, was gerecht bzw. ungerecht ist, weder um eine Emotion noch um einen Willensakt noch um eine Bewertung des Subjekts, sondern bloß um passive Wahrnehmung. Die feststellende Person hat scheinbar keinen subjektiven Anteil am Geschehen, außer dass sie rezeptiv wahrnimmt, was objektiv da ist. In der Behauptung, der Gerechtigkeits- bzw. Ungerechtigkeitssinn sei angeboren, grundsätzlich besitze ihn jeder Mensch, meldet sich die Gefahr der *Ontologisierung*. Aus einem dynamischen innersubjektiven oder sozialen Prozess wird die Wahrnehmung eines Wahrnehmungsorgans. Dieses kann, wie jedes wirkliche Organ auch, mangelbehaftet oder krank sein. Die Zuschreibung der Feststellung von Gerechtigkeit bzw. Ungerechtigkeit an einen Sinn steht damit offen für pseudomedizinische, pathologisierende Entwertung solcher Urteile. Diese Gefahr der *Delegitimierung* trifft nicht selten den politischen oder sozialen Protest gegen Ungerechtigkeit. Namentlich die Verwendung des Begriffs „Gerechtigkeitssinn" geschieht oft in polemischer Absicht. Die Bemerkung in einem Arbeitszeugnis, jemand zeichne sich durch seinen Gerechtigkeitssinn aus, ist eine nur schwach verborgene Warnung vor Querulanz. Freilich kann der Gerechtigkeits- bzw. Ungerechtigkeitssinn, wie schon angedeutet, auch mit genau umgekehrter Zielrichtung verwendet werden: Der, der sich ihn zuspricht oder dem er von außen zugesprochen wird, kann sich womöglich auf eine besondere Fähigkeit und Kompetenz in Sachen Gerechtigkeit bzw. Ungerechtigkeit berufen, ohne dass er sein Urteil, es handle sich um Gerechtigkeit bzw. Ungerechtigkeit, noch eigens begründen müsste, oder dergestalt, dass die Berufung auf den Sinn zum eigenständigen Argument im Kampf um die Gerechtigkeits- bzw. Ungerechtigkeitsdeutung mutiert (Gefahr der *Kompetenzialisierung*). Schließlich beziehen sich Gerechtigkeits- bzw. Ungerechtigkeitssinn tendenziell eher auf Dritte, die Opfer von Ungerechtigkeit zu werden drohen oder geworden sind (Gefahr der *Advokatisierung*). Darin liegt eine unzulässige Verengung des Ungerechtigkeitsgeschehens, die das Erleben des Ungerechtigkeitsopfers selbst ausblendet.

Eine berühmte Leib-Aporie besteht darin, dass das sehende Auge, eben weil es alles sieht und nur es sieht, sich selbst nicht sehen kann. Ähnlich muss es dem Gerechtigkeits- bzw. Ungerechtigkeitssinn ergehen: Es fällt ihm schwer, sich zu reflektieren, sich selbst und seine Wahrnehmungen in Frage zu stellen. Was als Daseiendes wahrgenommen wird, hat die Tendenz, sich infolge der Weise seines Wahrgenommenwerdens selbst zu bestätigen. Daher rührt die Selbst-Gerechtigkeit des Gerechtigkeits- bzw. Ungerechtigkeitssinns. Er bestätigt sich, indem er sich betätigt. Wer einen Sinn für Schönheit hat, widmet sich gern dem Schönen. Wer einen Sinn für Humor hat, findet viele Anlässe für Humor. Wer einen Sinn für Gerechtigkeit bzw. Ungerechtigkeit hat, sucht in kaltem Eifer nach Handlungen und Situationen, an denen sich sein Sinn entzünden kann. Wer mit einem Hammer durch die Welt läuft, für den ist die ganze Welt ein Nagel (Watzlawick). Die Vordefinition des Problems durch das Werkzeug bewirkt, dass dieses die Lösung eines jeden Problems immer schon in sich selbst enthält. Der Gerechtigkeits- bzw. Ungerechtigkeitssinn beschwört jenes Problem erst herauf, welches danach ruft, von ihm erkannt, benannt und gelöst zu werden. Er ist der Feuerwehrmann, der das Haus anzündet, um es löschen zu können. Von den Globalisierungskritikern speziell ließe sich sagen, sie hätten sich mutwillig entschlossen, unter Problemen zu leiden, für deren Lösung sie mit dem Gerechtigkeitssinn den Schlüssel in der Hand halten. Die Existenz des Heilmittels verursachte die Krankheit.

Der Sinn für Gerechtigkeit bzw. Ungerechtigkeit ist an ihm selbst das Selbst der Gerechtigkeit bzw. Ungerechtigkeit, also *Selbst-Gerechtigkeit*. Der Selbstgerechte bezieht sich auf ein Normensystem, dessen Autorität fraglose Geltung beansprucht. Er behauptet, sich in der Anerkennung und Vollstreckung des Fraglosen besonders hervorgetan zu haben. Und diese Fraglosigkeit des fraglos Geltenden und seiner fraglosen Befolgung will er nun auch nach außen, in den sozialen Beziehungen zu anderen, als fraglose Anerkennung seiner moralischen Person durchsetzen, um so isolierte Selbstwahrnehmung gegen Kritik abzuschotten und mit zwischenmenschlicher Macht auszustatten. Im Akt der Selbst-Rechtfertigung drückt sich eine Anmaßung gegen das in Anspruch genommene höherrangige, weil über dem einzelnen Geltungsadressaten stehende Normensystem aus, indem der ihm Unterworfene sich sein eigenes Urteil spricht, was selbst dem Richter des weltlichen Gerichts untersagt ist. Anmaßung zeigt sich ferner darin, dass der Selbstgerechte sich der sozialen Auseinandersetzung entzieht, sein Selbstbewusstsein nicht der Vermittlung durch Anderes und Fremdes aussetzt. Indem er seinen moralischen Wert verdinglicht und das so entstandene Ding als sein Eigentum erklärt, versucht er, jede Kritik von außen von vornherein als Verletzung seines Rechts zu delegitimieren. Einher geht Selbstgerechtigkeit stets mit der Herabsetzung des Anderen. Dessen Differenz zum Eigenen verfällt per se im Rahmen eines inszenierten Vergleichs mit sich selbst der Ablehnung. Das Eigene wird als Allgemeines gesetzt, und die Suche nach allem, was sich dem so definierten Allgemeinen entzieht (das Böse), erwächst zum Lebensinhalt der Selbstgerechtigkeit, aus dem sie ihre Kraft zieht und ihre dauernde Selbstbestätigung gewinnt. Wo immer sie auftritt, immer ist sie schon im Recht und das Andere im Unrecht. Psychologisch ließe sich sagen: Der Ungerechte verwechselt sich mit dem, den er sein möchte, und den Anderen mit dem, den er unbewusst fürchtet selbst zu sein.

Der Selbstgerechte beruft sich auf seinen Gerechtigkeitssinn, wie der moralische oder religiöse Mensch sich auf sein Gewissen beruft. Beide rechtfertigen sich selbst aus eigener Quelle. Und dieses Sich-selbst-Rechtfertigen ist nichts anderes als Selbstgerechtigkeit. Odo Marquard spricht von der Flucht des modernen Menschen aus dem Gewissen-haben in ein Gewissen-Sein, indem er die Rolle des absoluten Anklägers zu seiner ausschließlichen Rolle macht (Abschied vom Prinzipiellen, 2010). Auf ähnliche Weise lässt sich die Zunahme der Ungerechtigkeitsurteile in der globalisierten Welt erklären: Der moderne Ankläger von Ungerechtigkeit hat nicht nur einen Gerechtigkeitssinn, er ist personifizierter Gerechtigkeitssinn. Seine primäre Rolle ist die des Anklägers von Ungerechtigkeit. In weltweiten Verbänden schließen sich die Spezialisten einzelner Formen von Ungerechtigkeit zusammen, sie heißen Attac, ProAsyl, Amnesty International, Ärzte ohne Grenzen, Unicef, Occupy, Blockupy usw. Die Globalisierung wird begleitet vom Entstehen globaler Gerechtigkeitsapparate, bei denen das Wort „Gerechtigkeitssinn" eine doppelte Bedeutung erhält, indem sie durch und in der Anwendung des Gerechtigkeits- bzw. Ungerechtigkeitssinns quasi-religiösen oder religionsersetzenden Sinn produzieren. Der Sinn für Gerechtigkeit gebiert Sinn aus Gerechtigkeit. Aus dem Tod Gottes und damit dem Verlust der Theodizee-Lösungen erwächst ein säkulares Bedürfnis nach Selbstreinigung des Menschen von den Übeln der Welt, die nicht mehr der höheren Einsicht eines letztlich gerechten Gottes überlassen werden können, für die vielmehr der Mensch die volle und alleinige Verantwortung trägt. Selbst-Gerechtigkeit würde so nicht nur Gerechtigkeit aus sich selbst schaffen, sondern auch das Selbst vom übermächtig gewordenen Druck einer globalen Ungerechtigkeitsproblematik befreien.

Rein grammatisch kann der „Gerechtigkeitssinn" (wenn man verschiedene Bedeutungen von „Sinn" zulässt) entweder genitivus subjectivus sein (Sinn der Gerechtigkeit) oder genitivus objectivus (Sinn für Gerechtigkeit) oder genitivus auctoris (Sinn aus Gerechtigkeit). Für den modernen Gerechtigkeitssucher ist er alles zugleich. Wer ihn hat, weiß, was Gerechtigkeit ist (sein Gerechtigkeitssinn sagt es ihm), er besitzt die Fähigkeit festzustellen, ob Gerechtigkeit vorliegt oder mangelt (sein Gerechtigkeitssinn nimmt es wahr), und er ist in der Lage, aus der Suche nach Gerechtigkeit Sinn zu schaffen (sein Gerechtigkeitssinn vermittelt ihn ihm). Darin vermischt sich ihm ein doppelter semantischer Inhalt von „Sinn", nämlich der des Quasi-Organs und der der Bedeutung.

XXVI.
Nichtgesehenwerden und Verletzung der Person

Nachdem wir in XXIV. den subjektiven Ablauf des Ungerechtigkeitsgeschehens beschrieben haben, geht es nun darum, den inhaltlichen Kern dieses Geschehens zu erfassen. Was wird in diesem Geschehen erlebt?

Ungerechtbehandeltwerden ist im Kern ein die Würde verletzendes *Nichtgesehenwerden* trotz berechtigter Erwartung von Gesehenwerden. Nicht jedes Nichtgesehenwerden mündet freilich in ein Ungerechtbehandeltwerden. Folglich handelt es sich spezifisch um ein Nichtgesehenwerden, das sich in einer Entscheidung oder sonstigen Handlung auswirkt, von der mehrere betroffen sind und in der es auf einen Vergleich der Mehreren ankommt.

Über Nichtgesehenwerden kann sich nur beklagen, wer die *Erwartung hegen darf*, gesehen zu werden. Er muss Mitglied einer Gemeinschaft sein, in der jedes Mitglied damit rechnen darf, bei Handlungen und Entscheidungen, die ihn betreffen, gesehen zu werden. Es geht dabei nicht um formale Mitgliedschaft in einer formalisierten Gemeinschaft. Von Bedeutung ist nur soziale Zugehörigkeit zu einer Mehrheit von Menschen, die sich in irgendeinem Sinne als Gemeinschaft versteht und in der eine oder mehrere Personen Entscheidungs- und Handlungsmacht zu Lasten anderer Mitglieder ausüben können. Nur wenn diese Prämissen erfüllt sind, besitzt der Betroffene den moralischen Status einer Person, der gegenüber Ungerechtigkeit begangen werden kann.

Echtes Gesehenwerden lässt sich in seinem idealen Verlauf beschreiben. Am Anfang steht das *Hinschauen* auf eine Person. Der Blick wird auf die konkrete Person gelenkt. Dieses „Hinschauen auf" muss begleitet sein von einem Willen zur *Aufmerksamkeit*. Der Hinschauende gibt sich darin selbst den Impuls, das, wohin und worauf er schaut, genau und vollständig wahrzunehmen. Er schenkt ihm Beachtung. Neben das „Aufmerken" tritt die Haltung, den Anderen *ernst zu nehmen* in dem, was er will oder nicht will, was er ist oder nicht ist. Diese Haltung will den Sehenden anleiten, sich beim Sehen stets vom zu Sehenden lenken zu lassen. Ernst nehmen heißt auch, *sich* in die Person des Anderen *hineinzuversetzen*. Damit werden dessen individuelle Perspektiven nicht unbedingt am Ende übernommen, aber doch versuchsweise eingenommen. Daran schließt sich der eigentliche Akt des *Sehens* an, von dem in seinem Scheitern noch näher zu reden sein wird. Sind schon die bisherigen Elemente wesentlich vom Grundsatz des Respekts getragen, so gilt dies auch für die beiden abschließenden Elemente: Respekt kommt von lateinisch „re-spicere" gleich „zurück-schauen" und „wieder schauen". Vor der Entscheidung *schaut* der Entscheidende *noch einmal* auf die Person des Betroffenen, er vergewissert sich ihrer in einem letzten Sehen. Erst dann trifft er die Entscheidung, und zwar in *Rück-sicht* auf das Gesehene. Seine Entscheidung ist wesentlich geprägt vom Gesehenen. In der Entscheidung lässt sich das Gesehene als Gesehenes wiedererkennen. Der Gesehene findet sich in ihr wieder, auch wenn sie Nachteile für ihn bereithält.

Sehen kann *misslingen*. Der Betrachter mag einen Anderen übersehen, ja absichtlich von ihm wegsehen. Oder er sieht zwar auf den Anderen hin, lässt sich aber ablenken, sein Blick schweift ab. Oder statt den Anderen ernst zu nehmen und sich in ihn hineinzuversetzen, sieht er auf ihn herab. Dem Herabsehen geht ein Herabsetzen voraus, bei dem der Betrachter auf den Anderen von oben herab sieht. Mit einem einzigen Blick kommt er zur Entscheidung, sich noch einmal zu vergewissern wäre überflüssig. Die Entscheidung trifft er rück-sichts-los.

Das Nichtgesehenwerden der Ungerechtigkeit ist ein Scheitern im *zentralen Element des Sehens*. Es handelt sich in diesem Scheitern durchaus nicht nur um ein Übersehen, Abschweifen, Herabsehen, Nichtnocheinmalsehen, Keine-Rücksicht-Nehmen. Zwar kann auch darin jeweils eine Grundlage von Ungerechtigkeit liegen; doch kommt jede dieser Formen seltener vor, als man anzunehmen pflegt. Es geht also hauptsächlich um ein (sogar aufmerksames) Hinsehen, das dennoch ein Nichtsehen ist. Ein Nichtsehen dessen, was und wie das Gesehene in Wirklichkeit ist. Das Nichtsehen ist kein Versehen, denn Versehen heißt „beim Hinsehen irren", aus Unachtsamkeit etwas wegen falschen Sehens falsch machen, „er hat aus Versehen zu viele Nullen eingetippt", d.h. er hat nicht gesehen, dass er schon genügend viele Nullen eingetippt hatte; das Wichtigste beim Versehen ist, einen Fehler zu machen, und zwar einen technischen, nebensächlichen Fehler. Beim Nichtgesehenwerden aber unterläuft durchaus kein Fehler, sondern es wird korrekt gesehen, ein Sehen jedoch, bei dem das Eigentliche eines Menschen, das, was im gegebenen Zusammenhang das Wesentliche ist, nicht gesehen wird und daher verborgen bleibt. Das Nichtgesehenwerden ist also eher ein Verkennen, ein Nicht-richtig-Erkennen des Anderen, ein falsches Deuten oder Auslegen des Gesehenen. Das, was in einer konkreten Situation das Entscheidende ist, wird an einer Person nicht wahrgenommen und infolgedessen nicht beachtet. Die Realität ihres So-Seins wird negiert. Das Nichtgesehenwerden ist nicht nur keine Folge eines fehlerhaften Sehaktes, es ist auch keine Folge eines mangelhaften Sehorgans; es ist kein Fehlsehen. Was es dagegen sein kann, ist ein Scheelsehen. Das von Neid erfüllte und daher scheel sehende Auge neigt, eine der vielen mit ihm verbundenen Gefahren, zur Ungerechtigkeit. Durch Misslingen des Erkennens kann es auch nicht zur An-erkennung kommen; denn diese ist nichts anderes als eine besonders intensive Form des Erkennens. Nichtgesehenwerden versperrt Anerkennung.

Das Nichtgesehenwerden betrifft die Person des nicht Gesehenen. Es ist Verletzung dieser Person. *Verletzung der Person* bedeutet zugleich *Verletzung ihrer Würde*. Ungerechtigkeit ist immer mehr als eine bloß materielle oder sonstwie äußerlich bleibende Schlechterstellung. Darin erschöpft sie sich nie. Das Wahrnehmen des eigenen Nichtgesehenwerdens wird daher fast immer von Scham und Trauer begleitet. Es löst oft auch Angst aus. Denn im Nichtgesehenwerden zentraler Aspekte der Person liegt eine Bedrohung der eigenen Existenz, eine tiefe Verunsicherung des Gefühls für die Realität des eigenen Ichs.

Ungerechtigkeit verletzt die Würde der Person, indem sie die der Person gebührende *Anerkennung* verweigert. Anerkennung bedeutet ein Mehrfaches: Die konkrete Person muss *zur Kenntnis genommen*, ihre Leistung und ihr So-Sein richtig eingeschätzt und *gewürdigt* werden. Diese Würdigung muss als Wertschätzung *nach außen gezeigt* werden, darf nicht bloß interne Einstellung bleiben. Und sie muss im *Verhalten* des Anerkennenden den (adäquaten) Ausdruck finden. Ungerechtigkeit versagt diese Anerkennung in allen oder in einzelnen ihrer Aspekte. Dabei verstrickt sich der Ungerechte jedoch in einen tiefen, elementaren Widerspruch. Wer ungerecht handelt, gibt darin implizit zu, dass der Adressat seiner Handlung einen Anspruch auf Anerkennung und damit auf die Unterlassung von Ungerechtigkeit hat. Indem er auf ihn sieht und das in der konkreten Entscheidungssituation Relevante an ihm zu erfassen versucht, also gewissermaßen an ihm „Maß nimmt", bringt er schon zum Ausdruck, dass es ein Maß gibt, mit dem er Maß zu nehmen hätte. Er anerkennt somit die Person genau in dem Augenblick und in dem Akt, in dem er ihr die Anerkennung versagt. Diesen Vorgang hat in ähnlicher Weise bereits Hegel in seiner Dialektik von Herrschaft und Knechtschaft beschrieben (Phänomenologie des Geistes): Der Herr strebt nach absoluter Macht über den Knecht. Gleichzeitig aber möchte er, dass der Knecht diese absolute Macht anerkennt. Beides, absolute Macht und Verlangen nach Anerkennung dieser Macht, lässt sich jedoch nicht realisieren, die beiden Wünsche geraten in einen Widerspruch. Denn absolute Macht setzt den Knecht als Sache und damit als das Gegenteil einer zur Anerkennung eines Anderen fähigen Person. Und umgekehrt kann über eine zur Anerkennung fähige Person keine absolute Macht ausgeübt werden. Besteht der Herr auf der Anerkennung, dann bleibt er dauerhaft auf den Knecht angewiesen und setzt ihn dauerhaft als Person. Aber auch der Knecht bleibt auf den Herrn angewiesen, denn auch er bedarf der Anerkennung durch den Herrn. Ähnlich verhält es sich bei der Ungerechtigkeit: Ungerechtigkeit kann es nur geben in einem Verhältnis, dessen beide Seiten sich zuvor je schon als Person gesetzt haben, die als solche einen Anspruch auf Gesehenwerden besitzt. Der Handelnde ist dem von der Entscheidung Betroffenen insofern übergeordnet, als er zur Entscheidung, auf welcher Grundlage (Gesetz, Elternwille usw.) auch immer, befugt ist und insofern Macht ausübt. Diese Entscheidung wird aber nur Ent-Scheidung im wahren Sinne des Wortes sein können, wenn der Entscheidungsbetroffene sie im Großen und Ganzen als ordnungsgemäß anerkennt, mag sie auch letztlich zu seinen Ungunsten ausfallen. Ich anerkenne den Anderen als mich Anerkennenden, dieser Satz setzt auf Seiten des von einer Entscheidung Betroffenen das Vertrauen darauf voraus, dass derjenige, der die Entscheidung trifft, ihn dadurch anerkennt, dass er wirklich und nicht nur scheinhaft an ihm Maß nimmt und das Gemessene zur Geltung bringt. Im Akt der Ungerechtigkeit vernichtet der Ungerechte die Bedingung (Anerkennung), unter der sein Akt allein Gültigkeit erlangen kann. Noch im Vorwurf der Ungerechtigkeit anerkennt der Klagende den Ungerechten als jemanden, der erstens zur Entscheidung befugt und zweitens zur Anerkennung des von seiner Entscheidung Betroffenen in der Verwendung des richtigen Maßes und dem Zurgeltungbringen des Gemessenen verpflichtet und in der Lage ist. Seine Klage richtet sich an das Potential eines zur Anerkennung Fähigen und nicht an die Aktualität eines Anerkennung Versagenden. Gerade in der Versagung leuchtet das Recht des Versagten auf. Der bisher im doppelten Sinn Versagende erhält durch die Klage des nicht Anerkannten die Möglichkeit eines neuen Blickes auf diesen. Der Klagende zeigt ihm, wie er sich selbst sieht und wie Dritte, die seine Klage ganz oder partiell teilen, ihn sehen. Diese Sicht muss nicht die richtige sein. Doch vermittelt sie dem Versagenden zumindest einen Wink auf Aspekte, die er vielleicht falsch oder gar nicht gesehen hat. So erweist sich, dass intersubjektive gegenseitige Anerkennung in einem Prozess besteht, in dem das Sehen und das zu Sehende immer wieder neu ausgerichtet und abgeglichen werden. Anerkennung eröffnet dem Anderen einen Raum, in dem er sich als der, der er ist, vorstellen und zeigen kann und in dem der Anerkennende sich verpflichtet, an dem, was er sieht, Maß zu nehmen und in seine Entscheidung das Gemessene einfließen zu lassen, also mit einem Wort: das Erkannte als solches zu erkennen und damit anzuerkennen. Es wird in all dem klar, dass die Feststellung von Ungerechtigkeit weniger der Abschluss eines negativen Geschehens als die Eröffnung eines neuen Geschehens mit anderen, vielleicht positiven Folgen darstellt. Indem die Sache sich so verhält, könnte auch in der Empörung, dem genuinen Gefühl des Ungerechtigkeitsopfers, eher eine in die Zukunft weisende Emotion als der Affekt gegen das Geschehene liegen. Eben weil in der Ungerechtigkeit Anerkennung versagt wird und in der Klage über sie Anerkennung sich vollzieht und das Recht auf Anerkennung aufscheint, wird der Anerkennungsprozess in die Zukunft hinein intensiviert.

Seit jeher beschreiben Menschen die brennende Sehnsucht, gesehen und erkannt zu werden. Schon die Bibel ist voll von der Schilderung solchen Verlangens. Heute, wo die medialen und technischen Voraussetzungen für das Sehen so groß wie nie zu sein scheinen, ist die Sehnsucht, gesehen und erkannt zu werden, trotzdem so groß wie nie. Daher rührt die Zunahme der Ungerechtigkeitserlebnisse und das Streben nach Anerkennung der Tatsache, eines ihrer Opfer zu sein. Woher kommt das Streben, ja nachgerade die Sucht nach Gesehenwerden? Über die Entwicklungen in moderner Arbeitswelt und Politik haben wir bereits gesprochen (XXI.). In den modernen Massenmedien, den Zeitungen, den Zeitschriften, dem Film, dem Fernsehen, der Photographie, der Werbung in ihren vielen Gestalten wird der Mensch des Gesehenwerdens ansichtig. Daher besteht sein Traum darin, ebenfalls von Vielen gesehen zu werden. Wer gesehen wird, möchte noch sichtbarer sein, cooler und glanzvoller in Erscheinung treten, von noch mehr Leuten wahrgenommen werden. Der individuelle Lifestyle prägt auch die Freizeit. Die eigenen Lebensformen werden in mühsamer Arbeit gebildet und inszeniert, die Lebensführung mit eigenem Stil ist wie ein brand. Dazu gehören Musikgeschmack, Bandvorlieben, Urlaubsgestaltung, Sportart, Kleidung, Auto-, Handy- und Uhrenmarken, aber auch ein bewusst gewähltes, gepflegtes und vorgezeigtes Weltbild, eine Religion, eine esoterische Richtung. Alles wird zum Bestandteil von Lifestyle und muss als solcher sichtbar sein, gezeigt werden. An diesen Wahlakten entlang bilden sich Gruppenzugehörigkeiten, oft unabhängig von Einkommensschichten, denen man angehört. Diese Entwicklung prägt auch das neue Stadium, in das die kapitalistische Wirtschaftsform eingetreten ist. Gernot Böhme nennt es *„ästhetischen Kapitalismus"* (Suhrkamp, 2016, v.a. 100-118): Die ästhetische Erscheinung der Ware besteht nicht länger nur in der Verpackung, die man nach dem Kaufakt wegwirft, vielmehr schafft die Warenästhetik einen neuen Gebrauchswert, der seine Funktion erst nach dem Kauf erfüllt, indem sein Tauschwert vorgezeigt, genossen, inszeniert, in ein persönliches Narrativ eingefügt wird. Der Kapitalismus selbst produziert und bewirbt, nachdem die Bedürfnisse der nackten Lebenserhaltung ohne weiteres gedeckt werden können, zu einem großen Teil Luxus für alle. Er kann das intendierte stetige Wachstum nur noch generieren, indem er das Begehren nach Produkten schafft und befriedigt, welches dadurch, dass es erfüllt wird, nicht gestillt, sondern vielmehr gesteigert wird. Denn der Inszenierungswille und die Sehnsucht nach Gesehenwerden gelangen nie endgültig ans Ziel. Der ästhetische Kapitalismus schafft jedoch kein neben das Reich der Notwendigkeit tretendes Reich der Freiheit. Denn das Leistungsprinzip erfasst in diesem Stadium der Wirtschaftsform auch die Freizeit, ja das gesamte Privatleben. Es gilt in möglichst kurzer Zeit mit möglichst geringem Aufwand möglichst viel zu konsumieren und zu erleben. Jeder muss „sich ausleben" und „sich ausdrücken" und „sich auf dem neuesten Stand befinden". Z.B. ist die Popmusik eine Modemusik, deren Protagonisten und Stile in rasendem Tempo sich ablösen und bei der es schwer ist, auf dem Laufenden zu bleiben. Dasselbe zeigt sich bei den Musikwiedergabe- und Handygeräten. „Der Kapitalismus qua ästhetische Ökonomie ist dafür verantwortlich, dass der Mensch auch im Überfluss nie zufrieden ist und sein gesamtes Dasein unter dem Gesichtspunkt von Leistung sieht" (Böhme, 73). Die Menschen bleiben, „auch wenn sie in der Überflussgesellschaft leben, ideologisch im Knappheitsdenken befangen" (75). Durch die Ausdehnung des Leistungsprinzips auf das Privatleben erweitert sich zwangsläufig auch das Reich von Gerechtigkeits- und Ungerechtigkeitserfahrungen. Hinzu kommt in dieser Hinsicht, dass Lebensstile anders als früher sich nicht mehr zwingend von oben nach unten ausdehnen, sondern von Trendsettern aus allen Einkommens- und Herkunftsschichten geprägt werden können. Jedermann muss ästhetische Präferenzen entwickeln und in das individuelle Narrativ einbauen, um damit seine Zugehörigkeit zu spontanen und oft wechselnden Gruppierungen zu definieren und zu inszenieren. Freilich sind die inneren Widersprüche dieser Sucht nach Gesehen-werden offenkundig: Personale Distinktion durch dingliche Ware, Individualisierung durch Massenkonsum, Autono-mie im Reich von Werbung und Statuszwang, Auftritt in den Kleidern der Vielen, Freiheit und Leistungszwang, Coolness und Angst vor Exklusion, Gesehenwerden als ein Selbst, das seine Versatzstücke jeweils aus Konfektionsware auswählt. Und hinter allem das tiefe Bedürfnis, jenseits von Leistung und Ware als der, der man ist, gesehen und aner-kannt zu werden. Und daher das Leiden an Ungerechtigkeit. Denn die schöne heile Welt des ästhetischen Kapitalismus macht nicht nur alle, die sich in ihr scheinbar am richtigen Platz fühlen, zu ihren Opfern, indem sie immerwährend ihre blauäugigen Konsumenten um das betrügt, was sie ihnen immerwährend verspricht (Freiheit, individuelle Selbstverwirklichung), und indem sie die Nachfrage nach ihren Produkten zugleich mit der Befriedigung reproduziert und steigert und so zwanghaft fixiert. Sie lässt am Rand ihres Weges auch jene zurück, die im panzerartigen Gehäu-se dieser Welt von vornherein in ihrem echten Wunsch nach personalem Gesehenwerden sich systematisch frus-triert sehen. Ihnen wird auf vielfach eklatant ungerechte Weise Anerkennung versagt oder entzogen, wird Scheitern von einer gezwungen optimistischen Umwelt, der alles als erreichbar gilt, was nur wirklich gewollt wird, aufs persönli-che Schuldkonto gebucht. Da der ästhetische Kapitalismus sich auch in bisher markt- und designferne Gebiete aus-dehnt, z.B. das Gesundheitswesen und das System der Al-tersvorsorge, bleibt der Grundsatz personaler Gleichheit auch hier nur zu oft auf der Strecke, beiseite gedrängt von den Gesetzen einer inszenatorischen Logik, der der Schein alles, ein Sammelsurium altfränkischer Prinzipien nichts gilt. Die Sucht nach Gesehenwerden kann auch in allen Bereichen der Kulturindustrie beobachtet werden. Im modernen Theater etwa muss und will der Schauspieler authentisch sein, er soll sich als individuelle Person einbringen. Seine Stimmschulung vergisst er und nuschelt vor sich hin, wie wenn er zu Hause wäre. „Bloß kein Drama machen" lautet die Devise, möglichst „untheatralisch" soll gespielt werden. Gefragt ist im postdramatischen Performance- und Diskurstheater der authentische Zeitgenosse mit individuellem Sprachgestus, der Schauspieler als Ich-Performer. Der Schauspieler spielt nicht eine Rolle, er spielt sich selbst. Er bringt sein soziales und politisches Engagement zur Darstellung und will sich mit den Zuschauern darüber auseinandersetzen. Laien und Migranten werden auf die Bühne geholt, damit sie ihre Lebens- und Leidensgeschichte darstellen. Die klassischen Dramentexte bürstet man gegen den Strich, um das politische Bekenntnis der Beteiligten zum Ausdruck zu bringen. Im ständigen Anrennen gegen seine Strukturgrenzen entgeht das Theater freilich nicht den ihm immanenten Gesetzen: Ein Schauspieler, der auf der Bühne sich selbst gibt, spielt letztlich doch eine Rolle, wenn auch vielleicht nicht die, die der Autor sich vorgestellt hat. Ein Regietheater, in dem die Ideen des Regisseurs ausgestellt, aktuelle Jetztzeit hergestellt, Nacktheit, Brutalität und Blut en detail und um ihrer selbst willen zur Schau gestellt werden, bleibt Theater, mag „Werkgerechtigkeit" gegeben oder nicht gegeben sein. Das Regietheater rechtfertigt sich mit dem Satz „Tradition ist Weitergabe des Feuers und nicht die Anbetung der Asche". Der Satz trifft zu. Doch steht auch die Weitergabe des Feuers in einer eigenen Tradition. Für unseren Zusammenhang halten wir fest: Schauspieler und Regisseur wollen als Person gesehen werden, sie wollen die Bühne zu authentischer Realität machen, Kämpfe gegen Ungerechtigkeit sollen nicht dargestellt, sondern real ausgelöst und in der Wirklichkeit befeuert werden. In der Ubiquität von in Anspruch genommener Authentizität spiegelt sich der Mangel an wahrer Individualität, den kein ästhetischer Schein zu überdecken vermag. Ein heimtückisches Entgegenkommen der durchdesignten Warenwelt weiß schon im Vorhinein, was Individualität wollen wird. Den Schein durchbricht nicht, wer den Durchbruch nur inszeniert. Vielmehr zeichnet die Inszenierung, indem sie ihr aufzuhelfen versucht, nur ein getreues Bild unserer Ohnmacht. Wo statt innerweltlicher Askese ungehemmter Konsum, statt den Begehrensverboten des Dekalogs („Du sollst nicht begehren Deines Nächsten Haus, Deines Nächsten Weib, Knecht, Magd, Vieh, noch alles, was Dein Nächster hat") konsumistische Imitation des Nächsten, statt Diskretion hemmungslose Exhibition gepredigt wird, ändern sich nicht nur grundlegende Moralgebote (die auch und gerade solche des frühen kapitalistischen Unternehmertums waren), vielmehr macht sich hinter dem Rücken der Akteure in heimlicher Komplizenschaft mit den alten Geboten ein großes Verbergen zu schaffen, das dem begehrenstollen Individuum versagt, was es aufs Heftigste erstrebt.

So viel zu den Gefahren, ja den Abgründen des Gesehenwerdenwollens. Wir wollen noch einmal anknüpfen an das in der Ungerechtigkeit sich vollziehende Nichtgesehenwerden und die in ihm liegende Verletzung.

Empirische Untersuchungen über die „Bewältigung von Ungerechtigkeiten durch praktische Erklärungen" (Montada/Kirchhoff, 1999) bestätigen unsere Deutung des Ungerechtigkeitsgeschehens. In ihnen wurden Erklärungen und Revisionsbemühungen, die im Rahmen einer dyadischen Konfliktsituation, basierend auf einem Ungerechtigkeitserleben, vom Urheber der Tat angeboten wurden, die Wirkqualität unterstellt, belastende Reaktionen, die auf der Opferseite auftreten können, wie z.B. Gefühle der Empörung, oder unzureichende Bewältigungsstrategien, wie z.B. Selbstverschuldungsvorwürfe, zu verhindern oder zu reduzieren. Als wichtigstes Einzelergebnis zeigte sich, dass der Version der „akzeptablen Rechtfertigung" die höchste Wirkqualität in positiver Richtung zukam. Entgegen der ursprünglichen Annahme spielte nicht die Bitte um Verzeihung diese Rolle. Es steht zu vermuten, dass ein angemessenes Reaktionsmuster auf Seiten des Täters das Element einer nachvollziehbaren Erklärung beinhalten muss, um als akzeptabel zu erscheinen, sodass eine prinzipielle Nachvollziehbarkeit der vorgebrachten Gründe für das verletzende Verhalten gewährleistet werden kann. „Rechtfertigung" macht nur Sinn bei vorangegangener „*Verletzung*". Sie setzt einen erneuten Versuch voraus, noch einmal auf den Verletzten zu sehen, um Gründe für das Misslingen des ersten Sehens zu finden. Darin, in dieser Form des Respekts post festum, mag der Nichtgesehene einen nachträglichen Trost finden. Der Fall sein wird dies letztlich aber nur, wenn dieses nachträgliche re-spicere für das Opfer erkennbar ergebnisoffen sich vollzieht und zu einem anderen Ergebnis und zur Beseitigung der Ungerechtigkeit führen kann.

Die herkömmliche Betrachtung sieht in Ungerechtigkeit Abweichung von Gerechtigkeit. *Beschädigtes Gut* sei die Idee der Gerechtigkeit. Die Person des Handelnden wird im Grunde als irrelevant betrachtet, seine Schuld ist, wenn von einer solchen überhaupt gesprochen werden kann, gering (es sei denn, es liegt zugleich eine Straftat vor), es handelt sich um eine rein negatives Nichterreichen eines Ideals. Für uns ist Ungerechtigkeit ein eigenständiges Geschehen, das von keiner Theorie der Gerechtigkeit abhängt. Ihr Kern besteht in einer Verletzung der Persönlichkeit und der

Würde einer Person, eine Art von Schuld, die quasi Schuldfähigkeit voraussetzt. Verletztes Gut ist die Würde der Person des Verletzten.

XXVII.
Verkehrte und wortlose Empörung

Das 2010 veröffentlichte Pamphlet des damals 93-jährigen (inzwischen verstorbenen) Franzosen Stéphane Hessel „Empört Euch! (französischer Originaltitel „Indignez-vous!") machte weltweit Furore und gab für zahlreiche Demonstrationen und kurzlebige Protestbewegungen das Losungswort aus. Unter Berufung auf die Ideale der französischen Résistance kritisierte der Autor mehrere Aspekte der aktuellen Politik vehement und rief zum Widerstand auf. Genannt werden in der Schrift die Diskriminierung von Ausländern, der Sozialabbau, insbesondere bei der Alterssicherung, die immer größer werdende Kluft zwischen Arm und Reich, die verfehlte Entwicklungspolitik vor dem Hintergrund der globalen Wirtschaftskrise, die durch den modernen Finanzkapitalismus bewirkten Ungerechtigkeiten, die diskriminierende Behandlung der Palästinenser durch Israel. Das Buch fordert den Leser zu einer engagierten Lebensführung auf, zu gewaltloser Revolte, zu zivilem Ungehorsam und proklamiert, dass jeder Einzelne einen Grund zum Widerstand habe. Das Grundmotiv der Résistance sei Empörung gewesen, und diese müsse auch in Gegenwart und Zukunft das Feld beherrschen. Zwar seien die Dinge komplizierter geworden, aber das Schlimmste, was man sich und der Welt antun könne, sei die Gleichgültigkeit gegenüber den politischen Verhältnissen und den ihnen immanenten Ungerechtigkeiten. Hessel bezieht sich auf den Existentialismus Jean-Paul Sartres und die optimistische Geschichtsteleologie Hegels. Er endet mit dem Appell: „Neues schaffen heißt, Widerstand leisten. Widerstand leisten heißt, Neues schaffen".

Wir sehen hier, wie der ästhetische Kapitalismus auch eine eigene Form von Empörung erzeugt. Es handelt sich um eine Art von neoexistentialistisch angehauchter Lifestyle-empörung, die kurz aufwallt, sich in kreativen Formen und abgebrühter Coolness inszeniert, den Abendnachrichten Bilder, zornige, aber nicht allzu beunruhigende, liefert, den Beteiligten das elektrisierende Gefühl einer trendigen Gemeinschaft vermittelt und ihnen ein so gutes wie vorzeigbares Gewissen verschafft, letztlich aber, nach baldigem Verglühen, vollkommen folgenlos bleibt. Schon Hessels Gleichsetzung von „Neues schaffen" und „Widerstand leisten" deutet an, dass es eher um den ästhetischen Mehrwert des Widerstandsaktes als solchen geht als um die Veränderung einer Realität, die die Empörten ohnehin auf vielfache Weise begünstigt. Denn so viel haben sie von den verachteten Lebenslügen ihrer Eltern schon gelernt, dass alles seine Grenzen hat und diese Grenzen wohldefiniert sind durch die Höhe des Astes, auf dem man sitzt. Empörung soll zeigen, und man achte dabei auf das Ich-bezogene der Formulierungen, was dem Empörten „wichtig" ist, was für ihn „zählt", was zu „seinen Werten" gehört, soll demonstrieren, dass er „etwas unternimmt", dass er „sich engagiert", dass „er sich" nicht durch bloßen Konsum „definiert". Der Letztere allerdings gehört in der Gegenwart durchaus dazu. Der Rebell von heute läuft keineswegs „billig" herum. War es bei Brecht noch die maßgeschneiderte graue Arbeiterkluft aus erkennbar edlem Stoff, so geht man heute, etwas lockerer, in Lifestyleklamotten zum Protest, hört den schnell auf den Markt geworfenen ad hoc-Protestsong, spielt Pop- und Rockmusik ab, die in den entsprechenden Kreisen „in" ist.

Wenn ein Methusalem aus der upper class seine mehr skurrilen als nostalgischen Sentimentalitäten aus der Zeit des Zweiten Weltkriegs zum besten gibt und seinen verwöhnten Urenkeln den gutgemeinten Rat erteilt, sich doch ein bisschen zu erregen, wie er es früher auch gemacht habe und sich noch heute gönne, dann mag leicht die Frage sich aufdrängen, ob man es hier mit einer innovativen Form von Absatzförderung oder mit einer prophylaktisch kreierten Ausrede für die künftige happeningmäßige Besetzung öffentlicher Plätze zu tun hat.

Musste der Anhänger älterer Ideologien sich noch durch die so langen wie umständlichen Gesamtausgaben der kommunistischen Klassiker oder die mehrhundertseitigen geistigen Ergüsse des „Führers" quälen, so genügen heute die in der deutschen Ausgabe 14 Seiten von „Empört euch!", um sich in Stimmung zu bringen und nebenbei noch die Philosophiegeschichte der letzten zwei Jahrhunderte zu erledigen. Nichts beweist deutlicher die Abstraktheit und Kontextunabhängigkeit des Appells sowie die Beliebigkeit der Inhalte und das alles Entscheidende des illusionistisch ausgestalteten Aktes der öffentlichen Erregung. Gesagt wird im Titel „Empört Euch!", aber nicht, worüber. Dieses „Worüber" ist denn auch heute dieses, morgen jenes, und nur zu verräterisch ist der Satz, dass es heute überall Empörungsmotive gebe („Suchet, und ihr werdet finden", heißt es im Text), jedermann einen Grund zum Widerstand habe und es auf eine engagierte „Lebenshaltung" ankomme.

„Empört Euch!" war Mitte Februar 2011 als „fahrende Lichtinstallation" in riesigen Lichtbuchstaben an Großgebäuden Berlins zu lesen, vom Kurfürstendamm bis an den Potsdamer Platz. Dieser Werbegag des Ullstein-Verlags für seinen gleichnamigen Bestseller, der den Gebäudeeigentümern, obwohl selber potentielle Empörungsgründe, gewiss eine so stattliche wie gefahrlose Sondereinnahme bescherte und dem Empörungsverleger einen reißenden Absatz seiner hübsch aufgemachten Zornfibel garantierte, ließ keinen Zweifel mehr daran, dass in diesem Fall selbst das Niveau der in Frankreich üblichen Intellektuellen-Interventionen zur weltpolitischen Lage noch beträchtlich unterschritten sein würde. Alle Beteiligten rieben sich die Hände, das mit der Empörung war wirklich eine feine Sache. Die monetär Erregten konnten die politisch Erregten gut verstehen.

Den Intellektuellen und Studenten kam das Buch zur rechten Zeit. Man hatte die defätistische Selbstzufriedenheit, den ironisch-zynischen Totalrelativismus aller abgeleierten Posts, handle es sich nun um Postmoderne, Poststrukturalismus, Postkommunismus, Postdemokratie, oder um das Ende der Geschichte und der großen Erzählungen, den Dekonstruktivismus und wie die Stichworte alle hießen, langsam, aber gründlich satt und sehnte sich nach Aufwallung. Natürlich hatten sich die Umstände nicht geändert, die eine Opposition gegen soziale und globale Ungleichheit erschwerten, nämlich Globalisierung, Erosion der Macht auf Seiten des Nationalstaats, Macht der Banken und Zentralbanken, islamistisch-terroristische Bedrohung und damit begründete freiheitseinschränkende Sicherheitsgesetze. Aber man wollte doch zumindest die angesichts dieser Rahmenbedingungen entstandenen Ohnmachtsgefühle zumindest vorübergehend vergessen und sich gegenseitig Mut zusprechen – was freilich, eben weil die Bedingungen dieselben blieben wie zuvor, nicht von allzu langer Wirksamkeit sein konnte. Man strebte danach, das Ende von Theorie, Politik und Geschichte zu überspielen, natürlich friedlich und nicht mit den bekannten Gewalttätigkeiten der alten Ideologien, aber dieses Überspielen war dann auch wirklich ein Über-Spielen. Doch wie kümmerlich geriet die Theorie, und wie

folgenlos die vielen so bunten wie konsequenzlosen Protestbewegungen. Staat war mit beidem nicht zu machen, ja
sollte wahrscheinlich von vornherein gar nicht gemacht
werden. Staat, Bürokratie, Großverbände, Parteien: Der
Engagierte wendet sich mit angewidertem Degout von
ihnen ab, als wären es die Gespenster aus irgendwelchen
Kindheitsträumen.

„Ich wünsche allen, jedem Einzelnen von euch, ein eigenes
Empörungsmotiv", ruft Hessel seinen Lesern zu. „Das ist
kostbar. Wenn man sich über etwas empört hat, wie mich
der Naziwahn empört hat, wird man aktiv, stark und engagiert". Hier ist alles vereint, was der ästhetische Kapitalismus seinen Kunden verspricht: Individualität, mentale
Stärke, Sichtbarkeit, Aktivierung, Engagement, Anerkennung, Kostbarkeit dessen, was von einem sichtbar ist, Zor-
nigkeit und Aktivität selbst noch im hohen Alter, das „Eigene" des Motivs. Diese umstandslose Materialisierung des
Ideellen, die jähe Verdinglichung der moralischen Empörung, die geradezu eigentumsmäßige Fetischisierung des
Empörungsmotivs, die sehnsuchtsvolle Herbeizitierung
eines noch nicht von sich aus vorhandenen moralischen
Gefühls und das albern-naive Kokettieren mit einer kurz-
fristig und ohne Schwierigkeiten erworbenen Hoch-Moral:
Dies alles macht nur zu deutlich, dass Werte als Waren behandelt werden und das Rebellen-Manifest eher Ausdruck
der Angepasstheit von (politisch-ethischen) Strömungen an
(Waren-)Ströme und eine Manifestation der eigenen Ohnmacht und der intellektuellen Anspruchslosigkeit der Erregten ist. Die Fragen, die es aufwirft, liegen so nahe, dass sie
zu übersehen fast schon Blindheit voraussetzt: Wie kann aus
je eigenen Empörungsmotiven kollektive Empörung entstehen? Wie soll aus einer „Lebenshaltung", aus Lifestyle eine
politische Bewegung von einiger Dauer entstehen? Wie

vermag bloße Empörung zur Tat zu werden? Autor und Verlag haben einen dieser blinden Flecke erkennend dem Empörungsbestseller schon bald die Kampfschrift „Engagiert Euch!" nachgeschickt, freilich mehr, um den unerwarteten Hype finanziell bis zur Neige auszukosten, als um die Inhalte und Wirkungen des Programms überzeugender zu gestalten.

Die Gründe der Empörung sind unwichtig. Es handelt sich schließlich um eine Lebenshaltung, die zudem, wenn sie nur sucht, auch findet, Gründe gibt es wie Sand am Meer. Ob sie dann aber noch zum hehren und heftigen Gefühl der Empörung passen, bleibt allerdings fraglich. Die leicht zu findenden Gründe werden zu leicht zu erwerbenden Modeartikeln, die man sich heute leistet und morgen gegen andere eintauscht. Die Gier nach Gründen für die Empörung spiegelt die Gier nach Waren für das Begehren wieder. Die Politik braucht sich die „Forderungen" nach Beseitigung der Gründe noch nicht einmal anzuhören, denn es ist höchst ungewiss, ob ihre Realisierung morgen überhaupt noch irgendeine politische Rendite verspricht, wenn das Protestcamp schon zu einem neuen Thema weitergezogen ist. Außerdem sind die Gründe oft so abstrakt und auf weltweite Prozesse bezogen, dass Politik kaum Einfluss, jedenfalls keinen schnell sich auswirkenden, auf sie hat. Keinesfalls also ist merkwürdig, warum politisches System und Wirtschaft angesichts der immer wieder aufflammenden Empörungs-Erregungen so gelassen, ja geradezu teilnahmsvoll reagieren. Sie erkennen instinktiv, dass es sich, bei aller scheinbaren Auflehnung, um Fleisch von ihrem Fleisch handelt.

Ihre ganz eigene Rolle spielen in dem Geschehen die Massenmedien. Stets auf der Suche nach Bildern, die das Alltägliche hinter sich lassen, nach neuen „Erzählungen", die ihren selbsterzeugten und in sich kreisenden Debatten neuen Stoff zuführen, stoßen sie doch das Neue alsbald wieder zugunsten des neuen Neuen in die Sphäre nicht des Aus-, sondern des Abgestandenen. Ihr Interesse an interessanten Menschen, an Führungsgestalten entdemokratisiert sofort jede neue Protestbewegung und erzwingt medientaugliche Organisierung und Hierarchisierung; sie zerren diese Gestalten und ihre Geschichte ans Licht, vermitteln sie ins System des Unernst-Uneigentlichen und vergleichgültigen sie dadurch. Was den Empörungsbewegten mit trügerischem Entgegenkommen vorgestreckt war, indem man Substanz und Relevanz des Neuen aufbauschte, wird bald gekündigt. Noch im medialen Geschehen wacht eine unsichtbare Instanz darüber, dass jeder Kredit zurückgezahlt wird.

Insgesamt gesehen handelt es sich um eine Empörung, die den realen Ungerechtigkeiten nicht gerecht wird, weil sie ihrer Bekämpfung jene Ernsthaftigkeit und jene Mittel versagt, die allein Erfolg und Dauerhaftigkeit versprechen. Indem sie selbst nur spielen und die Herrschenden sie (nur) spielen lassen, ohne von ihren Forderungen auch nur Notiz zu nehmen, regredieren sie in den Stand von Kindern und unterwerfen sich so den Entscheidungsträgern des politischen und ökonomischen Systems als ihren zweiten Eltern. An dieser selbst kreierten Differenz hat und behält das System seine Ordnung. Form und Rhythmus ihrer Bewegungen erweisen sich, gerade als die künstliche Imitation von Aufruhr, die sie sind, selber zu jener Ordnung zu gehören, die sie scheinhaft bekämpfen. Wenn ihr Protest nach wenigen Wochen sich erschöpft, lassen sie sich fallen in die so bequemen wie perspektivlosen Auffangnetze, welche die Ordnung für die von ihr produzierten politisch Frustrierten und ökonomisch Prekarisierten aufgespannt hat. Sie werden vergessen, weil sie sich selbst und ihre Ziele vergessen. Sie haben geredet, sie haben zu handeln versucht, aber gewirkt haben sie nicht. Wer sich empören „will", stößt auf das Gesetz, dass „keine Intention gleichsam künstlich am Leben gehalten werden" kann, denn „alle Intentionen scheinen ihre Kräfte vielmehr aus dem Intendierten zu schöpfen" (Kittler, Baggersee, 54). Wo das Empörende nicht von sich her empört, kann der Wille zur Empörung nicht aushelfen. Das Empörende aber erst einmal sichtbar zu machen, ist in den Zeiten der massenmedialen Vergleichgültigung die eigentliche Arbeit, das eigentlich Widerständige.

Ohnmächtige, sprachlose, den öffentlichen Debatten sich nicht eigentlich entziehende, sondern ihnen von vornherein nicht gewachsene Empörung zeigte und zeigt sich im berserkerhaften Vandalismus der französischen banlieues (und den Vororten anderer europäischer Metropolen), den immer wieder aufflammenden Zerstörungskrawallen der vom System noch nicht einmal eigens exkludierten, sondern einfach links liegen gelassenen islamischen jungen Männer, unter denen der euroislamistische Terror seine lebenden Bomben rekrutiert. Die europäischen Gesellschaften weigern sich bisher zu Unrecht, das Ganze als von ihnen selbst mitgeschaffenes Problem zu erkennen. Die Zulassung, ja, im Falle Deutschlands, Begrüßung von Massenimmigration, ohne in der Lage zu sein, den Einwanderern eine Zukunft zu ermöglichen, die ihren kulturellen und religiösen Idealen entspricht, erweist sich als ihr ureigenster Anteil am perpetuierten Elend. Französisch „banlieue" heißt auf Deutsch „historische Bannmeile", und besser könnte man nicht zum Ausdruck bringen, wie diese Hochhaussiedlungen, in denen architektonische Eintönigkeit, soziale Dauermisere und omnipräsente Drogen- und Bandenkriminalität eine unheilvolle Mischung eingegangen sind, sich zu Orten der totalen Ausgrenzung, und zwar in beiden Richtungen, entwickelt haben. Ausgerechnet in Frankreich, das die egalité der Bürger als Kardinaltugend der Republik definiert hat, sind die Bewohner der banlieues vom Ziel der Chancengleichheit so weit entfernt wie die Erde vom Planeten Pluto. Und es ist genau der Verrat an diesem fundamentalen Ideal, der irgendwann nicht nur bloß die Vororte explodieren lassen, sondern auch die angestammte Mehrheitsgesellschaft zutiefst verunsichern und zerrütten wird, sodass sich selbst ihre Angehörigen als atomisierte Fremde im eigenen Land fühlen und die Gesellschaft, in der sie leben und immer gelebt haben, als Gesellschaft nicht wiedererkennen werden. Dies wird in Zukunft das Schicksal Europas und aller seiner Gesellschaften sein.

Mit dem ästhetischen Kapitalismus hat diese letztere Entwicklung freilich nur noch wenig zu tun: ohne Sprache kein Narrativ, ohne Arbeit keine Kaufkraft, ohne gestaltbare Biographie keine Individualität, ohne religiösen Relativismus keine Autonomie, ohne Geld keine Werte, ohne Ziele kein Engagement. Politik und Wirtschaft zucken so verständnis- wie interesselos mit den Achseln, ihre Mechanismen reagieren schlicht nicht auf sie. Und die Betroffenen selbst, unfähig zum Ausdruck, demonstrieren in ihrem sinnlosen Wüten immer wieder nur ihre eigene Überflüssigkeit.

Verkehrte, weil nur imitatorische, und wortlose Empörung haben sich als das Gegenteil von wahrer Empörung erwiesen. Ungerechtigkeit ist als Empörung über sie zwar ein Gefühl (richtiger: eine Emotion), aber ein Gefühl, das vom Objekt her bestimmt wird und nicht durch sich selbst oder durch den Willen zum Gefühl. Ungerechtigkeit ist als Empörung über sie zwar ein Gefühl, aber ein Gefühl, das verbalisiert und kommuniziert werden kann. Ungerechtigkeit ist als Empörung zwar ein Gefühl und damit ein Subjektives, aber ein Gefühl, das vergemeinschaftungsfähig und vergemeinschaftungsorientiert ist. Empörung ist zwar nicht nur Entrüstung, sondern auch ein „Empor", aber ein Empor, das den Aufruhr nicht nur imitiert, sondern ihn realisiert. Empörung ist zwar ein Gefühl, aber ein Gefühl, das nicht vom Begehren, vom Haben-Wollen des Konsumismus getrieben wird, sondern vom Streben nach Selbstachtung als dem Kern der Personenwürde. Wahre Empörung resultiert aus Nichtgesehenwerden und zielt auf Gesehenwerden, aber nicht aufs Gesehenwerden als das Haben-Wollende und endlich Habende, sondern aufs Gesehenwerden in seinem wesenhaften So-Sein. Dass wahres Gesehenwerden immer wieder misslingt, ist keine Rechtfertigung dafür, das Misslingen zu institutionalisieren, indem man der Sehnsucht nach Gesehenwerden ihre Realisierung in der Welt des Begehrens vortäuscht. So steht, was diese Vortäuschung abwehrt, zugleich ein für die Denunzierung jener Lüge, die im bloßen Imitat von Empörung besteht. Die falsche Empörung vergisst die Ungerechtigkeit, indem sie sie erinnert, verbirgt sie, indem sie sie zeigt, legitimiert sie, indem sie sie anklagt, vitalisiert sie, indem sie sie bekämpft. Ihr Auftrumpfen in formaler Negativität spottet der Scham und der Trauer, die ins Erleben des wirklich Empörten immer eingemischt sind. Dem Äußerlichen verhaftet, verfehlt sie jene Seite an Ungerechtigkeit, die selber ans bloß Äußerliche sich verliert. Sie betrügt deren Opfer, „indem sie in seiner Schwäche den Weltlauf bejaht, der es so machte, und tut so viel Unrecht ihm an, wie sie von der Wahrheit nachläßt" (Adorno, Minima Moralia Nr. 37). Dem Opfer von Ungerechtigkeit versperrt sie den Weg ins Freie, weil sie es in der Opferrolle belässt, es in sie bannt, um es zum perpetuierten Objekt ihrer falschen Fürsorge oder zum Insassen eines von ihr selbst miterrichteten Gefängnisses zu machen. Verkehrte Empörung verwandelt die nackte Ungerechtigkeit in eine scheinhaft bekämpfte und dadurch gestärkte Ungerechtigkeit. Sie ist, um mit Marx zu reden, „der ernsthafte Hanswurst, der nicht mehr die Weltgeschichte als eine Komödie, sondern seine Komödie als Weltgeschichte nimmt" (Der achtzehnte Brumaire). Ihre Scheinhaftigkeit tritt offen zutage, wo ihr Aufflammen nicht mehr des Grundes, ihre Zeit nicht mehr der Dauer und ihr Aufbegehren nicht mehr des politischen Zieles bedarf, um sich zu rechtfertigen. Indem sie sich über Ungerechtigkeit zum Schein empört, macht ihre Empörung aus wirklicher Ungerechtigkeit den Schein von Ungerechtigkeit. Falsche Empörung setzt an die Stelle von Inhalt Emotion, die richtige lässt aus Emotion Inhalt, den Kampf um Veränderung, hervorgehen. Für die Falschen gilt: Die einen wollen nur spielen, die anderen nur wüten, aber alle kommen darin überein, dass es nicht um wirkliche Veränderung geht. Die falsche Empörung ist eine erregende Unterbrechung des Alltags, solange sie nicht Ernst machen muss; sie wird zum Insult, sobald sie auf Opfer wirklicher Ungerechtigkeit trifft. Ihre „Kämpfe" sind nur die Halluzinationen ihrer Langeweile, ihre Werte, so sie welche zu haben vorgeben, sind Phrasen, ihre Geister sind Gespenster. In ihnen kulminiert jede Ungerechtigkeit, weil sie die Verhöhnung ihrer Opfer bedeutet.

Die falsche Empörung reiht sich ein in eine Entwicklung, die Eva Illouz in ihrer Arbeit „Gefühle in Zeiten des Kapitalismus" (4. Aufl. 2012) beschrieben hat. Es handelt sich um die Verdinglichung der Emotion. Unter dem Einfluss von Psychoanalyse und moderner Personalentwicklung, die sich im Laufe des 20. Jahrhunderts weite Gebiete des privaten und beruflichen Lebens erobern, entwickeln sich Emotionen und Kommunikation über sie zu zentralen Parametern von Privatleben und Berufswelt. Emotionen werden objektiv, genauer: besprechbar, kritisierbar, beobachtbar, änderbar, manipulierbar, verhandelbar, austauschbar, therapeutisierbar, modifizierbar. Sie werden strategisch an Zielen und Werten des einzelnen ausgerichtet und spielen eine große Rolle bei der Herstellung von Gleichheit und Fairness in Partnerschaft und Eltern-Kind-Beziehung. Die rückhaltlose verbale Kommunikation über die eigenen Bedürfnisse, über Ziele und Emotionen gilt als Ideal. Auch Unternehmen werden emotionalisiert: Produktivität soll erhöht werden durch die kluge Berücksichtigung von Emotionen der Mitarbeiter. Über Emotionen soll gesprochen werden, ihre Verschweigung oder Unterdrückung gilt als schädlich. Der Arbeitnehmer ist verpflichtet, seine emotionalen und kommunikativen Kompetenzen im Beruf einzusetzen. Emotionale Intelligenz wird zum Einstellungs- und Beförderungskriterium, zur Grundlage bei der Auswahl von Führungsnachwuchs. „Professionalität" setzt man mit der Zügelung von Emotionen gleich. Wie schon im Bereich des Privatlebens dient Kommunikation hier als „Modell von" und als „Modell für", als Modell, das berufliches Verhalten beschreibt und zugleich vorschreibt. Die Emotionalisierung von Privatheit, Berufswelt und (Marketing etc.) Warenwelt gehorcht überall demselben Gesetz der Verdinglichung des Gefühls. Der *„emotionale Kapitalismus"* demokratisiert und psychologisiert Beziehungen, Arbeitswelt und Warenwelt durch das Mittel von Kommunikation. Er vermindert dadurch aber keineswegs die Zahl der Ungerechtigkeitserfahrungen, sondern erhöht sie und emotionalisiert sie ihrerseits. Und Illusionen darf man sich auch sonst nicht machen: Die Wertschätzung der Emotion gilt nicht ihr selbst, sondern ihrer Verwertbarkeit, ihrer strategischen und taktischen Instrumentalisierbarkeit, ihrer Einsetzbarkeit als Tausch- und Kapitalisierungsfaktor, und zwar selbst dort noch, wo sie ihrer Natur nach zu Hause ist, im Bereich von

Partnerschaft und Familie. Nichts würde sich weiter von der Realität entfernen, als ein Bild zu zeichnen, in dem das Gefühl erst in der Moderne in den Kreis des Lebendigen eingekehrt wäre, gekennzeichnet durch eine Offenheit, die sich gegen jede Zurichtung sperrte.

XXVIII.
Die Sicht des Ungerechten

Ist Ungerechtigkeit für deren Opfer Nichtgesehenwerden, so muss sie auf der Seite des Ungerechten ein Nichtsehen sein. Offen bleibt zunächst, wie man sich dieses Nichtsehen vorzustellen hat und worin es seinen Grund findet.

Das Nichtsehen ist nicht nichts, nicht reine Passivität. Dieser Satz besagt nicht die banale Selbstverständlichkeit, dass Ungerechtigkeit neben dem Sehen immer auch in einem Handeln (Entscheiden etc.) besteht. Vielmehr will er auch von dem das ungerechte Handeln begleitenden Nichtsehen aussagen, es sei ein aktives Tun. Das Nichtsehen besteht in einem falschen Deuten des Gesehenen und in fehlendem, weil unterdrücktem Respekt. Es ist also selbst ein Handeln.

Wie kommt es zu diesem falschen Deuten und zum Fehlen von Respekt? Gewiss nicht deswegen, weil der Ungerechte falsch sähe oder weil das Sehorgan pathologisch wäre. Das Sehen des Ungerechten „funktioniert", es ist als rein äußerliches Können in Ordnung, es klappt, es läuft sogar „wie geschmiert" ab.

Woran mangelt es dann diesem Sehen? Daran, dass es ein *„Sich mehr als den Anderen Sehen"* ist. Dieses „Sich mehr als den Anderen Sehen" prägt das Sehen des Anderen. Im Akt des spezifisch ungerechten Sehens sieht sich der Sehende mehr als den Anderen. Er sieht in Wahrheit, entgegen seiner Rolle und dem von dieser Rolle definierten Anschein, durch den Anderen hindurch auf sich selbst. Die Situation, in der sich der Handelnde befindet, stellt an ihn die Forderung, objektiv zu entscheiden, d.h. im Vergleich alle Verglichenen als die zu sehen, die sie sind. Entscheidet er ungerecht, dann bricht im Akt des Sehens eine Kluft zum Gesehenen auf. Auf A sehend, sieht er B, und B wäre er selber. Er befindet sich in einem performativen Widerspruch, denn das Implikat des Sehens passt mit dem Objekt des Sehens, dem Gesehenen, nicht zusammen.

Das eigensüchtige Sehen hat im Sehen immer schon gesehen. Es schlägt die zum Vergleich berufenen Augen auf, um – sich zu sehen. Immer, wenn der Sehende zum Sehen berufen ist, kommt er zu sich, indem er sich sieht.

Durch dieses eigensüchtige Sehen, ausgelöst gewissermaßen durch einen erweiterten und daher durch das Gehirn nicht (wie im Normalfall) kompensierbaren blinden Fleck, legt sich ein Schatten auf den Nichtgesehenen, der dem Sehenden die selbst produzierte Unsichtbarkeit des Nichtgesehenen post festum erklärbar zu machen scheint. Was nicht sichtbar ist, vermag nicht gesehen zu werden. Was ließe sich daran ändern?

Das „Sich mehr als den Anderen Sehen" kann *dreifache Gestalt* annehmen. Entweder ist es ein „Sich als mehr als den Anderen sehen" (Hochmut) oder ein „sich als jemanden sehen, dem mehr Reichtum zusteht als dem Anderen" (Habgier) oder ein „Sich als jemanden sehen, der mehr Macht hat als der Andere" (Machtgier).

Dass der Ungerechte aus Machtgier handeln kann und oft handelt, haben wir gesehen (s.o. XIV., XXII., XXIII.). Dasselbe gilt für den Neid als der Umkehrung der zweiten Gestalt, einem „Sich als ärmer als den Anderen sehen" (s. o. XXIII.). Auch beim Neid sieht der Ungerechte mehr sich als den Anderen, weil er den Anderen nur in Bezug auf sich sieht. Beim Hochmut geht es der Sache nach um Anmaßung. Diese ist ein „Auf Andere Herabsehen und sich für etwas Besseres halten". Die Habgier als das Mehrhabenwollen, genauer: das „Mehralsdieanderenhabenwollen", die Pleonexie, galt Planton und Aristoteles als der Inbegriff der Ungerechtigkeit. Cicero (in „De officiis") begreift Habgier als eine Form der Ungerechtigkeit, denn der Habgierige ziehe seine eigenen Wünsche denen der Allgemeinheit vor. Habgier spielt in der Tat eine wichtige Rolle im Ungerechtigkeitsgeschehen, wenn sie auch keineswegs die Grundgestalt oder die alle Einzelformen überwölbende Grundform ist. Diese liegt vielmehr, wie wir gesehen haben, in einem „Sich mehr als den Anderen Sehen", also in einem Sehen, das beim Vergleichen mehr auf sich sieht als auf die Anderen.

Was ist seinerseits der Grund für das „Sich mehr Sehen als den Anderen"? Es handelt sich um *Egozentrismus.* Egozentrismus nennen wir die Haltung eines Menschen, der seine eigene Person als das Zentrum allen Geschehens betrachtet, also alles, was geschieht, auf sich bezieht und an sich misst, und der alle Ereignisse von seinem Standpunkt aus und in seiner eigenen Perspektive sieht, interpretiert und bewertet. Er ist eine Geisteshaltung, die davon ausgeht, dass der eigenen, subjektiven Sicht ein objektiver Status zukommt, die gerade darin der kindlichen Wahrnehmung ähnelt (Piaget) und somit letztlich eine Form von Infantilisierung darstellt. Die reduzierte Fähigkeit oder der Unwille, sich in Rolle und Perspektive eines Anderen hineinzuversetzen und die eigene Sichtweise als eine unter mehreren zu verstehen, gehört zu ihren markantesten Charakteristika. Dabei gilt es in unserem Zusammenhang zu beachten, dass es sich in der hier gegebenen Definition nicht um ein Psychopathologisches handelt, sondern um eine Neigung, die weit verbreitet und insofern keineswegs randständig ist.

Hinter dem Egozentrismus steht *Egoismus*. Nach Kant kann der Egoismus dreierlei Anmaßungen enthalten (Anthropologie in pragmatischer Hinsicht, § 2), die des Verstandes, die des Geschmacks und die des praktischen Interesses, d.h. er kann logisch, ästhetisch oder praktisch sein. Der der Ungerechtigkeit zugrundeliegende Egoismus kann sowohl ein logischer wie ein praktischer sein; meist ist er beides zusammen. Der logische Egoist hält es für unnötig, sein Urteil auch am Verstand Anderer zu prüfen, gleich als ob er dieses Probiersteins gar nicht bedürfte. Aufmerksamkeit, Nachforschung, Perspektivenwechsel, „respicere" in seiner mehrfachen Bedeutung ist ihm fremd. Der praktische (oder moralische) Egoist schränkt alle Zwecke auf sich selbst ein, sieht keinen Nutzen in etwas als in dem, was ihm selbst nützt, und ist in der Regel Eudämonist, der nur in der eigenen Glückseligkeit und nicht in der Pflichtvorstellung den obersten Bestimmungsgrund seines Willens sieht. Dem Egoismus, sagt Kant, kann nur der Pluralismus entgegengesetzt werden, d.h. „die Denkungsart: sich nicht als die ganze Welt in seinem Selbst befassend, sondern als einen bloßen Weltbürger zu betrachten und zu verhalten".

Der Ungerechte sieht auf den Anderen und sieht ihn doch nicht. Suchend den Blick auf den Anderen gerichtet, immer den Anschein von Objektivität aufrechterhaltend, zeigt er doch nie jene Ruhe, die Interesselosigkeit vermeldet. Seine Unruhe bezeugt die Gefahr, in seinem Egoismus durchschaut zu werden. Seine Eile kündet von der Angst, das heimlich Gewollte, die Realisierung eigener Zwecke, nicht zu erlangen. Dass er in seinem Egozentrismus durch den

Anderen hindurchschaut, bewirkt, dass der Andere ihn durchschaut. In diesem Durchschauen des Opfers reflektiert sich das Hindurchschauen des Ungerechten. Der Egozentrismus des Ungerechten weckt das Ego seines Opfers und entzündet jene Empörung, die das Nichtgesehenwerden begleitet. Das eigensüchtige Sehen bewehrt sich mit dem, was es angeblich gesehen hat, als seinen Gründen für die getroffene Zuteilung, Verteilung oder Korrektion (iustitia distributiva, iustitia correctiva). Und es sind diese Gründe, an denen sich das Vorliegen oder Nichtvorliegen von Ungerechtigkeit entscheidet, kann es sich bei ihnen doch auch um sachgerechte Kriterien für das suum cuique tribuere handeln. Jedoch verhält es sich dabei wie in der Medizin. So wie dort mit der Verschreibung des Mittels gegen den Schmerz die Angst vor dem Schmerz wächst, so steigt hier mit dem Mittel gegen das Durchschautwerden (Begründung) die reale Gefahr des Durchschautwerdens. Oft führt nicht so sehr die ungerechte Handlung als solche als vielmehr deren Begründung zur eigentlichen Empörung des Betroffenen. Die Verfügung über die Begründung konstituiert recht eigentlich die Macht des Ungerechten. Die Begründung impliziert aber zugleich die Anerkennung, dass der Nichtgesehene eigentlich einen Anspruch auf Gesehenwerden hat.

Für den eigensüchtig Schauenden selbst heißt den Schatten, den seine Begründung auf die Person des Opfers wirft, wahrnehmen: sich selber in seiner Lust, sei es des Hochmuts, der Habgier oder der Machtgier, zusehen. Genauer gesagt geht es für ihn darum, bei den Folgen, die das „Sich mehr als den Andern Sehen" auf den Anderen hat, zuzusehen, um so Zeuge bei der Vollstreckung eines Urteils zu werden, das er zuvor selbst verhängt hat. Der Egoismus des Ungerechten ist reflexiv, er genießt sich selbst und die Empörung, die er im Anderen auslöst. Die Empörung, die ich im Anderen wecke, habe ich weniger präsent, wenn ich das Empörende tue, als wenn ich mich das Empörende tun und den Anderen das Empörende erleiden sehe. Dies alles indiziert: Nicht aus eigener Lebensfülle bezieht er seine Kraft, sondern sie ist im Wesentlichen eine geborgte, parasitäre. Die Macht, die das empörte Opfer auf der Gegenseite wahrnimmt, wäre in Wahrheit ihrerseits Ohnmacht, die Ohnmacht eines halb durchschauten, halb erahnten Egoismus.

In der Ungerechtigkeit trifft die sehnsüchtige Erwartung, gesehen zu werden als der, der man ist, auf den kalten Egoismus eines selbstsüchtigen Hindurchsehens durch das fremdverzweckte Objekt. Dieses Zusammentreffen hat Folgen, es bleibt nicht, was es am Anfang ist, es eröffnet eine Dynamik, in der beide und ihre antagonistische Verbindung sich wandeln. Jedes uneingelöste Versprechen verändert die Welt, und jede Ungerechtigkeit, so klein sie auch immer sein mag, ist ein solches uneingelöstes Versprechen. Es wartet auf seine Erfüllung, und Warten ist eine Macht. Denn nicht nur ist in jedem Warten das Erwartete schon präsent. Vielmehr fügt sich alles Erwartete und alles Warten zu jener utopischen Versöhnung des Menschen mit sich, darin der Mensch aufbräche und jedes Ego sich auch als Alter verstünde, darin Sehen gar nicht anders könnte, als immer nur zu sehen, was es zu sehen gibt.

XXIX.
Göttliche Ungerechtigkeit

Dem ungerecht Behandelten prägt Ungerechtigkeit in dem Maße sich ein, in dem er sie nicht versteht. Selbst die Scham über das Erlittene wächst mit dem Nichtverstehenkönnen, weil sie wegen der Ziellosigkeit der Empörung in dieser kein Ventil findet. Em-pörung, die niemandem an die Gurgel springen kann und für das Empor kein Objekt findet, ist keine.

Wäre es möglich, dass in jedem Ungerechtigkeitserleben ein Kern unverstanden bleibt? Könnte es sein, dass die Intensität der durch Ungerechtigkeit ausgelösten Emotionen gerade diesem unverstandenen Kern geschuldet ist? So, als ob von dem, was sich dem Verstehen entzieht, eine besondere Kraft ausginge.

Heidegger sagt in „Was heißt Denken?" (Reclam, 1992, 9): „Was sich uns entzieht, zieht uns dabei gerade mit, ob wir es sogleich und überhaupt merken oder nicht. Wenn wir in den Zug des Entziehens gelangen, sind wir – nur ganz anders als die Zugvögel – auf dem Zug zu dem, was uns anzieht, indem es sich entzieht. Sind wir als die so Angezogenen auf dem Zuge zu dem uns Ziehenden, dann ist unser Wesen schon durch dieses ‚auf dem Zuge zu …' geprägt. Auf dem Zuge zu dem Sichentziehenden weisen wir selber auf dieses Sichentziehende. Wir sind wir, indem wir dahin weisen; nicht nachträglich und nicht nebenbei, sondern: dieses ‚auf dem Zuge zu…' ist in sich ein wesenhaftes und darum ständiges Weisen auf das Sichentziehende". Der Vorgang des Sich-Entziehens ist also nicht nichts. „Entzug ist Ereignis". Und auch das Gezogenwerden ist nicht nichts. Es prägt vielmehr das Wesen dessen, der gezogen wird. Dieser wird zum Zeiger auf das Sichentziehende.

Wo wäre das sich dem Menschen Entziehende zu suchen und worauf würde der sich im Ungerechtigkeitserlebnis nicht voll verstehende Mensch zeigen? Wohin deutete er, ob er es wüsste oder nicht?

Wir haben oben (VI.) „das Leben" als möglichen Gegenstand eines Ungerechtigkeitsurteils ausgeschlossen. Das konnte naheliegenderweise so verstanden werden, als ob für die „Ungerechtigkeit Gottes" dasselbe gelten solle. Dieser Eindruck träfe zu. Ausgeschlossen bleibt so jede Antwort auf die Frage, ob man zu Recht von einer „Ungerechtigkeit Gottes" sprechen darf. Dass den Menschen seit eh und je immer wieder das Gefühl anspringt, Gott sei zutiefst ungerecht, ist freilich eine unbestreitbare Tatsache. Und dass dieser tief verankerte Verdacht Auswirkungen auf das Erleben und die Deutung der vom Menschen verursachten Ungerechtigkeiten haben muss, dürfte von niemandem bestritten werden. Genau um die Auswirkungen dieses meist verborgenen und daher untergründig wirksamen Verdachts soll es gehen.

Gott lässt, so ließe sich ein erster Vorwurf formulieren, unendlich viele Ungerechtigkeiten zu. Der Eine ist größer als der Andere, ein Zweiter ist stärker als der Andere, ein Dritter schöner als der Andere, ein Vierter gesünder als der Andere. Der Kleinwüchsige, der Schwächliche, der Hässliche, der Kranke oder Behinderte: Sie alle könnten sich ungerecht behandelt fühlen. Der Eine wird mehr geliebt, mehr geschätzt, mehr von Erfolg verwöhnt als der Andere. Der Ungeliebte, der Verachtete, der Erfolglose: Sie alle könnten sich ungerecht behandelt fühlen. Ein Erdbeben, ein Tsunami, ein Vulkanausbruch oder eine andere Naturkatastrophe tötet Gerechte und Ungerechte, ordentliche Bürger und Kriminelle, Fromme und Unfromme gleichermaßen. Der Eine stirbt früher als der Andere; der Eine lebt gesund bis zum Tod, der Andere stirbt tausend Tode vor dem Tod; der Eine wird in Europa geboren, der Andere in einem armen Land Afrikas.

Aber Gott, so könnte ein zweiter Vorwurf lauten, lässt nicht nur Ungerechtigkeiten zu, er verübt sie auch höchstpersönlich selbst. Das Opfer Abels nimmt er an, das Opfer Kains lehnt er ab (Genesis, 4, 3-5); der Bericht darüber ist zugleich „die älteste Urkunde über die Geheimnisse der Ungerechtigkeit" (Sloterdijk, Zorn und Zeit, 124). Gott hasst Esau und liebt Jakob, während sich beide noch im Mutterleib befinden, sie also noch nichts Gutes oder Böses getan haben können (Römer 9, 13). Nur ein Teil der Israeliten wird erwählt, der andere nicht (Römer 9, 8-12). Gott verweigert seinem „Stammvater" Abraham viele Jahre lang den ersehnten und längst prophezeiten Nachkommen, lässt ihn dann mit der jungen Hagar einen außerehelichen Sohn (Ismael) zeugen, schenkt daraufhin dem beinahe hundertjährigen Greis schließlich doch noch einen weiteren und jetzt rechtmäßigen Sohn aus der Ehe mit Sara (Isaak), verlangt dann aber des letzteren Opferung, verzichtet zuletzt wieder auf das Kindsopfer (in der Urfassung dürfte die Geschichte von Abraham und Isaak die eines wirklichen Menschenopfers gewesen sein); Sara bittet Abraham, die ägyptische Sklavin Hagar zu vertreiben, damit deren Sohn nicht zu einem Rivalen für Isaak heranwachse, der Herr heißt Abraham zu tun, worum Sara ihn gebeten hat, Hagar wandert in die Wildnis von Beerscheba, und als sie kein Wasser mehr hat, wirft sie ihr Kind voller Verzweiflung in ein Gestrüpp, wieder gibt es eine Rettung in letzter Minute, denn der Herr erscheint Hagar und zeigt ihr eine Wasserquelle. „Nimm's, aber zittre, wenn du es hast", könnte man mit Hebbels „Judith" ausrufen. Gott verspricht und gibt lange nicht, dann gibt er und will wieder bekommen, schließlich verzichtet er doch noch aufs Nehmen, macht dabei aber in der Ausführung Unterschiede. Er bevorzugt bei der Mutterschaft die junge Frau vor der alten, dann macht er es wieder umgekehrt. Fürchten und Zittern lässt er in beiden Fällen bis zur letzten Sekunde. Gleichberechtigte Geschwisterschaft scheint er nicht aushalten zu können. Jede Regel, aus der sein Verhalten abgeleitet werden könnte, verweigert er. Seine völlige Freiheit und Souveränität demonstriert er in Handlungen, die der Mensch für ungerecht halten kann oder vielleicht sogar, aus seiner Perspektive, halten muss.

Hiob hat zehn Kinder und eine große Herde, er lebt in Glück, Reichtum, Zufriedenheit und in der Achtung seiner Mitmenschen. Er ist fromm, untadelig und rechtschaffen, er fürchtet Gott und meidet das Böse. Der Teufel behauptet, er sei nur solange fromm, wie er in angenehmen Verhältnissen lebe. Gott erlaubt dem Teufel im Rahmen einer Wette, Hiob auf die Probe zu stellen und ihm allen Besitz und alle Kinder zu nehmen. Hiob nimmt die Schicksalsschläge an, ohne Gott anzuklagen. Erneut behauptet der Teufel, Hiob habe gut fromm sein, solange er selber noch gesund sei. Wieder kommt es zu einer Wette zwischen Gott und Teufel, dieser darf Hiob nun, wenn auch nicht töten, so doch an der Gesundheit schädigen, Hiob erkrankt an einem bösartigen Geschwür von der Fußsohle bis zum Scheitel. Obwohl seine Frau ihn nun auffordert, diesen Gott, der so etwas zulässt, zu verfluchen, bleibt Hiob bei seiner gottesfürchtigen Einstellung: „Nehmen wir das Gute an von Gott, sollen wir dann nicht auch das Böse annehmen?" (2, 10). In dem auf diesen ersten Teil der Rahmenhandlung (Prolog) folgenden dichterischen Teil des Buches kommt es zu Dialogen zwischen Hiob und seinen Freunden. In ihnen klagt Hiob über sein Leiden, beteuert, es nicht verdient zu haben, und fordert schließlich Gott selbst heraus, klagt ihn tyrannischer Ungerechtigkeit an. Die Freunde versuchen, ihn zum Geständnis einer Schuld zu bewegen. Sie sind Vertreter der alten „Weisheitslehre": Dem Gerechten geht es gut, dem

Gottlosen schlecht. Demzufolge muss Hiobs Leiden durch seine Schuld verursacht sein, die er denn auch suchen und bekennen soll. Letztlich wendet sich Gott aus einem Gewitter heraus an Hiob. In zwei Reden betont er seine Macht und die Herrlichkeit seiner eigenen Schöpfungswerke. Lange redet er über die Großartigkeit der von ihm erschaffenen Tiere und Naturgewalten. In zwei kurzen Antworten stellt Hiob sein Klagen ein. Von Hiobs Schuld oder Unschuld, von der Probe, auf die Hiob gestellt wurde, von den Argumenten seiner Freunde spricht Gott nicht, von seinen Wetten mit dem Teufel auch nicht. Er stellt nur die unbegreifliche Größe seines göttlichen Handelns dar. Im Epilog, dem zweiten Teil der Rahmenerzählung, belohnt Gott Hiobs Treue, indem er ihm noch einmal zehn Kinder und an Gütern zweimal so viel gibt, wie er vor Satans Taten besaß, und ihn von seiner Krankheit befreit. Halten wir fest: Gott stürzt den Frömmsten ohne erkennbaren Grund in tiefstes Unglück. Er erlaubt, zahlreiche Menschen und Tiere zu töten. Er lässt sich auf Wetten mit dem Teufel ein. Er stellt den Frommen ohne irgendein Indiz für sein Schwanken auf die Probe. Er nimmt nicht alles auf einen Schlag, „denn der Herr nahm und nahm und nahm" (Kierkegaard, Entweder-Oder, 1885, 217). Bei seinem Erscheinen im Gewitter geht er auf die Fragen und Zweifel Hiobs mit keinem Wort ein, er redet nur von sich, von seiner Größe, Macht und Herrlichkeit, er stellt Fragen zu seiner Macht, die Hiob nie bezweifelt hatte, er entwirft selbst das Bild eines amoralischen Kosmos. Er verschweigt ihm Probe und Satanswette, gibt dem Leid keinen tieferen Sinn, kündet keine Entschädigung für das Bestehen der Probe und kein Ende der Probe an. Hiob erklärt sich mit dieser Antwort, die keine ist, erstaunlicherweise zufrieden, obwohl sie seine Anklage Gottes eigentlich bestätigt: Er ist unschuldig, sein Leiden unerklärlich, ein Ende offenbar nicht geplant, jedenfalls nicht verkündet. Gesagt sein soll, dass der Sinn von Gottes Handeln dem Menschen nicht zugänglich und eine Antwort auf die Theodizeeproblematik nicht möglich ist. Der Mensch muss sein Fragen einstellen. Die Belohnung Hiobs am Ende scheint großzügig, gegeben wird das Doppelte, also Ersatz für das Genommene und gleichgroße Belohnung für das Leiden (oder vielleicht nur für den blinden Gehorsam?). Aber wird durch die weiteren Kinder der Schmerz um die Getöteten getilgt? Mussten sie sterben, nur damit Gott seine Macht demonstriere? Nach menschlichen Maßstäben gemessen ist Gottes Verhalten eine ununterbrochene Kette von Ungerechtigkeiten.

Legion sind die Versuche der Theologie, den Gegenbeweis zu führen. Augustinus macht den Beginn. Er geht von Römer 9, 10-13 aus und unternimmt es zu erklären, warum Gott Jakob liebt und Esau hasst, obwohl beide das Licht der Welt noch nicht erblickt haben. In seiner Schrift „Expositio quarundam propositionum ex epistola ad Romanos" (394) löst der Kirchenvater das Problem dadurch, dass er als Grund für die Erwählung des einen und die Verwerfung des anderen Gottes Vorauswissen, wie beide einmal beschaffen sein würden, postuliert. Auch für ihn muss es also ein Unterscheidungskriterium geben, dessen Anwendung die ungleiche Behandlung rechtfertigt. Was genau sieht Gott voraus, was erwählt er, worin besteht das Unterscheidungskriterium? Es sind nicht bestimmte vorausgewusste Werke, sondern es ist der vorausgewusste Glauben, denn dieser sei das Verdienst des Menschen. Gott wusste also voraus, dass Jakob glauben würde, deshalb erwählte und liebte ihn Gott, und er wusste voraus, dass Esau nicht glauben würde, weshalb er ihn verwarf und hasste. Es ist im Letzten der Mensch selber, der über sein Heil oder Unheil entscheidet, denn er ist frei, zu glauben oder nicht zu glauben.

Zwei Jahre später, in seiner Schrift „Ad Simplicianum" (397), verschärft Augustinus seine Interpretation von Römer 9, 10-13: Auch der Glaube des Menschen dürfe nicht als sein Verdienst betrachtet werden. Denn er verdanke alles der zuvorkommenden Gnade Gottes, auch den Glauben und seine Neigung dazu. Wenn aber der Mensch überhaupt keine Möglichkeit besitzt, sich durch eigenes, freies Handeln vor anderen auszuzeichnen, und deshalb alle Menschen in dieser Hinsicht gleich sind, dann stellt sich erneut, und nun noch dringlicher, die Frage nach der ungleichen Behandlung von Jakob und Esau. Die Erwählung Jakobs lässt sich, so scheint es, noch relativ leicht als absolut freies und reines Gnadengeschenk Gottes erklären, der darin allem Tun und Wollen des Menschen zuvorkommt. Das Geschenk verdankt sich der Gnade und Souveränität Gottes. Wie aber verhält es sich bei Esau? Wie lässt sich seine Verwerfung einsichtig machen, ohne dass Gott den Vorwurf der Ungerechtigkeit auf sich ziehen müsste? Hat Esau das freie Gnadenangebot Gottes abgelehnt und deshalb seine Verwerfung verdient? Augustinus verneint die Frage, denn der Text der Heiligen Schrift spricht explizit von Ungeborenen, die weder etwas wollen noch nicht wollen konnten, bevor nicht der eine schon erwählt, der andere verworfen war. Augustinus sieht sich so dem Dilemma ausgesetzt, einerseits einen Ungerechtigkeit ausschließenden Grund für die Verwerfung von Esau finden zu müssen, andererseits aber bereits erklärt zu haben, dass die Gnadenwahl Gottes völlig frei und unabhängig von allem Tun und Wollen des Menschen erfolge. Um dieses Dilemma aufzulösen, entwickelt er sukzessive die Lehre von der Erbsünde. Diese besagt, dass die ganze Menschheit eine „einzige Sündenmasse" (massa peccati) darstelle. Begründet sieht Augustinus dies in Römer 5, 12 „in quo omnes peccaverunt", was er fälschlich mit „in dem (= Adam) alle sündigten" übersetzt, statt korrekt mit „weil alle sündigten", wie aus der griechischen Übersetzung des Alten Testaments, der Septuaginta, hervorgeht. „In Adam", dem Stammvater der Menschheit, haben alle Menschen gesündigt, weshalb sie, ohne je eigene Sünden, als gerechte Strafe die ewige Verdammnis verdienen. Dabei steht es Gott selbstverständlich frei, diese Strafe dem einen zu erlassen, sie aber vom andern einzufordern. Das eine ist Ausdruck seiner Barmherzigkeit, das andere Ausdruck seiner Gerechtigkeit. Stellt man nun die Frage, warum Gott aus der großen Sündenmasse der Menschheit nur einige wenige zum Heil erwählt und vorherbestimmt, während er dem größten Teil seine rechtfertigende Gnade verweigert – wovon der Kirchenvater sich überzeugt zeigt –, dann kann nach Augustinus nur geantwortet werden, dass der Mensch nicht in der Lage ist dies einzusehen, sondern darauf vertrauen muss, dass es einer nur Gott einsichtigen Gerechtigkeit entspricht. Die Lehre von der Erbsünde, wenn sie denn zuträfe, leistete freilich auch dann einen gewissen Beitrag zur Befreiung Gottes vom Vorwurf der Ungerechtigkeit. Esau hat seine Verwerfung verdient. Jakob hätte sie zwar auch verdient, aber dass er aus Gnade und Barmherzigkeit erwählt wird, kann dem Erwählenden so wenig zum Vorwurf gemacht werden, wie wenn ein menschlicher Gläubiger zweier Schuldner dem einen die Schuld aus Mitleid oder Barmherzigkeit erlässt, dem anderen nicht. Gottes Gnade wäre nicht Gnade, wenn sie nicht unverdient, sondern nach Schuldigkeit gewährt würde. Bisweilen hat man bei Augustinus den Eindruck, dass Gott sogar oft die größten irdischen Sünder erwählt. Vom Glauben erst nimmt jedes gute Verdienst seinen Anfang, er selbst aber, der Glaube, ist nicht dem menschlichen Willen zuzuschreiben, sondern als freie Gabe Gottes zu erklären. Gott macht die einen glauben, die anderen nicht, die einen beten, die anderen nicht. Nicht der Wille des Menschen führt zu Glauben und Gebet, sondern nur die Gnade Gottes (vgl. die mit der Lehre von der Erbsünde eng verknüpfte Gnadenlehre in Aurelius Augustinus, Briefe, 1966, 343 ff., Brief Nr. 194). „Ist etwa bei Gott eine Ungerechtigkeit?" (Römer 9, 14). Das sei ferne! Aber „unerforschlich sind seine Gerichte und unbegreiflich seine Wege" (Römer 11, 33). Wir sehen, dass 397 für Augustinus nicht mehr die Verwerfung Esaus (und des größten Teils der Menschheit) das eigentlich Erklärungsbedürftige ist, sondern die Erwählung Jakobs. Als Grund dafür erweist sich die unerforschliche, vom Willen des Menschen und seinen Taten unabhängige Gnade Gottes.

Man muss sich die Tragweite dessen, was hier geschieht, ganz klar machen. Nur um Gottes Ungerechtigkeit aus der Welt zu schaffen, stellt Augustinus den Menschen völlig rechtlos, entmündigt ihn durch ein von ihm neu geschaffenes biologisches Verständnis der Erbsünde (Vererbung durch concupiscentia, durch Geschlechtsakt) und zieht die krasse Schlussfolgerung: Die Menschen sind eine Masse von Sünden, Verdammung haben sie von Rechts wegen alle verdient. Totale Unfreiheit tritt an die Stelle menschlicher Freiheit. Gott soll vom willkürlichen Despoten zum milden Richter gemacht werden, aber wodurch? Durch anfängliche, also prägenitale und unterschiedslose Verwerfung aller und Gnadenwillkür zugunsten einiger weniger, die die Gnade nicht verdient haben. Der Versuch eines Beweises für Gottes Gerechtigkeit gerät unfreiwillig zum positiven Beweis seiner Ungerechtigkeit. Und was wäre das für eine Ungerechtigkeit? Es wäre nicht eine Ungerechtigkeit, die einem in dem einen oder anderen Fall einmal unterläuft. Sondern es wäre eine, die sich gewaschen hätte, systematisch, konsequent, ohne jede Ausnahme, voller Absicht, nicht zu irritieren, durch Verdienste nicht zu beeinflussen, unkorrigierbar, auf der anderen Seite aber auch unvorhersehbar, aus Normen oder Gesetzen nicht ableitbar, willkürlich in ihrer Souveränität, souverän in ihrer Willkür. Lohnte sich irgendeine moralische oder religiöse Anstrengung, wo doch alles vorherbestimmt, alles schon entschieden ist, nichts auf den menschlichen Willen ankommt?

„Logik des Schreckens" nannte Kurt Flasch das von ihm herausgegebene und eingeleitete Buch über die Gnadenlehre des Augustinus (3. Aufl. 2012). Er spricht darin vom „metaphysischen Grauen", das die Lehre vermittle, besteht, gegen jeden vordergründigen Harmonismus, auf dem „Schauder der Vormoderne" in Augustinus archaisierender Theorie und stellt die Brutalität, ja den Sadismus der göttlicher Auswählung heraus. Peter Sloterdijk hat in seinem Essay zu „Gottes Eifer, Vom Kampf der drei Monotheismen" (2007) die augustinische Gnadentheologie als tiefe „Verwirrung, ja Neurotisierung einer Zivilisation" verurteilt, als Ausdruck eines „theologischen Absolutismus", der „das diabolische Moment in Gott bis zum sakralen Terrorismus" zu steigern drohe (89, 91).

Wir wollen die Berechtigung solcher Urteile beiseite lassen. Nicht, dass sie berechtigt sind, ist für uns wichtig, sondern dass sie möglich sind. Nicht, was Gott sagt und wie das Gesagte richtigerweise zu interpretieren ist, leitet unser Fragen, sondern, wie Gott verstanden und interpretiert werden konnte, mit Folgen bis heute. Auch dass die Versuche, das Nichtvorhandensein einer Ungerechtigkeit Gottes zu beweisen, sich in Widersprüche verwickeln und alles fragwürdige Primäre möglicherweise auf der Sekundärebene nur noch schlimmer machen, spielt eine Rolle. Kurz alles, was den Menschen in seinem Erleben und Deuten von menschlicher Ungerechtigkeit existentiell zu verunsichern vermag, soll zur Sprache kommen. Man glaube nicht, dass in säkularisierten Zeiten, in denen der Mensch sich etwas darauf zugute hält, religiös unmusikalisch zu sein, solche Verunsicherung eher unwahrscheinlich sei. Was einst mächtig war und sich dem Menschen mehr und mehr entzieht, entfaltet gerade im Vorgang des Sichentziehens eine nicht immer bemerkte prägende Wirkung. Der moderne Mensch, der sich im Mittelpunkt des Geschehens wähnt, bemerkt nur zu oft, dass sich jene Fragen nicht haben vertreiben lassen, die nur aus der Demut des Randes sich beantworten lassen. Man gewinnt fast den Eindruck, als komme das Religiöse erst im Modus seines Verschwindens in den Zustand der Deutbarkeit, gleich als vermöchte das Subjekt nur im Dementieren des Religiösen seine Denkbarkeit zu gewährleisten, als schärfe sich mens durch de-mentare. Was Glaube wäre, könnte man so nur außerhalb des Glaubens erkennen.

Die Angst und die Unruhe, die den Menschen erfassen, wenn er an die Möglichkeit göttlicher Ungerechtigkeit denkt, können seine Empörung über menschliche Ungerechtigkeit entweder *schwächen* oder *steigern*, und sie können seine Empörung gegen die göttliche Ungerechtigkeit selbst *entzünden* und diese nach *Kompensation* im weltlichen, vom Menschen beherrschbaren Bereich rufen lassen.

Schauen wir zuerst auf die erste dieser drei Reaktionsformen. In ihr verzweifelt der Mensch an der Möglichkeit irdischer, d.h. zwischenmenschlicher Gerechtigkeit. Ihn überwältigt ein Gefühl absoluter und universaler Kontingenz. Überall rechnet er mit gnadenloser Willkür, und er lässt sie gleich einer Naturkatastrophe über sich ergehen. Hoffnungen auf Änderung, wenn er sie je besaß, hat er aufgegeben. Sein transzendentaler Schrecken macht ihn in weltlichen Zusammenhängen, je nach Typ, traurig oder zynisch. Ungerechtigkeiten, die ihn treffen, zahlt er ihrem Urheber heim oder lässt sie auf sich beruhen. „Es gibt kein richtiges Leben im falschen" ist sein Motto. Das „falsche Leben" bestünde in der von einem selber ungerechten Gott konstruierten conditio humana, in welche die Potenzialität zum Begehen und Erleiden von menschlicher Ungerechtigkeit von Anfang an eingeschrieben wäre. Ein mögliches „richtiges", aber nur zu bald durchschautes Leben wäre ein solches, das wenigstens unter Menschen auf dem Unterlassen von Ungerechtigkeit bestünde. Auf solchem so eigensinnigen wie blinden Beharren lastete der Verdacht, dass es die ins Leben eingefurchte Ungerechtigkeit Gottes noch vertiefen könnte. Denn ein Ebenes, das auf ein Unebenes gelegt wird, schafft kein ebenes Ganzes. So erzeugte menschlich Gerechtes, das auf göttlich Ungerechtes gebaut wäre, immer wieder neues Ungerechtes. Wovon man sich abzusetzen versucht, daran hat man selber teil, und je heftiger das Absetzen, umso größer die Teilhabe. Das Abgesetzte wäre aufs Zweideutigste vom Subjekt des Sichabsetzens und vom Perhorreszierten selbst beherrscht. Der Horizont, an dem Himmel und Erde sich treffen, könnte der Ort sein, an dem sich alles wendete, an dem irdische Ungerechtigkeit im Licht der göttlichen Sonne als gebrandmarkte verglühte. Aber in Wahrheit wäre er nur der Ort, von wo menschliche Ungerechtigkeit als himmlisch legitimierte zum Menschen zurückkehrte. Je größer die Ungerechtigkeit Gottes gegenüber dem Menschen, desto geringfügiger die Ungerechtigkeit des Menschen vor Gott.

Die Erfahrungen, die der Mensch in der Auseinandersetzung mit Gottes scheinbarer Ungerechtigkeit gemacht hat und derer er selbst in Zeiten des Vergessens eingedenk ist, haben ihm in über tausendjährigem Ringen mit den Texten, immer auch geprägt vom glühenden Eifer, Gott zu rechtfertigen und als gerecht zu erweisen, die Hoffnung, ja in höchsten Augenblicken die Gewissheit eingegeben, dass gerade hinter dem rational absolut Unverständlichen möglicherweise eine höhere, dem Menschen nicht einsehbare Weisheit und eine höhere, dem Menschen nur erahnbare Gerechtigkeit stehe. Das Unverständliche erwiese sich dann eben in seiner Unverständlichkeit als klarster Beweis für das Dasein göttlicher Gerechtigkeit. Bloße Hoffnung wandelte sich in Glauben, Glauben in Wissen. Willkür gäbe das sicherste Zeichen für die Existenz eines verborgenen, aber alles entscheidenden Differenzierungskriteriums. Das Zeichen wäre bloß richtig zu deuten, und es schiene an ihm auf, was Gerechtigkeit auf Erden sein könnte. Seltsame Wendung: Wo Gott uns am verborgensten scheint und sich gegen uns richtet, wäre er uns am nächsten, er, deus absconditus vom Wesen her. Wer diese Haltung gegenüber dem Göttlichen aufs Menschliche überträgt, dem stehen zwei Wege offen, mag er sich nun explizit entscheiden oder nur faktisch den einen oder den anderen Weg gehen. Er kann, wenn ein Höherstehender eine ihn betreffende Ungerechtigkeit begeht, in dieser Erfahrung nachahmen und vollziehen, was er im Religiösen erfolgreich plausibel gemacht hat. Dann profitierte der weltliche „Herr" von jenem Bonus, der sich aus der Vermutung einer höheren Weisheit und Gerechtigkeit des Höheren ergäbe, etwa im Sinne des verbreiteten Satzes „Die da oben werden schon wissen, was sie tun". Dieser Satz lautet ja eigentlich, also voll ausformuliert, „Ich verstehe es zwar absolut nicht, aber die da oben...". Der Höhere ist nach ihm qua Position immer schon darüber hinaus, nach den Motiven seiner Entscheidung kritisch befragt zu werden. Seine Souveränität wäre die göttliche. Unverständlichkeit erwiese sich als der geheimnisvolle Code höherer Einsicht. Der Ungerechte hätte in Rätseln gesprochen, und das Rät-sel beruht auf Rat und auf Nachdenken des Urhebers, es hat eine Lösung, und zwar eine passende, eine richtige, mag diese dem Menschen auch gegenwärtig noch verschlossen sein. Man glaubt den Experten, und „die da oben" sind gewissermaßen Experten in Sachen Gerechtigkeit. Es gehört zu ihrem „Amt", gerecht zu entscheiden, und „wem Gott ein Amt gibt, dem gibt er auch Verstand", so sagt ein alter Satz, welchen Hegel freilich einen „Scherz" nennt, „den man wohl in unsern Zeiten nicht gar für Ernst wird behaupten wollen" (Grundlinien der Philosophie des Rechts, 1821, Vorrede). Es ist oft und nicht von ungefähr gerade der gläubige Mensch, der sich um die Erkenntnis einer an ihm oder einem Dritten begangenen Ungerechtigkeit herumdrückt, namentlich, wenn sie von einem Amtsträger oder einer politischen Obrigkeit herrührt. Ihm ist das „credo quia absurdum est" (Ich glaube, weil es unvernünftig ist) nur zu vertraut und ganz nahe stünde ihm ein „probo quia iniustum est". Auch das scheinbare Gegenprogramm Anselms von Canterbury (in der Schrift „Proslogion") „Neque enim quaero intelligere ut credam, sed credo ut intelligam" (Denn ich suche nicht zu verstehen, um zu glauben, sondern ich glaube, um zu verstehen) ist ihm nicht fern, fördert doch der primäre Glaube an eine höhere Einsicht Verstehen und Begründen selbst dort, wo sie an sich schwer, wenn nicht unmöglich scheinen. Es bedeutet ja keineswegs „Ich glaube nur, wenn ich verstehe". Dass ein entsprechendes Verhalten in weltlichen Dingen einen religiösen Hintergrund hat, und wirke sich dieser auch nur im Unterbewusstsein aus, ist ein Verdacht, der umso unabweisbarer wird, als solches Verhalten sich auch im Rahmen einer globalen Digitalisierung und damit einhergehender umfassender Möglichkeiten zur schnellen Information hartnäckig zu behaupten pflegt. Indem die postmoderne Welt es perhorresziert, setzt sie es als ihre geheime Wahrheit. Kein genauerer Begriff von ihm ist zu erlangen als der durchs Studium der Begründungen für seine Perhorreszierung und der empfohlenen Gegenmittel. So sehr man aufgeklärte Kritik des „mündigen Bürgers" an

gesellschaftlichen, wirtschaftlichen und politischen Ungerechtigkeiten hochzuhalten und zu propagieren scheint, so
wenig gibt man in Wahrheit darauf, wo Forderungen nach
direkter Demokratie nachgerade als irrational und abwegig
gebrandmarkt werden.

In das „Die da oben werden schon wissen, was sie tun" haben sich immer schon heimliche Widersprüche eingenistet:
In ihm wird stillschweigend mitgedacht, dass der sich Äußernde ein Recht hat, zu verstehen, nachzuvollziehen und
(als gerecht) zu erkennen, dass er somit, auch wenn „die da
oben" tatsächlich wissen sollten, was sie tun, in einem Recht
schon verletzt wäre, nämlich in dem auf Verstehen und
Erkennen. Freilich wird der sich so Äußernde in Zukunft
womöglich sich noch schwerer tun mit dem Verstehen von
„denen da oben", müssen sich diese doch durch ihn in ihrem autistischen Verhalten bestätigt fühlen. „Die da unten"
werden so „die da oben" immer weiter nach „oben" beför-
dern und die Distanz zwischen sich und ihnen vergrößern.
Je weniger „die da unten" wissen wollen, was „die da oben"
tun, desto geringer wird die Wahrscheinlichkeit, dass „die
da oben" wirklich wissen, was sie tun. Wo das Vertrauen in
Gottes Weisheit und Gerechtigkeit zunimmt, wächst die
Einsicht in die Welt als seine Schöpfung; wo das Vertrauen
in „die da oben" zunimmt, schwinden die Gründe für seine
Gewährung. Je mehr man in innerweltlichen Verhältnissen
vertrauen muss, desto weniger Grund gibt es für Vertrauen.
Vertrauen kann man nur dem, der Vertrauen nicht nötig
hat. So wie Dank nicht verdient, wer Dank fordert, so verdient Vertrauen nicht, wer es beansprucht. Wer von „denen
da oben" spricht, vergisst allzu leicht, dass in einer Demokratie er es war, dessen Vertrauen sie nach oben gebracht
hat, und dass er nun seinem früheren Vertrauen vertraut,
für das jetzt, bei absoluter Unverständlichkeit getroffener

Entscheidungen, kein Grund mehr existiert. Selbst echtes Vertrauen in „die da oben" ist stets aufs Höchste gefährdet, in sein Gegenteil umzuschlagen, wo es sich dann als Wut und Hass zeigt. Blindes Vertrauen tendiert dazu, sich, wenn es enttäuscht wird, in blinden Hass zu verkehren. Art und Intensität des Vertrauens wiederholen sich in Art und Intensität des Hasses. Das die Übertragung Vermittelnde ist die Scham, die sich bei Enttäuschung von Vertrauen immer, bei der Blindheit seiner Gewährung doppelt meldet. Wie schal und dürftig der bewusste religiöse Bezug des Vertrauens in einen Höheren auch immer sein mag, stets schwingt in dem Verlust des Vertrauens unbewusst ein letzter Rest jener gramvollen, bitteren und von Trauer begleiteten Enttäuschung mit, die der Gläubige in seinem Gotteserleben durchleidet, wenn er über Gott sich glaubt beklagen zu müssen.

Die zweite Möglichkeit für eine weltliche Parallele zum „credo quia absurdum est" läge im Erkennen der unendlichen Differenz zwischen Göttlichem und Menschlichem. Wer Ungerechtigkeiten beginge oder seine Entscheidungen nicht oder unverständlich begründete, dem schlüge die Empörung dessen entgegen, der darin menschliche Anmaßung am Vorbild des Göttlichen erblickte und es gerade darin aufs Höchste verachtete. Aus religiöser Erfahrung demütig, besäße er ein besonders fein entwickeltes Sensorium für menschliche Ungerechtigkeit und darin verborgenen Hochmut, für Machtgier und Geldgier. „Contemno quia absurdum (iniustum) est", hieße sein Leitspruch. Und, weitergehend noch, sähe er den Missbrauch des Religiösen zu höchst weltlichen Zwecken am Werk, eine Instrumentalisierung, die umso infamer wäre, je eigennütziger sich ihre Zwecke gestalteten. Ihr den Weg abzuschneiden; ihrem geheimen Postulat, die Oberfläche (nur scheinbarer Ungerechtigkeit) sei auf eine verborgene Tiefe (wahrer Gerechtigkeit) hin zu transzendieren, die Legitimation zu bestreiten; esoterischer Hermeneutik, wonach alle Dinge auf der Welt „andersherum" zu lesen seien, den Deckmantel der Eigensucht herunterzureißen: Das wären die genuinen Aufgaben eines religiös gespiegelten „Contemno quia absurdum est". Dass der weltlichen Obrigkeit genauso vorbehaltlos und unbedingt und auf dieselbe intensive Weise zu gehorchen sei wie Gott – diesen Satz weist er nicht nur zurück, er inkriminiert ihn als Gotteslästerung, ja er bekämpft ihn voller Empörung. Die lutherische Zwei-Reiche-Lehre kennt er. Aber in der Interpretation, dass auch Christen in dieser Welt ohne Zwang und Gesetz nicht auskommen, daher selbst einer ungerechten Obrigkeit jederzeit gehorchen sollen und nur als Einzelne und in der Kirchengemeinde nach ihrem Glauben leben, sieht er eine böswillige und so einseitige wie eigennützige Verdrehung, die des Menschen und seiner Freiheit spottet, ohne auch nur jenes Einzige verbürgen zu können, was sie verspricht, nämlich inneren Frieden und äußere Ordnung. Anmaßung ist ihm die Wahrheit der Ungerechtigkeit. Sie erweist sich als die erstrebte Translation des unumstößlichen „Es steht geschrieben" auf ihre nackten Willkürsprüche. Deren Adressaten erleben sie als Alptraum. So wie Bewusstsein nicht bloß, wie es scheinen mag, den manifesten, sondern mehr noch den latenten Trauminhalt fürchtet, weil er ihm die Wahrheit des eigenen Selbst vermeldet, so ängstigt den Adressaten von Ungerechtigkeit mehr noch als deren Offenkundiges die in ihr verborgene, aber um so wirksamere Herrschaftsanmaßung für die Zukunft. So wie „die Zensur des wachenden wie des träumenden Bewusstseins, das Traum-Vergessen also ebensowohl wie das Traum-Entstellen", sich gegen die Epiphanie des latenten Existenzgehalts richtet (Kittler, Baggersee, 15), so versucht der Un-

gerechte namentlich das Erkennen dieser Herrschaftsanmaßung zu verhindern und, wo schon erfolgt, zu unterdrücken. Das „Es steht geschrieben", dessen er sich anmaßt,
lenkt den Blick auf bindende Vergangenheit, um so, gleichsam auf einem Umweg, den Blick auf kolonisierte Zukunft
zu versperren. Die an die Adressaten von Ungerechtigkeit
gerichtete stillschweigende Forderung, sich Illusionen über
ihren Zustand zu machen, ist die Forderung, den Kotau vor
einem Zustand zu machen, der der Illusion bedarf. Der
Kampf gegen quasi-religiöse Anmaßung ist mittelbar der
Kampf gegen eine Welt, in deren geistigem Klima Religion
nur noch als Quasi-Religion geduldet ist. Wo der Einzelne
Ernst machte mit seinem religiös inspirierten Vorgehen
gegen den weltlichen Missbrauch des Glaubens, träfe er auf
einen unbedingten Glauben an die Profitabilität solchen
Missbrauchs. Die Wahrheit des Jenseits mutiert in diesem
Missbrauch zum Jenseits der Wahrheit, und dass dieses
Jenseits der Wahrheit nicht zur (faktischen) Wahrheit des
Diesseits werde, dafür kämpfte der Gegner des Missbrauchs.

Schon im zuletzt beschriebenen Reaktionstypus hatten wir
einen Fall vor uns, in dem Empörung über menschliche
Ungerechtigkeit, religiös beeinflusst, gesteigert war. Das
Extrem erreicht dieser Reaktionstypus bei völliger Areligio-
sität, bei philosophischer Kritik jeder Art von Religion. Der
Kampf gegen gesellschaftliche Ungerechtigkeit gelangt dann
in sein eigentliches Element, in eine ganz irdische Radikali-
tät. Am besten beschrieben ist der Vorgang von Marx in der
Einleitung zur Kritik der Hegelschen Rechtsphilosophie von
1844. „Der Mensch, der in der phantastischen Wirklichkeit
des Himmels, wo er einen Übermenschen suchte, nur den
Widerschein seiner selbst gefunden hat, wird nicht mehr
geneigt sein, nur den *Schein* seiner selbst, nur den Unmen-
schen zu finden, wo er seine Wirklichkeit sucht und suchen

muß ... Die Kritik der Religion ist also im *Keim* die *Kritik des Jammertales*, dessen *Heiligenschein* die Religion ist. Die Kritik hat die imaginären Blumen an der Kette zerpflückt, nicht damit der Mensch die phantasielose, trostlose Kette trage, sondern damit er die Kette abwerfe und die lebendige Blume breche. Die Kritik der Religion enttäuscht den Menschen, damit er denke, handle, seine Wirklichkeit gestalte wie ein enttäuschter, zu Verstand gekommener Mensch, damit er sich um sich selbst und damit um seine wirkliche Sonne bewege. Die Religion ist nur die illusorische Sonne, die sich um den Menschen bewegt, solange er sich nicht um sich selbst bewegt. ... Er ist zunächst die *Aufgabe der Philosophie*, die im Dienste der Geschichte steht, nachdem die *Heiligengestalt* der menschlichen Selbstentfremdung entlarvt ist, die Selbstentfremdung in ihren *unheiligen Gestalten* zu entlarven. Die Kritik des Himmels verwandelt sich damit in die Kritik der Erde, die *Kritik der Religion* in die *Kritik des Rechts*, die *Kritik der Theologie* in die *Kritik der Politik*". Der Mensch rückt in den Mittelpunkt des Geschehens und löst das Jenseits in dieser Stellung ab. Menschliche Ungerechtigkeit bekämpft er, weil es um ihn selbst geht, er bedarf keiner religiösen Verbrämung irdischer Zustände mehr oder einer jenseitigen Kompensation für die Duldung irdischer Ungerechtigkeit; Duldung darf nicht mehr auf jenseitige Belohnung hoffen. Freilich wird vom Menschen jetzt verlangt, was man zuvor von Gott verlangte. Ja, der Mensch ist im Gegensatz zum alten Gott gerecht, ihm wird mehr zugetraut, als die Religion Gott zutraut.

Die atheistische Sicht auf das irdische Jammertal katastrophisiert eine Welt, in dessen Zentrum sie paradoxerweise einen als allmächtig imaginierten Menschen sieht. Ungerechtigkeiten erblickt sie allerorten, doch der Mittel für Remedur gibt es unzählige und machtvolle dazu. Selbst die

Vorgaben der Natur gelten ihr nicht als unüberwindbar. Wo Gott dem Menschen kein Begriff mehr ist, wird der Mensch in seinem Begriff zum Gott. Die Ungleichheiten der Natur sind ihm das eigentliche Skandalon, dem es zu Leibe zu rücken gilt. Jeder Mensch hat gegen die Gesellschaft bzw. gegen alle anderen Menschen (auch über seine Gesellschaft hinaus) einen Anspruch auf Ausbildung grundlegender „Befähigungen", etwa darauf, ein Leben normaler Dauer zu führen, also nicht zu früh zu sterben, körperlich gesund zu sein, Gelegenheit zu sexueller Betätigung zu haben, Gefühle und Bindungen zu entwickeln, als Behinderter ein Leben wie das eines Nichtbehinderten zu führen, als in Afrika Geborener so leben zu können wie ein in Amerika Geborener usw. (so M. Nussbaum, Die Grenzen der Gerechtigkeit, 2010). Tiere haben einen „Anspruch" auf eine „würdevolle Existenz", zu der unter anderem gehört, ausreichende Gelegenheit zur Nahrungsaufnahme zu finden, positive Erlebnisse zu haben, selbst der Schutz von Tieren vor anderen Tieren sei zu erwägen (ebd.). Ob solche Träume ohne eine totalitäre Weltdiktatur auch nur ansatzweise zu realisieren wären, mag dahingestellt bleiben. Schon viel früher wäre zu fragen, ob die Verwirklichung solcher Träume überhaupt wünschenswert ist. Selbst wer diese Frage bejahte, müsste doch zumindest zugeben, dass die Diskussion solcher sozialen und politischen Programme nicht unter der Rubrik „Gerechtigkeit" geführt und der Zustand ihrer Noch-Nicht-Verwirklichung nicht als „Ungerechtigkeit" gebrandmarkt werden sollte. Für uns ist an dem Phänomen einer alle herkömmlichen Grenzen überschreitenden Gerechtigkeitstheorie wichtig, dass sie sich mit der These verbindet, eine sachgemäße Ethik müsse die Ebene der Emotionen einbeziehen und diesen einen eigenen Erkenntniswert zuschreiben. Das bestätigt unsere Beobachtung, dass das Ungerechtigkeitsgeschehen von Emotionen geprägt und geleitet ist. Ihre Kraft und ihre Wucht verdanken sich der Entzauberung des Himmels. Wo sie in emotionaler Intuition auch in der Theorie alle Fesseln der europäischen Rationalität sprengen, da wollen sie „hier auf Erden schon das Himmelreich errichten" (Heine).

Interessanterweise erweisen sich die christlichen Kirchen heute als besonders eifrig darin, menschliche Ungerechtigkeit anzuprangern, und zwar die „großen Ungerechtigkeiten" gegenüber anderen Erdteilen. Da sie den Menschen des Westens kaum noch mit ihrem eigentlichen Angebot, dem Versprechen von Transzendenz, erreichen, glauben sie nun, ein genuin irdische Spezialkompetenz für Ungerechtigkeiten und ihre Beseitigung aus der Transzendenz ableiten zu müssen. Es wird ihren Weg in die Obsoleszenz möglicherweise weiter beschleunigen, und dies umso mehr, als man in ihrem Handeln nur zu deutlich das schlechte Gewissen dessen erkennt, der einst in den Zeiten von Imperialismus und Kolonialismus den Weg der weltlichen Eroberer aufs Engste mitging und begleitete.

XXX.
Verzeihung als mögliche Reaktionsform auf Ungerechtigkeit

Verzeihung, so haben wir an früherer Stelle bemerkt, sei nicht die richtige Art, eine Ungerechtigkeit aus der Welt zu schaffen. Warum ist das so? Könnte nicht gerade in der Verzeihung das Andere von Ungerechtigkeit aufscheinen, in dem diese aufgehoben würde? Eine Sünde, eine Schuld, ein Versagen können verziehen werden, warum eine Ungerechtigkeit nicht? Um der Antwort näher zu kommen, müssen wir das Wesen des Verzeihens kennen.

Verzeihen ist *nicht* die Feststellung, dass die durch die Tat ausgelösten Gefühle von Ärger, Zorn, Empörung, Wut und Hass aufgehört haben zu existieren. Das Blässerwerden dieser Gefühle mag faktisch oft vor dem Verzeihen stehen oder durch das Verzeihen erhoffterweise ausgelöst werden; zum Begriff des Aktes gehört es nicht. Verzeihung enthält gleichfalls nicht die Feststellung, dass die Tat moralisch doch nicht als so schwerwiegend erscheint wie ursprünglich gedacht. In beiden Fällen wäre Verzeihen nichts als die Bekundung eines inneren abflachenden Geschehens im Verzeihenden, sei es auf der Gefühlsebene, sei es auf der Ebene der moralischen Bewertung. Wir hätten jeweils einen reinen Propositionalsatz vor uns, der einen inneren Sachverhalt feststellte. Aus demselben Grund heißt Verzeihen auch nicht, dass man die Tat vergessen oder verstanden hat. „Vergessen und Vergeben" sagt nur der oberflächliche Volksmund. Verstehen ist für Verzeihen weder hinreichend noch erforderlich. Das „tout comprendre c'est tout pardonner" von Madame de Staël bleibt ein frommer Wunsch auf kaum erreichbarer Grundlage, denn wann könnte man eine Tat schon wirklich umfassend verstehen?

Verzeihung durchbricht die Äquivalenzlogik des Gerechtigkeitsdenkens, indem sie auf Rache, Strafe, Schadensersatz, öffentliche Kritik, kurz: auf Sanktionierung, *verzichtet*. Sie unterlässt, was an sich gerechtfertigt wäre. Darin liegt jedoch mehr als bloße Passivität. In ihr wird, dem Täter oder Dritten gegenüber, der Wille ausgedrückt, aus dem Geschehen in Zukunft keine weiteren Konsequenzen mehr zu ziehen. An sie ist man, gleichermaßen wie an ein Versprechen, moralisch gebunden. Eine bloß im forum internum vollzogene Verzeihung kann keine sozialen Wirkungen entfalten. Verzeihung ist somit als Erklärung des Willens zum Verzicht aktives Tun. In den Begriffen der Sprechakttheorie handelt es sich um einen Propositionalsatz (Aussage, dass ein bestimmter Wille existiert), der zugleich performativen Charakter besitzt, weil er in und mit der Aussage das Ausgesagte, nämlich die Verzeihung, vollzieht („doing something by saying something", J. Austin).

Verzeihung geht jedoch über den Verzicht auf Sanktionierung hinaus. Sie ist nämlich auch und zusätzlich ein Akt der *Anerkennung* der Person des Täters. In ihr wird der Täter von seiner Tat getrennt, wird der Person des Täters zugetraut, über seiner Tat zu stehen, mehr und anderes zu sein als seine Tat, jedenfalls über die Tat hinauswachsen zu können. Ihm gibt der Verzeihende die Freiheit wieder, sich als jemanden zu zeigen, der anders handeln kann, als er gehandelt hat. Verzeihung entbindet ihn von seiner Tat und eröffnet ihm einen neuen Raum seiner Potentialität. Anerkennen heißt nicht, dass man in Zukunft vergessen will. Selbst noch das Vergessenwollen fesselt an das Vergangene. Verzeihung als Anerkennung bedeutet jedoch Ermächtigung für Neues. Das Verstehen gehört, so wie nicht zum Verzicht, auch nicht zur Anerkennung. Ich kann den Anderen anerkennen, ohne ihn verstehen zu können. Der Anerkennende gewährt dem Täter nicht einen „Kredit" oder einen „Vertrauensvorschuss", denn ein Kredit müsste zurückgezahlt werden und ein Vertrauensvorschuss wäre Anzahlung auf eine Schuld des Vorschießenden.

Verzeihung ist drittens ein kundgegebener Akt der *Selbstbefreiung*. Der Verzeihende befreit sich in ihr von der Bindung an die Vergangenheit, kehrt zu sich selbst zurück, findet sich selbst wieder. Er vollzieht Selbstbefreiung durch Selbstüberwindung und eröffnet einen neuen Raum für sich, sowohl im Verhältnis zum Täter wie in dem zu Dritten. Er setzt sich als Subjekt, das autonom und freiwillig – eine Pflicht zur Verzeihung kann es nicht geben – einem Anderen verzeiht, er gewinnt seine Souveränität wieder. Er löst sich von seiner Scham über das Erleiden der Tat und findet zur Selbstachtung zurück. Verzeihung stiftet innerhalb eines begonnenen, aber blockierten Handlungsvollzugs einen neuen, entblockierten Anfang. Auch der Verzeihende setzt sich als eine Person, die mehr ist als die Vergehen und Versäumnisse, die jeder, auch der Verzeihende, begeht. Ich befreie den Anderen von seiner Tat, weil er sich selbst nicht befreien kann, so wie ich, der Verzeihende, wie jeder andere Mensch auch, auf Verzeihung angewiesen bin. Das, was uns verzeihungsbedürftig macht, macht den Anderen verzeihungswürdig. Verzeihen heißt nicht Ent-schuldigen, die Schuld bleibt bestehen, aber sie soll keine Rolle mehr spielen, Beseitigung der Schuld überlässt der wahrhaft Verzeihende einem Höheren. Anders sieht dies Hegel (Phänomenologie des Geistes, suhrkamp, Bd. 3, 489 ff.), nach dem in der Verzeihung die wirkliche Tat abgeworfen und ungeschehen gemacht wird. „Die Wunden des Geistes heilen, ohne daß Narben bleiben; die Tat ist nicht das Unvergängliche, sondern wird von dem Geiste in sich zurückgenommen". Selbstbefreiung ist, ebenso wie Verzicht und Anerkennung, Proposition mit performativem Charakter. Verzeihen ist jeweils ein Aussagesatz über ein vorhandenes Wollen verbunden mit gleichzeitigem Aussagevollzug.

Setzt Verzeihung Reue und die Bitte um Verzeihung auf Seiten des Täters *voraus*? Für religiöse Verzeihung („Vergebung") mag das zutreffen. Für das zwischenmenschliche Verzeihen dürfte es nicht zwingend sein. Denn wir haben die Souveränität des Verzeihens betont. Weder der Verzicht noch die Anerkennung verlangen bereits in ihrem Aktsinn Reue und Bitte um Verzeihung. Schuld auf Seiten des Täters muss allerdings als zwingende Voraussetzung von Verzeihung betrachtet werden. Das „Vergib Ihnen, denn sie wissen nicht, was sie tun", gehört der Wahrheit des Religiösen an. Muss die Tat das Merkmal der „Verzeihlichkeit" an sich tragen? Von Derrida stammt das Paradox, verzeihlich sei im Grunde nur das Unverzeihliche, das Verzeihliche bedürfe als solches gar keiner Verzeihung. Auf seiner Grundlage würde Verzeihlichkeit die Tat gerade unverzeihbar machen. Und in der Tat, was verzeihlich ist, bestimmt der Verzeihende im Akt des Verzeihens. Eine vorgegebene objektive Qualität der Tat, die Verzeihung ausschließen, geradezu verbieten würde, kann es genausowenig geben, wie eine Pflicht zum Verzeihen sich denken lässt. Verzeihung ist Kommunikationshandlung, in der die Wahrheit über die Tat nicht festgestellt, sondern gestaltet und geschaffen wird.

Verzicht, Anerkennung, Selbstbefreiung: Verzeihen, wenn es gelingt, ist mehr als bloße Negation der Negation, sie ist *das Positive*, das durch das Negative hindurchgegangen ist und es „aufgehoben" hat, sie ist Gabe und Selbstbegabung, zukunftsöffnende Tat. In ihr spiegelt sich das Wesen des Täters ebenso wie das Wesen des Verzeihenden. Der Ursprung des Verzeihens liegt nicht zwingend in der Liebe. Zwar macht Liebe zum Verzeihen geneigter, denn sie ist es, die die Kraft zur Trennung von Person und Handlung in besonders großem Maße besitzt. Doch bleibt Verzeihung auch und gerade dann Verzeihung, wenn sie nicht aus Liebe geschieht.

Das Verzeihen hat seine *dunklen Seiten*. Fast schon natürlich und daher in der Regel mit Nachsicht behandelt ist seine nicht selten zu beobachtende Zweckhaftigkeit: Der Verzeihende will eine belastende Feindschaft beenden, verzeiht, damit der Adressat der Verzeihung ihm in anderem Zusammenhang nützlich sein soll, hofft auf nachträgliche Reue des Täters, strebt religiöse Belohnung an, will seinen eigenen inneren Frieden wiedergewinnen und sich aus der neurotischen Bindung an die Vergangenheit herauslösen, verzeiht aus Selbstgefälligkeit, um die eigene Stärke, Handlungsmacht, Subjektposition zu demonstrieren, um als souverän und moralisch hervorstechend dazustehen. Sodann beachte man die logischen Implikationen des Verzeihens, also das, was im Akt des Verzeihens stillschweigend mitgesetzt ist: das eigene gute Gewissen des Verzeihenden, jedenfalls im Hinblick auf die verziehene Tat; die Behauptung einer Schuld auf Seiten des Adressaten; die Behauptung, der von der Tat Betroffene, Geschädigte zu sein; die Aussage, allein über das Verziehene dispositionsbefugt zu sein. Alle diese Implikationen müssen nicht zutreffen. Im Akt des Verzeihens, erfolgend gewissermaßen von oben nach unten, beschämt der Verzeihende den Täter, demütigt ihn und treibt ihn vielleicht erneut in Trotz und Verhärtung, unterstreicht seine eigene Souveränität und Freiheit. Wo er sogar auf Reue verzichtet, kommt der Hochmut dessen zu Tage, der sich in die Position eines gnädigen Richters aufschwingt und moralische Macht über den Anderen ausübt. Er inszeniert sich als der freigebige Schenker, als der bedingungslos Gebende, als der, der den Anderen von Schuld entbindet, als der große Befreier. Wer zu schnell und zu leichtfertig und zu oft verzeiht, schwächt die Normen von Moral und Recht, die die Regel bleiben müssen. Wo dies aus übertriebener Sensibilität oder Empathie geschieht, handelt es sich nach Hegel um eine Art „liederlicher Verträglichkeit der Empfindsamkeit mit dem Schlechten" (Werke, suhrkamp, Bd. 2, 579). Zwischen Feigheit, unbedachter Großherzigkeit, Bequemlichkeit und Berechnung gibt es zahlreiche Formen kritikwürdigen Verzeihens. Verzeihung kann Beziehungsasymmetrie schaffen, indem sie Ungleichheit zum ersten Mal aufscheinen lässt oder, wo sie schon zuvor bestand, stabilisiert. Sie kann unter Umständen sogar die Würde des Täters in Frage stellen, indem sie seine Freiheit und Verantwortlichkeit anzweifelt. Ein Verzeihen, das sich ausführlich begründet („Weil die Sache so und so und so liegt, verzeihe ich Dir"), verfängt sich in der Hybris überlegener moralischer Weisheit. Sie dementiert das Verzeihen in seinem eigentlichen Anspruch und demontiert den Verzeihenden als selbstgerecht, zeigt aber nur umso deutlicher, wie sehr dieser Schein von Verzeihung die wahre ersehnt.

In einem gewissen Grad sind einige dieser dunklen Seiten jedem Verzeihen immanent. Nicht umsonst führt die Vorsilbe „ver"- beim „Ver-zeihen" zu einer Bedeutung, die der des Wortstammes („zeihen" = beschuldigen, bezichtigen) entgegengesetzt ist, während sie sonst meist eine intensive Form des Wortstammes anzeigt (z.B. verteilen, vertauschen, sich verlieben). Immer liegt im Verzeihen noch ein Stück „Zeihen".

Geschah es deswegen, dass wir das *Verzeihen* im Umkreis von *Ungerechtigkeit* nicht als angemessene Reaktionsform betrachtet haben? In der Art dessen, was man von sich abstößt, zeigt das eigene Wesen sich besonders deutlich. Negation des Anderen heißt Setzung des Eigenen. Wenn Ungerechtigkeit auf der Täterseite in einem „Sich mehr als den Anderen sehen" und insbesondere in Hochmut und Machtgier besteht, dann wird ihr Opfer, wenn es authentisch bleibt, sich gerade von eigenem Hochmut und eigener Machtgier freihalten wollen, wie er im Akt des Verzeihens nicht eliminierbar ist. So illegitim das Täterverhalten, so auftrumpfend wäre die Antwort. Insgesamt betrachtet können jedoch die dem Verzeihen immanenten Gefahren sie aus den Reaktionsformen im Bereich der Ungerechtigkeit nicht ausschließen, denn sonst müsste man Verzeihung generell ablehnen, was das Kind mit dem Bade ausschütten hieße.

Es sind andere Argumente, die unsere Behauptung stützen. Ungerechtigkeit wird von hierarchisch Höherstehenden verübt, Verzeihung setzt Gleichstufigkeit voraus. Ungerechtigkeit als Handlung schafft einen Zustand, der seinerseits ungerecht ist und bleibt, Verzeihung gilt der abgeschlossenen Tat. Verzeihung reagiert auf Schuld, Ungerechtigkeit muss nicht Schuld sein. Die Ungerechtigkeit, die einem von uns widerfährt, bedeutet eine Bedrohung für uns alle; die Verzeihung des Einen würde die Bedrohung für die Anderen nicht nur nicht aus der Welt schaffen, sondern sie, befestigt von der im Verzeihen liegenden Anerkennung der Person des Täters, verschärfen. Wer eine Ungerechtigkeit verübt, ist qua Amt oder Rechtsstellung oder sozialer Position mit der Macht zu weiteren Ungerechtigkeiten ausgestattet, Verzeihung würde diese Macht befestigen. Es gehört zum Ungerechtigkeitsgeschehen, Empörung auszulösen, das Empor der Empörung treibt zum Kampf gegen die Ungerechtigkeit an; Verzeihung verzichtet auf Kampf und trägt so zu einer Welt bei, in der Ungerechtigkeit möglich, weil ungeahndet und unangetastet bleibt. Wenn Ungerechtigkeit in einem Nichtgesehenwerden des Opfers besteht: Wieso sollte gerade sein Verzeihen „gesehen" werden? Wer verzeiht, verzeiht dem Täter nie nur die Tat, sondern immer auch die Begründung, mit der der Täter sie verübt hat; genau diese Begründung ist es aber, wegen der der Täter sein Vorgehen für gerecht hält, sei es, dass er für eine Ungleichbehandlung ein sachgerechtes Differenzierungskriterium reklamiert, sei es, dass er bei einer unangemessenen Gleichbehandlung ein vorgebrachtes Differenzierungskriterium als sachunangemessen verwirft. Die der Verzeihung eigentümliche Trennung von Tat und Täter bleibt so lange ein uneingelöster Wechsel auf die Zukunft, als der Täter der Ungerechtigkeit sich nicht selber von der Begründung seiner Tat trennt. Das heißt keineswegs, nun auf einmal Reue als Bedingung von Verzeihung zu verlangen. Reue ist Schmerz und Bedauern über das eigene Tun und Lassen, verbunden mit dem Bewusstsein von dessen Unwert und dem Willensvorsatz zur Besserung. Das Verzeihbare muss zumindest bereubar sein. Ungerechtigkeit erweist sich jedoch letztlich als unbereubar, solange ihre Begründung nicht zurückgenommen ist. Hinzu kommt: Der in der Verzeihung enthaltene Verzicht geht ins Leere, denn auf Ungerechtigkeit als solche steht keine Strafe, aus ihr kann keine Pflicht zum Schadensersatz abgeleitet werden. Handelt es sich zugleich um Unrecht, dann führt der Unrechts-, nicht aber der Ungerechtigkeitscharakter zu entsprechenden Sanktionen, auf die verzichtet werden kann.

Wer Ungerechtigkeit verziehe, ohne zugleich alle je an ihm verübten Ungerechtigkeiten mitzuverzeihen, beginge im Verzeihen eine eigene Ungerechtigkeit. Da es aber kaum möglich sein dürfte, alle vergangenen Ungerechtigkeiten zu verzeihen und für die künftigen Verzeihung zu versprechen, zeigt sich hier aufs Deutlichste, dass Ungerechtigkeit und Verzeihung auf unterschiedlichen Ebenen angesiedelt sind und nie sich treffen können. Je verzeihender das Verzeihen wäre, umso ungerechter die Ungerechtigkeit. Verzeihung vermehrte in der Verzeihung das Verziehene und das, ohne dass die aktuelle Verzeihung auch das neu der Verzeihung Bedürftige mit umfassen könnte, da dieses einem anderen Täter zuzurechnen wäre. Positiv als Durchbrechung der Äquivalenzlogik sich feiernde Verzeihung enthüllte sich als paradoxal, weil sie in ihrem Verzeihen selber auf Verzeihung angewiesen wäre.

Jedenfalls die „großen Ungerechtigkeiten", also die gesellschaftlichen und politischen, sind ohnehin der Verzeihung entzogen. Die für sie Verantwortlichen lassen sich selten als Individuen namhaft machen. Kollektiven, Regierungen,

Großverbänden kann man nicht verzeihen. Man kann ungerechte Zustände hinnehmen, ertragen, erdulden, vergessen, sich in sie fügen, über sie hinwegsehen, sich mit ihnen abfinden, von ihnen den Blick abwenden, aber verzeihen nicht. Verzeihung würde in diesem Bereich naiv und konsequenzlos Fragen beantworten, die nicht dem Einzelnen, sondern, auf einer anderen Ebene, der Öffentlichkeit gestellt sind. Verzeihung mischte sich mit falschen Mitteln in Angelegenheiten ein, die sie nichts angehen, und wäre, getarnt als Barmherzigkeit und Demut, ein Aufruf zur Einstellung von Kritik und zur Besänftigung von Empörung. Unverkennbar das destruktive Potential öffentlichen Verzeihens unter der Oberfläche des herrschenden Konformismus, dem die Ungerechtigkeiten des Systems und seiner Träger pure Banalitäten sind. Während es fetischistisch die ungerechten Verhältnisse verdinglicht und die Dinge durch sein „Vergeben und Vergessen" abräumen lässt, steht es immerzu auf dem Sprung, die Betroffenen und Opfer als kleingeistig, ressentimentgeladen, rachsüchtig und egoistisch zu diskriminieren und so aus dem öffentlichen Diskurs zu eliminieren. Verzeihung wäre nicht der Beginn eines Prozesses der inneren Befriedung, sondern nur das Zeichen ihres Fehlens. Verzeihung ist defensiv; sie weicht den Berührungen aus, die etwas von ihrer Fragwürdigkeit zutage fördern könnten. Über das im Verzeihen, stillschweigend oder ausdrücklich, ein letztes Mal aufgerufene Ungerechte breitet sie den Mantel des künftigen Schweigens, das zwar seiner Natur nach kein Vergessen ist, aber funktional wie ein Vergessen wirkt. Verzeihen entspräche der Tendenz zur Personalisierung gesellschaftlicher Verhältnisse, in der Missstände zwanghaft einzelnen Personen zur Last gelegt werden. „Ihr wahnhafter Kult schreitet mit der Depersonalisierung der Welt fort" (Adorno). Im Akt des Verzeihens würde unangemessene Personalisierung ihre nachträgliche Rechtfertigung erfahren und die ungerechten Verhältnisse selbst durch die Absonderung des für sie „allein Verantwortlichen" stillschweigend dem Blick sowohl als der Kritik entzogen.

Umgekehrt vermögen vom Staat begangene Ungerechtigkeiten nicht von einzelnen Politikern „bereut" zu werden. Der, der „bereut", ist in aller Regel nicht der Täter. Und auch der „Täter" hat im Namen des Staates gehandelt. So wie die vom Staat begangene Ungerechtigkeit nicht bereut werden kann, kann sie auch nicht verziehen werden, zumal im politischen Bereich die „Verzeihenden" meist andere Personen als die Opfer wären. Die hier einschlägigen Fragen lauten z.B.: Soll sich die Bundesregierung bei Homosexuellen entschuldigen, die bis 1969 wegen ihrer sexuellen Orientierung weggesperrt wurden? Hat der Bundespräsident vorbildlich gehandelt, als er im März 2014 bei einem Besuch im griechischen Dorf Lingiades, wo Wehrmachtssoldaten 1943 im Zuge einer Vergeltungsaktion 83 Menschen ermordet hatten, die Familien der Ermordeten im Namen Deutschlands um Verzeihung bat und den ihn begleitenden griechischen Präsidenten, der selbst als Partisan gegen die Deutschen gekämpft hatte, im Überschwang gleich umarmte, als dieser ihm nach der Rede die Hand hinhielt? Muss die Regierung der USA sich bei den Nachfahren der getöteten Indianer, die australische Regierung sich bei den Nachfahren der Aborigines entschuldigen? Und müssen all diejenigen, die hier um Verzeihung gebeten werden, dann auch medienwirksam verzeihen? Derrida hat das Wuchern öffentlicher Szenen der Reue und der Bitte um Vergebung in ihrer prekären Ambivalenz beschrieben: Es trage das „große Szenarium der Reue ... gerade in seiner Theatralität ... die Züge einer großen Konvulsion", ja gar „eine frenetische ... Zwanghaftigkeit" in sich. „Das Trughafte, das mechanische Ritual, die Scheinheiligkeit, das Berechnende oder das

Nachäffen sind oft daran beteiligt und halten sich parasitär an dieser Zeremonie der Schuld schadlos. ... Die Sprache der Vergebung im Dienste determinierter Zwecke ist alles andere als rein und uneigennützig. Wie immer im politischen Feld" („Jahrhundert der Vergebung", in: Lettre International, Heft 48, 2000, 10). Das Versöhnung inszenierende Umarmen dessen, dem der Sinn nicht nach Umarmung steht, ist Ausdruck latenter Aggressivität und reproduziert die Gründe für Verzeihungsbedarf eher, als dass es sie beseitigte. Es saugt sich am Warencharakter der moralischen Geste fest und verwandelt sie in ein Emblem seiner sittlichen Vollkommenheit. Dass es dem potentiell Abweichenden a limine die Luft zum Atmen nimmt, dieses Gewaltsame will es als Zeichen wiederhergestellter Harmonie verkaufen, eine politische Werbestrategie, die ihren Charakter nicht dadurch verliert, dass man ihre Kritiker als gefühllos beschimpft. Die Regeln ihrer Ritualisierung gehorchen nicht sittlichen Kategorien, sondern einzig dem, was der „Veranstalter" davon zu haben glaubt. Die Naivität, mit der der entsprechende „Betrieb" rechnet, wird durch ihn selbst aufrechterhalten und verstärkt. Unter den Versuchungen des modernen massenmedialen Diskurses ist nicht die harmloseste jene, die auf die Sichtbarkeit ständiger Identifikation mit dem Guten pocht, um darüber umstandslos die Empörung über Ungerechtigkeit zu entsorgen. Doch zahlt dem Versöhnungs-Betrieb das Publikum mit Hohn und Spott heim, was man ihm zuvor in der Unterstellung blinder Gutgläubigkeit angetan hat. Das sprachliche Sensorium ist keineswegs schon zu abgestumpft, um das Gefühl auszudrücken, dass eben der Gewaltakt, mit dem das Verlangen nach Verzeihung und Versöhnung sich zur Geltung bringt, genau die moralische Substanzialität Lügen straft, nach der man die Hände ausstreckt. Darin liegt begründet, dass es in dem Augenblick, in dem es öffentliche Versöhnung gibt, sie eigentlich schon nicht mehr gibt. Das inszenierte Moralische ist kein Moralisches. Das kurzschlüssige öffentliche Versöhnen, das keinerlei Umstände, die einer machen könnte, kein Zögern, kein Stocken, keine Zweifel duldet, erweist sich jedoch als so übermächtig, ihr zelebrierter Vollzug stimmt so klar mit den maßgebenden Interessen überein, antwortet so genau auf das medial Gewünschte, dass ihnen Repräsentanz selbst dort zukommt, wo Pietät unter den sich gegenseitig überbietenden Peinlichkeiten unsagbar leidet. Wer auf sofortiger, unmittelbarer und umfassender Versöhnung beharrt, gleicht dem, der unbarmherzig älteste Schuld eintreibt. Was moralisierende Politik scheinbar idealistisch ausagiert, ist das schlechte Gewissen angesichts der mit ihr bezweckten Verdeckung nur allzu realer Ungerechtigkeiten. Vergangenheitsbewältigung in dieser Form ist nichts anderes als Gegenwartsverweigerung. Der neuen Ungerechtigkeiten wird man nicht ansichtig, noch weniger löst man sie, indem man um die alten ein Gewissensspektakel macht. Noch im Willen, sie moralisch auszuüben, überlebt Macht als das Prinzip, welches wahre, also gegen ihre Interessen gerichtete Veränderung verwehrt. Öffentlich bekundete Demut ist die Fassade ihres Gegenteils.

Nein, Verzeihung passt nicht zur Angst vor der Bedrohung des eigenen Selbst, zur Scham und zur Empörung, die Ungerechtigkeit auslöst. Nicht gesehen zu werden als der, der man ist, nicht gehört zu werden mit dem, was man sagt, nicht zu zählen in dem, was man bedeutet, nicht ernst genommen werden mit dem, was man will, missachtet werden in dem, was man wert ist: Dieses Außerachtgelassenwerden kann eine zutiefst verstörende, verunsichernde und verletzende Erfahrung sein. Sie neigt eher zur reaktiven Übertreibung ins Übermaß (Kohlhaas) als zur versöhnenden Selbstentwaffnung in der Maßpreisgabe (Verzeihung). Das existentielle Ent-setzen über die erlittene Ent-achtung ließe sich im Neu-Ent-Wurf der Verzeihung nicht auf-heben. Das von außen bedrohte Selbst kann nicht einseitig durch den Bedrohten aus der Bedrohung befreit und wiederhergestellt werden. Der Wille zum Verzeihen würde übergehen in die Anerkennung eines Zustandes, in der es den Verzeihenden als moralische und damit verzeihungsfähige Person gar nicht mehr gibt. Der Verzeihende würde aufs Präsentieren einer Rechnung verzichten, die der Rechnungsadressat ohnehin als nicht von ihm stammend zurückwiese. Ist das Verzeihen in anderen Bereichen Selbstheilung, erwiese es sich, wenn gegen Ungerechtigkeit geübt, als erneute, in der heimlichen Imitation des Geschehens besonders gefährliche Selbstmissachtung. Das konformistische Herunterdimmen der über den bloßen Bezirk des Eigenen hinausleuchtenden und hinauslodernden Empörung liefe auf Verrat an den Hoffnungen anderer, noch nicht Betroffener, so gut hinaus wie auf Preisgabe der Achtung, die man sich selber schuldet und die man dadurch nicht wiedergewinnt, dass man über ihrer Verletzung zur Tagesordnung übergeht.

XXXI.
Der Primat der Ungerechtigkeit vor der Gerechtigkeit

Seit mehr als zweitausend Jahren versucht der Mensch positiv zu bestimmen, was Gerechtigkeit ist. Einigkeit konnte darüber bis heute nicht erzielt werden. Die Bemühungen um einen solchen Begriff fanden naturgemäß vor allem auf der theoretisch-philosophischen Ebene statt, auf der es eher kühl-rational als emotional zugeht und zu der nur wenige Menschen Zugang finden. Die verschiedenen Gerechtigkeitstheorien liefern keine einfachen Formeln, sie sind komplex und hoch differenziert.

Es liegt nahe, die Sache einmal von der anderen Seite her anzugehen und negativ nach dem Wesen von Ungerechtigkeit zu fragen. Vielleicht lässt sich darüber eher Einigkeit erzielen als über das Wesen der Gerechtigkeit. Und womöglich ist schon viel, vielleicht sogar alles, was der Mensch vermag, getan, wenn er die gröbsten Ungerechtigkeiten beseitigt und verhindert. Auch einer solchen Frage muss auf der theoretisch-philosophischen Ebene nachgegangen werden. Doch kann über Ungerechtigkeit jeder mitreden, weil und insofern jeder schon Ungerechtigkeit erlebt hat. Überdies müssten in den Begriff der Ungerechtigkeit auch Intuitionen und Emotionen integriert werden, die das Ungerechtigkeitsgeschehen steuern. Das erleichtert die Identifizierung von vorhandener Ungerechtigkeit und die Einigung über ihren Begriff.

So wie es eine „Ästhetik des Hässlichen", eine „Logik der Unlogik" oder eine „Ethik des Unmoralischen" gibt, so sollte es auch eine „Gerechtigkeitstheorie der Ungerechtigkeit" geben. Ihre Aufgaben könnten etwa neben der Definition von Ungerechtigkeit die Typisierung und Hierarchisierung der möglichen Ungerechtigkeiten, die Analyse der Mittel zur Verhinderung von Ungerechtigkeit und die Zusammenführung der verschiedenen einschlägigen Wissenschaften (Philosophie, Soziologie, empirische Ungerechtigkeitsforschung, Psychologie, Theologie usw.) sein.

Auch in anderen Gebieten gibt es die Erfahrung, dass man bestimmte Begriffe besser negativ als positiv in den Griff bekommt. Das gilt etwa für den Begriff der Menschenwürde. Das Bundesverfassungsgericht definiert ihn in der Regel nicht positiv (wie es z.B. die Mitgifttheorie und die Leistungstheorie tun), sondern negativ, durch die Fälle, in denen die Menschenwürde verletzt wird. Danach liegt ein Eingriff in die Menschenwürde (Artikel 1 Grundgesetz) vor, wenn der konkrete Mensch zum Objekt, zu einem bloßen Mittel herabgewürdigt wird; oder wenn man ihn einer Behandlung aussetzt, die Ausdruck der Verachtung des Wertes ist, der ihm kraft seines Personseins zukommt. Zahlreiche Stimmen in der Literatur gehen sogar davon aus, der Würdebegriff des Artikel 1 GG enthalte ein „Definitionsverbot" in Bezug auf sich selbst. Das ist aber gerade nicht die Grundlage der herrschenden Praxis, derzufolge Artikel 1 GG ein echtes Abwehrgrundrecht darstellt und seine geschilderte negative Deutung mittelbar aus dem Würdebegriff folgt. Und genau darin liegt der Unterschied zu unserem Verständnis der Gerechtigkeitsproblematik: Unser Verständnis dessen, was Ungerechtigkeit ist, folgt nicht, nicht einmal mittelbar, aus dem Begriff der Gerechtigkeit. Wir sind auch nicht der Ansicht, „Gerechtigkeit" dürfe oder könne nicht positiv gedeutet und festgelegt werden, unterliege einem Verbot zumindest der positiven Bedeutungsfixierung. Letzteres mag für den Begriff der Menschenwürde seine Berechtigung darin haben, dass man nicht dem Staat die Kompetenz übertragen will, sich des Inhalts der „Menschenwürde" zu bemächtigen, sondern ihn abhängig macht vom Denken der einzelnen Grundrechtsträger. Dieses Motiv kann bei der „Gerechtigkeit" keine Rolle spielen. „Menschen-Unwürdigkeit" ist strukturell also etwas anderes als „Un-gerechtigkeit".

Von vornherein abzuwehren gilt es die Annahme, wir wollten mit unserem Vorgehen nun in einfacher Umkehrung der bisherigen Anschauung, Ungerechtigkeit sei nichts anderes als das Nichtvorhandensein von Gerechtigkeit, Gerechtigkeit als das Nichtvorhandensein von Ungerechtigkeit definieren. Beides wäre falsch. Gerechtigkeit und Ungerechtigkeit haben keine gemeinsamen Grenzen, sie sind keine unmittelbaren Nachbarn. Das haben wir bereits am Anfang unserer Ausführungen nachgewiesen (I., II.). Gerade deswegen gewinnt die Beschäftigung mit Ungerechtigkeit ihren eigenständigen und konstitutiven Wert. Gerechtigkeit ist mehr als das Nichtvorhandensein von Ungerechtigkeit und Ungerechtigkeit mehr (oder soll man sagen: weniger?) als das Nichtvorhandensein von Gerechtigkeit.

Nach unserer Konzeption kann ein Umstand oder ein Verhalten, z.B. die Verteilung von Gütern nach einem bestimmten Prinzip oder Verfahren, nicht zwingend als entweder gerecht oder ungerecht bezeichnet werden. Ein Verhalten oder ein Zustand vermag somit sowohl nicht ungerecht als auch nicht gerecht zu sein. Und dies, wohlgemerkt, obwohl es oder er an sich die Fähigkeit besitzt, gerecht oder ungerecht sein zu können, also auf der Ebene von Gerechtem und Ungerechtem sich befindet, derselben Dimension wie dieses angehört. Und da Verhalten und Zustand auch nicht „ein bisschen gerecht" oder „ein bisschen ungerecht" sein können, bleibt es bei der Möglichkeit oder sogar Realität eines „*Zwischenreiches*", in dem die Phänomene zwar gerecht und ungerecht sein können, es aber nicht sind, genauer: in dem sie weder das eine noch das andere sind. Dies hat nicht zuletzt damit zu tun, dass wir im Ungerechtigkeitsgeschehen eine subjektive Erfahrung sehen. Dort, wo es dieses Geschehen nicht gibt, muss nicht unbedingt Gerechtigkeit herrschen.

Eben die Anknüpfung des Ungerechtigkeitsbegriffs an das empirische Ungerechtigkeitsgeschehen und die in ihm wirkenden Emotionen führt auch in einer anderen Hinsicht zur Abweichung von der herrschenden Ansicht, Ungerechtigkeit sei nichts anderes als Nichtvorhandensein von Gerechtigkeit. Existiert nach dieser Ansicht Ungerechtigkeit immer als die eine einheitliche Form des Nichtgerechtseins, gibt es nach der hier vertretenen Ansicht unendlich *viele (empirische) Formen (und übrigens auch Grade) von Ungerechtigkeit.* So, wie es „tausend Krankheiten, aber nur eine Gesundheit" gibt (Schopenhauer), so gibt es tausend Ungerechtigkeiten, aber nur eine Gerechtigkeit. Während nach der herrschenden Ansicht die Reaktionen auf Ungerechtigkeit eigentlich immer dieselben sein müssten, da sie stets nur auf ein und dasselbe Phänomen antworten, ist die Zahl der möglichen Reaktionen auf Ungerechtigkeit in unserer Konzeption so groß wie die Zahl der möglichen Ungerechtigkeitserfahrungen und zudem die Art der Reaktion schon in der Art des Ungerechtigkeitsgeschehens vorgeprägt. Ich kann also nicht etwa abstrakt sagen, es gibt genau drei verschiedene Reaktionsweisen in Hinsicht auf Ungerechtigkeit, nämlich aktive Veränderung, Rückzug und Vermeidung und schließlich das kognitive Umdeuten einer bestehenden Ungerechtigkeit (so aber Liebig und Wegener, in: Schmitt, Manfred/Montada, Leo (Hrsg.), Gerechtigkeitserleben im wiedervereinigten Deutschland, 1999, 263-298), und diese drei Reaktionsweisen habe ich theoretisch abgeleitet. Vielmehr bleibt es bei einer unendlichen Vielzahl von Reaktionsweisen, die ihrerseits durch die Struktur und Art der konkreten Ungerechtigkeitserfahrung vorgeprägt sind und sich nicht, jedenfalls nicht ausschließlich oder hauptsächlich, aus externen Einflussfaktoren ergeben. Das wesentliche Moment der Verantwortungszuschreibung z.B. gehört ganz zentral zum Ungerechtigkeitsgeschehen selbst. Der Versuch zu einer Typisierung der verschiedenen Ungerechtigkeitserfahrungen bleibt natürlich legitim.

Es ist sehr fraglich, ob die von den verschiedenen normativen Theorien formulierten abstrakten Gerechtigkeitsideale überhaupt für das politische, soziale und berufliche Handeln von Akteuren bedeutsam sein können. So umstritten, wie diese Formeln und Ideale bereits auf der theoretischen Ebene sind, und so weit, wie sie in ihrer Abstraktion und Idealisierung von der sozialen Praxis entfernt sind, so selten werden sie zur Beurteilung konkreter privater und politischer Verhältnisse herangezogen und als so schwach und peripher zeigen sich ihre verhaltensrelevanten Wirkungen. Mit anderen Worten: Wenn eine abstrakte Gerechtigkeitstheorie verletzt ist, und zwar z.B. in einer ihrer feinen Verästelungen, dann muss das nicht unbedingt ein subjektives Empfinden von Ungerechtigkeit auslösen, namentlich dann nicht, wenn die Formel bzw. ihre Verästelung dem Betroffenen gar nicht bekannt ist. Hier hätten wir somit ein Verfehlen von Gerechtigkeit, die nicht ungerecht wäre. Und genau darin zeigt sich eine zentrale Schwäche des herrschenden Ungerechtigkeitsbegriffs, dem alles, was nicht gerecht ist, ungerecht ist. Nach diesem Verständnis gäbe es zahllose Ungerechtigkeiten ohne jede handlungsmotivierende Wirkung. Natürlich können auch abstrakte Gerechtigkeitsformeln handlungsmotivierende Wirkung haben, aber eben nur als solche, als Formel eines Ideals, nicht im Status ihrer Verletzung und wenn, dann wohl ausschließlich im politischen Wahlverhalten. Wenn eine von mehreren Parteien sich auf die Fahne geschrieben hat, Ausländer müssten mit Inländern aus Gerechtigkeitsgründen völlig gleichgestellt sein, und mir leuchtet das ein, dann werde ich möglicherweise diese Partei wegen ihres Gerechtigkeitsideals wählen, auch wenn ich bisher, sowohl persönlich wie als Mit-Empörter, keine konkreten Ungerechtigkeitserfahrungen mit diesem Thema gemacht habe. Dass die Gleichstellung bisher nicht besteht, ist dann zwar eine Verletzung der Gerechtigkeitsformel, aber eben, für mich und damit nach unserem Verständnis, noch keine Ungerechtigkeit. Zur Handlung (Wahlakt) motiviert mich nicht die Verletzung der Gerechtigkeit, sondern das Ideal. Und wenn ich der herrschenden Definition von Ungerechtigkeit folge, so konstatiere ich in diesen Fällen eine Ungerechtigkeit, die als solche aber keine handlungsmotivierende Kraft hat. Wenn ich etwas will, dann stelle ich mir das Gewollte vor, nicht das gegenwärtige Nichthaben des Gewollten. Denn das Letztere ist nur der Anlass, nicht der Inhalt des Wollens.

Unser Begriff von Ungerechtigkeit hat somit im Vergleich zum herrschenden weitere unterschiedliche Konsequenzen: Er kennt verschiedene Formen und Grade von Ungerechtigkeit. Auf Ungerechtigkeit kann in so vielen Weisen reagiert werden, wie es Ungerechtigkeiten gibt. Die Weise der Reaktion ist schon in der Ungerechtigkeit vorgeprägt. Ungerechtigkeit hat immer eine handlungsmotivierende Kraft, meist sogar eine starke.

Die entscheidende Frage, die an unsere Konzeption gestellt werden kann, ist natürlich die, ob es uns wirklich gelungen ist, Ungerechtigkeit als eigenständiges Phänomen, das nicht von einer Theorie der Gerechtigkeit abhängt, zu beschreiben. Der Kern unseres Vorgehens liegt darin, dass wir von der *Erfahrung von Ungerechtigkeit* selbst ausgehen, um durch die Beschreibung der typischen Eigenschaften dieser Erfahrung zum Begriff der Ungerechtigkeit vorzustoßen. Außerhalb der konkreten Ungerechtigkeitserfahrung existiert keine Ungerechtigkeit. Natürlich gibt es konkrete Ungerechtigkeitserfahrungen, die ohne Handlungsreaktion bleiben und in fatalistischer Resignation selbst dort enden, wo andere eine grobe Ungerechtigkeit sehen. „Ungerechtigkeitserfahrung" bedeutet also nicht, dass diese immer aufbegehrende Handlungen auslöste. Auch die in stillschweigender Hinnahme erlebte Ungerechtigkeit bleibt nach unserer Definition Ungerechtigkeit und kann als solche beschrieben werden.

Unsere Erörterungen nehmen im Rahmen des Gerechtigkeitsdiskurses somit eine mehrfache Sonderstellung ein: Wir gehen nicht vom Begriff der Gerechtigkeit, sondern vom Begriff der Ungerechtigkeit aus. Und wir sehen in der Ungerechtigkeit zweitens, anders als diejenigen, die sich bisher überhaupt eigens mit der Ungerechtigkeit beschäftigt haben, nicht einfach nur ein Verfehlen der Gerechtigkeit (so noch Shklar, Ungerechtigkeit, 33), sondern definieren sie eigenständig und aus sich heraus. Daraus leiten sich nun zahlreiche weitere Unterschiede zwischen dem bisherigen Verständnis von Ungerechtigkeit und unserem eigenen ab, die in diesem Buch thematisiert wurden. Dazu gehört etwa, dass Ungerechtigkeit nach bisherigem Verständnis die objektive Eigenschaft einer Handlung oder eines Zustandes darstellt, während wir das „Ungerechtigkeitsgeschehen" (als dynamischen Prozess) und vor allem seine subjektive Seite (als das Gefühl, ungerecht behandelt zu werden) in den Blick nehmen.

Die einzelnen Unterschiede sind aufgelistet in folgender Tabelle:

	Bisherige Auffassung von Ungerechtigkeit	Hier vertretene Auffassung von Ungerechtigkeit
Begriff	**abgeleitet:** Ungerechtigkeit ist alles, was nicht gerecht ist. Ungerechtigkeit und Gerechtigkeit grenzen aneinander. Ungerechtigkeit	**unabgeleitet** und **ohne direkte Grenzen** mit dem Begriff der Gerechtigkeit

	kann nicht ohne eine positive Definition von Gerechtigkeit beschrieben werden. Gerechtigkeit und Ungerechtigkeit sind zwei Seiten derselben Medaille.	
Rangfolge	logisch und historisch **sekundär**	logisch und historisch **primär**
Umfang	das **riesige** Gebiet alles dessen, was nicht gerecht ist	**beschränktes** Gebiet: nur das echt Ungerechte
Gegenstand	**objektive** Eigenschaft einer Handlung oder eines Zustands	**subjektive** Seite ist primär: Gefühl, ungerecht behandelt zu werden
Modus	der ungerecht **Handelnde** steht im Vordergrund (aktiv)	der Ungerechtigkeit **Erleidende** steht im Vordergrund (passiv)
Legitimität	Das Ungerechtigkeitsurteil	Es genügt, dass die typischen Merkmale

	muss objektiv begründet sein	des Ungerechtigkeitsgefühls vorhanden sind (eine Art **subektiven Ermessens** ist implizit)
Verletztes Gut	**Idee der Gerechtigkeit**	**Würde der Person** des Verletzten
Erkennbarkeit	**schwer** (ebenso wie Gerechtigkeit selber). „Lücke", die man nur mittelbar sieht	**leicht erkennbar** (da keine genaue Vorstellung von Gerechtigkeit erforderlich)
Politische Instrumentalisierbarkeit	wegen großer Abstraktionshöhe **gering**	wegen Konkretion und Bestimmbarkeit **hohe politische Instrumentalisierbarkeit**
Handelnder	**irrelevant**, Schuld gering, rein negatives Nichterreichen eines Ideals	**Verneinung** eines Prinzips, **Verletzung** der Würde und der Persönlichkeit des anderen; eine Art Schuldfähigkeit und **Schuld** erforderlich
Dritte	Dritte können nur **Urteilende** sein	Dritte können, auch wenn selber nicht von Ungerechtigkeit

		betroffen, zu **Mitbeteiligten** des Ungerechtigkeits**erlebnisses** werden
Quelle von Ungerechtigkeit	**Habgier** (Aristoteles, Shklar, 184). Neben Habgier auch **Furcht** und **Aggression** (Shklar, 184) / **Irrationalität** (Shklar, 201)	**„Sich-mehr-als-Andere-Sehen"**
Zeitcharakter	**statischer** Zustand	**dynamischer** Prozess
Folgen	Ungerechtigkeit muss beseitigt werden	Ungerechtigkeit muss beseitigt werden. Und: Abstrakter Gerechtigkeitssatz wird erstmals entwickelt oder vorhandener Satz geändert
Erkenntnismittel	**Verstand** und **Beobachtung**	**Einfühlung** in das Ungerechtigkeitserleben
Affektive Aufladung	null, da **rein kognitives Urteil**	hoch, da Ausgangs-**Affekt** beim Opfer, **Mit-Empörung** bei

		Dritten und emotionale Aufladung durch **Opferrolle**
Verzeihbarkeit	gegeben	nicht gegeben

Angewendet haben wir die Methode der Phänomenologie. Ausgehend von konkreten Ungerechtigkeitsvorgängen und ihrer genauen Beschreibung unter Einschluss aller Beteiligten, wurden nach und nach allgemeine Wesenszüge des Ungerechtigkeitsgeschehens herausgearbeitet bis zur Charakterisierung ihres eigentlichen Kerns.

Wir unterscheiden die „kleine Ungerechtigkeit" und die „große Ungerechtigkeit". Die „kleine Ungerechtigkeit" vollzieht sich im Alltag einzelner Menschen untereinander, in der Familie, in der Partnerschaft, im Verein usw. Die „große Ungerechtigkeit" vollzieht sich in Gesellschaft und Staat, in Gesetzgebung, Rechtsprechung, Verwaltung, Unternehmen und Großverbänden.

Eine Gesellschaft, deren Ideal darin besteht, die „großen Ungerechtigkeiten", soweit es nur irgend geht, zu vermeiden und, wo geschehen, wiedergutzumachen, und die dieses Ideal erkennbar ernsthaft zu realisieren versucht, nennen wir eine *„gute Gesellschaft"*. Warum ist es sinnvoll, die „gute Gesellschaft" negativ zu beschreiben statt positiv, etwa als eine gerechte Gesellschaft? Dafür gibt es acht Gründe: einen praktischen, einen historischen, einen moralischen, einen demokratietheoretischen, einen logischen, einen pragmatischen, einen verfassungsrechtlichen und einen anthropologischen.

Der praktische Grund lautet, wir haben es schon gesagt, dass ungerechtes Verhalten sich leichter identifizieren lässt als gerechtes Verhalten. Ungerechtigkeit ist Angriff auf etwas Vorhandenes, Gerechtigkeit ist etwas, was erst noch geschaffen werden und, wenn es vorhanden ist, gegen Angriffe verteidigt werden muss. Angriffe sind leichter und schneller zu erkennen als Verteidigungssituationen. Ungerechtigkeit ist mit einer starken, genuinen Emotion (Empörung) verbunden, Gerechtigkeit nicht, weder als Konzept noch als Realität.

Der historische Grund besteht darin, dass Erfahrungen von Ungerechtigkeit in der Geschichte des Menschen seinen Erfahrungen mit Gerechtigkeit phylogenetisch und ontogenetisch vorhergehen. Der Mensch weiß schon länger Bescheid über Ungerechtigkeit als über Gerechtigkeit.

Der moralische Grund liegt darin, dass es viel dringender ist, unerträgliche Übel zu beseitigen, als Gutes zu schaffen. Das Zweite ist meist viel teurer als das Erste. Das Erste besitzt einen höheren Grenznutzen. Wir rennen oft mit großem Kraft- und Zeitaufwand einem erstrebten Guten hinterher, wo wir mit demselben Aufwand erheblich schneller und mit größerem Nutzen vorhandene Übel beseitigen könnten.

Der demokratietheoretische Grund beruht darin, dass über Ungerechtigkeit jeder mitreden kann, über Gerechtigkeit, auf dem heutigen Stand der Diskussion, nur wenige. Und dass jeder mitreden kann, ist in der Demokratie ein Wert an sich. Während die „gerechte Gesellschaft" nicht selten diktatorische oder tyrannische Anwandlungen zeigt und, jedenfalls in ihrem Selbstverständnis, durchaus sich mit einer autoritären Staats- und Gesellschaftsform verträgt, ist die nichtungerechte Gesellschaft eine genuine Form der Demokratie, und zwar einer Demokratie, in der die Menschenrechte nicht verhandelbar sind. Hinzu kommt, dass unser Ungerechtigkeitsbegriff stark subjektiv getönt ist. Das sub-

jektive Erleben des Einzelnen ist der Kern des Ungerechtigkeitsgeschehens, während Gerechtigkeit, bei aller Verschie-
denheit ihrer Konzeptionen, auf den objektiven Gehalt eines Zustands oder eines Verhaltens abstellt.

Ferner spricht ein logischer Grund für den Primat der Un-
gerechtigkeit. Gerechtigkeit und Ungerechtigkeit grenzen,
wie wir festgestellt haben, begrifflich nicht direkt aneinan-
der. Über Ungerechtigkeit kann man also reden, ohne über
Gerechtigkeit reden zu müssen. Umgekehrt gilt das nicht.
Zwar ist Gerechtigkeit nicht identisch mit dem Fehlen von
Ungerechtigkeit. Doch wird jede ernsthafte Theorie der
Gerechtigkeit zumindest gewährleisten müssen, dass in ihr
Vorkehrungen gegen grobe Ungerechtigkeiten getroffen
sind, die zwar nicht immer, aber doch in der Regel solche
Ungerechtigkeiten verhindern. Wer sich mit Gerechtigkeit
beschäftigt, muss somit wissen, was Ungerechtigkeit ist. Es
gibt eine Theorie der Ungerechtigkeit ohne eine Theorie der
Gerechtigkeit, aber es gibt keine Theorie der Gerechtigkeit
ohne eine Theorie der Ungerechtigkeit.

Als sechster Grund ist ein pragmatischer zu nennen. Wir
werden eher das Ideal einer nichtungerechten als das einer
gerechten Gesellschaft erreichen. Dass eine Gesellschaft zu
irgendeinem Zeitpunkt in allen ihren Einrichtungen, Zu-
ständen und Verhaltensweisen gerecht sein wird, ist sehr
unwahrscheinlich. Dagegen erscheint es durchaus nicht
undenkbar, dass wir dereinst in einer Gesellschaft leben, die
keine groben Ungerechtigkeiten und keine starken Empö-
rungen über diese Ungerechtigkeiten mehr kennt. Kleinere
Gesellschaften haben dafür übrigens eine größere Chance.
Der politische und soziale Elan, auf dem Weg zur Erreichung des Ideals voranzuschreiten, wird beim Ideal der
nichtungerechten Gesellschaft größer sein als beim Ideal
einer gerechten Gesellschaft.

Weiterhin hat ein verfassungsrechtlicher Grund Bedeutung. Nach unserer Konzeption ist Ungerechtigkeit letztlich eine Verletzung der Menschenwürde. Für die Theorie der Ungerechtigkeit besteht daher eine starke Anschlussfähigkeit an den verfassungsrechtlichen Schutz der Menschenwürde, stärker jedenfalls als für eine Theorie der Gerechtigkeit, deren Verletzungsobjekt die Idee der Gerechtigkeit ist. Hinzu kommt, dass das Bundesverfassungsgericht, wie beschrieben, den Begriff der Menschenwürde negativ, nämlich als die Summe ihrer möglichen Verletzungen, definiert.

Zuletzt bleibt ein anthropologischer Grund zu erwähnen. Oft sind Menschen kaum in der Lage, sich die Realität einer gerechten Gesellschaft vorzustellen, ja oft haben sie gar kein Bedürfnis danach. Barrington Moore (Ungerechtigkeit, Die sozialen Ursachen von Unterordnung und Widerstand, 1987) hat in seinen sozialhistorischen Untersuchungen festgestellt, dass es 1848 und 1914 den Handwerkern und Arbeitern keineswegs um eine vollständige Umgestaltung der gesellschaftlichen Ordnung ging. Ihr Interesse war vor allem auf einen ihnen zugebilligten und geachteten Platz in der Gesellschaft gerichtet. Im Grunde lief ihr Protest auf die „Wahrnehmung der alten Ordnung hinaus, abzüglich der unangenehmen und unterdrückenden Merkmale, die sie beeinträchtigen" (465). Sie wussten nicht, wie „eine gerechte Gesellschaft" auszusehen hat, aber sie sahen sich in der Lage zu benennen, was sie als ungerecht empfanden. Es war ihnen auch ohne explizite und ohne genaue Vorstellung von Gerechtigkeit möglich, Ungerechtigkeit zu erkennen und zum Ausdruck zu bringen. Bei Protestaktionen und Demonstrationen prangern die Leute heute wie gestern Missstände an, ohne gerechte Verhältnisse benennen zu können oder auch nur zu wollen. Ihnen dies, wie es häufig geschieht, als unkonstruktive Kritik zum Vorwurf zu machen, ist unfair und auch sachwidrig, denn sie wollen keine bestimmten (Ideal-)Alternativen, sie wollen die Abstellung bestehender konkreter Zustände oder Verhaltensweisen, die sie als ungerecht empfinden. Und der Mensch ist offenbar auch so organisiert, dass er die Ungerechtigkeit daraus ableitet, dass etwas Neues, was ihn bedrängt und empört, früher nicht war. Sein Ungerechtigkeitsempfinden wird oft aus dem „normalen" Früheren abgeleitet und von ihm gelenkt. Der Empörte ist seiner Natur nach ein Konservativer. Das Alte, was ihn nicht bedrückte, lässt ihn die Bedrückung durch das Neue spüren.

Eine „gute Gesellschaft" braucht nach alledem nicht gerecht zu sein. Es genügt, wenn sie nicht ungerecht ist. Mehr kann der Einzelne von ihr nicht verlangen. Mehr kann er nur wünschen. Und dieser Wunsch wird nur in Erfüllung gehen, wenn er, zusammen mit allen anderen, zu seiner Realisierung beiträgt. Aber auch Ungerechtigkeit unterbleibt nicht von alleine. Die Institutionen der Gesellschaft und des Staates und jeder Einzelne müssen ihr nach Kräften wehren. Da der Mensch keinen Anspruch auf eine gerechte Gesellschaft hat, wird man einen Schritt weiter gehen und sagen müssen, eine Gesellschaft, die so organisiert ist, dass in aller Regel gröbere Ungerechtigkeiten ausbleiben oder verhindert werden, ist bereits eine „gerechte Gesellschaft". Eine solche Konsequenz ist sinnvoll, weil das Streben nach mehr Gerechtigkeit nicht nur moralisch nicht geboten, sondern moralisch zweifelhaft ist. Die Kosten der Herstellung einer idealen Gesellschaft sind nach allen historischen Erfahrungen so hoch, dass es für bestimmte Gruppen, sei es jetzt, sei es in Zukunft, nicht ohne grobe Ungerechtigkeiten abgeht. Auch hier gilt per analogiam der Satz Schopenhauers: „Um nicht sehr unglücklich zu werden, ist das sicherste Mittel, dass man nicht verlange, sehr glücklich zu seyn". Die Arbeit wird dem Menschen auch so nicht ausgehen. Die Organisation von Gesellschaft und Staat muss ständig angepasst werden, um in Zukunft neu gemachte Ungerechtigkeitserfahrungen zu verhindern.

Wir halten somit fest: Eine „gerechte Gesellschaft" ist eine Gesellschaft, in der nicht nur rein faktisch keine gröberen Ungerechtigkeiten vorkommen, sondern in der durch Organisation und Verfahrensgestaltung sichergestellt wird, dass es solche Ungerechtigkeiten in aller Regel nicht geben kann, und in der neue Ungerechtigkeitserfahrungen die Chance besitzen, in eine Änderung von Organisation und Verfahren Eingang zu finden. Das alles heißt nicht, dass die Bemühungen um eine überzeugende Theorie der Gerechtigkeit beendet werden sollten. Sie müssen nur in eine neue Richtung umgesteuert werden. Ihre Ziele müssen bescheidener werden. Und Bescheidenheit ist in der Sozialphilosophie alles. Der Mensch hat die megalomanen und durch die Globalisierung noch größenwahnsinniger gewordenen Gesellschaftsutopien jeglicher Coleur so gründlich satt, dass er es gerne ein bisschen bescheidener hätte. Seine Ansprüche an eine gerechtere Gesellschaft lassen sich durchaus in kleiner Münze erfüllen. Wenn gesagt worden ist, Recht gewähre nur ein „ethisches Minimum" (Georg Jellinek), dann sollte das auch für das Reich von Gerechtigkeit und Ungerechtigkeit gelten. „Gesundheit", um eine ähnliche Problematik zu erwähnen, kann definiert werden mit der Weltgesundheitsorganisation als „ein Zustand des vollständigen körperlichen, geistigen und sozialen Wohlergehens und nicht nur das Fehlen von Krankheit oder Gebrechen" oder rein negativ als „Abwesenheit von Krankheit" oder gar mit Nietzsche als „dasjenige Maß an Krankheit, das es mir noch erlaubt, meinen wesentlichen Beschäftigungen nachzugehen". Richtig dürfte sein, Gesundheit so zu definieren, dass sie in der

„Abwesenheit von Krankheit und dem Ergreifen sämtlicher empfehlenswerter Vorsorgemaßnahmen gegen spätere Krankheiten" besteht. In dieser Definition entspräche sie unserer Vorstellung von Gerechtigkeit: Es gibt faktisch keine gröberen Ungerechtigkeiten (= Ungerechtigkeitserfahrungen), und es ist durch Organisation und Verfahren dafür gesorgt, dass es auch in Zukunft, jedenfalls im Regelfall, nicht zu gröberen Ungerechtigkeiten kommt und dass die Klage über dennoch vorkommende Ungerechtigkeiten die Chance hat, zu ihrer Abstellung zu führen. Das Streben nach einer positiv formulierten perfekten Gerechtigkeit ist Delegitimierung einer Gegenwart, die bei fehlender Euphorie doch im Großen und Ganzen in Ordnung ist, und Beschwörung einer Zukunft, die bei aller Euphorie doch nur mit riesigen Kollateralschäden zu haben wäre. Gezimmert werden die Theorien von wenigen, geworfen die Bomben zur Erzwingung ihrer Realisierung von einigen, während die große Masse, in deren Namen man gewöhnlich vorgibt zu handeln, nur an der Beseitigung konkreter demütigender Ungerechtigkeiten interessiert zu sein pflegt. Das ganz Neue, das die beiden ersteren haben wollen, ist ein neues Ganzes, während die Letzteren ahnen, dass das neue Ganze wieder neue Demütigungen mit sich bringen wird, die man bisher nicht kannte, wo es ihnen doch nur um das Wohnen im umgebauten, aber immer noch vertrauten Alten geht. Ihre „Utopie" ist die des integren Lebens. Sie wollen zu Hause sein, wo sie zu Hause sind.

Es ist schwer, statt von Gerechtigkeit von Ungerechtigkeit zu reden, und dumm, von ihr zu schweigen. Dumm, weil es absolute Gerechtigkeit nicht geben und jeder von uns auf zahlreiche Erfahrungen mit Ungerechtigkeit zurückblicken kann. Schwer, weil es sich zu leicht macht, wer sich mit dieser banalen Feststellung zufrieden gibt und im Sprechen von Ungerechtigkeit doch wieder nur von Gerechtigkeit und ihrer Verletzung redet. Denn damit wird die eigenständige Dimension des Problems verfehlt. Statt in den tausend Gesichtern des Ungerechtigkeitsopfers zu lesen, halten sich die Soziologen an ihre Statistiken von empirisch erhebbaren Ungleichheiten. Ihre Beschreibungen der modernen Ungleichheiten bleiben an der Oberfläche und gleichen dem Kratzen an einer Wunde, die danach nur umso stärker juckt und schmerzt. Fest steht nur, dass so, wie die Menschheit sich gegenwärtig eingerichtet hat – Kapitalismus, Globalisierung, Digitalisierung, Konkurrenzkampf, Individualisierung durch Lifestyle – nicht nur die Zahl von Ungerechtigkeitsopfern, echten und eingebildeten, mit jedem Tag zunimmt. Es treten auch verschiedene Gruppen solcher Opfer auseinander, solche im privaten und familiären Bereich, solche im beruflichen, im gesellschaftlichen und im politischen Bereich. Tendenziell ist im privat-familiären Bereich die personale Verletzung groß, die Empörung klein, im beruflichen Bereich die Verletzung ein Stück weniger groß, die Empörung ein Stück weniger klein, und ebenso steigern sich beide Aspekte noch einmal im gesellschaftlichen und politischen Bereich. Der im privaten Bereich durch Ungerechtigkeit Verletzte mag sich mit seiner Erfahrung abfinden und still leiden, der beruflich Benachteiligte sich bei der Gewerkschaft beklagen oder sich für die innere Kündigung entscheiden, der gesellschaftlich Ausgegrenzte sich verstecken oder mit Leidensgenossen in einer Gruppe sich zusammenfinden. Das Opfer politischer Ungerechtigkeit aber empört sich, sucht nach Mitempörten, schließt sich mit ihnen zusammen, hütet das Feuer der Empörung, strebt nach Veränderung, wagt den Weg des Aufbegehrens.

Die tausend Gesichter der Ungerechtigkeit sind die tausend Pflichten der Gerechtigkeit. Deren Aufgaben sind in unserer

Konzeption leichter geworden. Denn an die Stelle des nie ganz zu erfüllenden Ideals einer positiven Gerechtigkeit ist die „Utopie des integren Lebens" getreten. Ihre Aufgaben sind schwerer geworden. Denn sie muss sich mit der Realität der Ungerechtigkeit, den tausend Gesichtern der Ungerechtigkeit, vertraut machen. Der unbescheidene Wunsch des Bescheidenen, die Utopie des Heimatverbundenen, das große Verlangen des kleinen Mannes: Er möchte ein integres Leben ohne Demütigung führen und ansonsten von Ideologien, die ihm das Paradies irdischer Gerechtigkeit in Aussicht stellen, unbehelligt bleiben und von ihren Propagandisten in Ruhe gelassen werden.

Die modernen Gesellschaften leben in einem tiefen *Widerspruch*. Sie haben dem Einzelnen neue Rechte und neue Ansprüche erstritten; haben die Menschenwürde und das aus ihr abgeleitete Persönlichkeitsrecht auf ihre Tagesordnung gesetzt; haben den Kampf um Anerkennung demokratisiert und in der sozialen Schichtung weit nach unten ausgedehnt; werden getrieben von einer Integrationssehnsucht ohnegleichen, die z.B. im Bereich des Familienrechts der letzten 50 Jahre die Frau dem Mann, die Mutter dem Vater, das nichteheliche Kind dem ehelichen, die nichteheliche Lebensgemeinschaft der Ehe, die homosexuelle Lebenspartnerschaft der heterosexuellen Ehe, den sozialen Vater dem leiblichen, die hundert neuen mit „trans-" und „inter-" beginnenden Geschlechter den bisherigen zwei Geschlechtern, die Behinderten den Nichtbehinderten, die adoptierten oder künstlich erzeugten Kinder den natürlichen, die Alten und Gebrechlichen den Jungen und Gesunden und was nicht noch alles dem Wasnichtnochallen gleichgestellt hat. Die modernen Gesellschaften haben Gleichheitserwartungen geweckt, die sie erstens nicht wirklich erfüllen können, die sie zweitens nie vollständig erfüllen können und mit deren Erfüllung sie drittens das Glück nicht bringen, dessen Erwartung sich an die Gleichheitsversprechen geknüpft hat. Jedes erfüllte Gleichheitsversprechen ruft nach einem neuen, entwertet durch Gewöhnung sich selbst, beseitigt das Unübliche und Außeralltägliche des Gleichgestellten, vermag trotz rechtlicher Gleichstellung vorhandenes faktisches Ressentiment nicht auszulöschen, begegnet Zweifeln, ob auch nur die rechtliche Gleichstellung wirklich in jedem Einzelpunkt erreicht wurde, steht immer unter dem stillschweigenden Vorbehalt, dass ein geänderter Zeitgeist das Rad jederzeit zurückdrehen kann. Je größer die schon erreichte Gleichheit, als umso größer wird die noch vorhandene Ungleichheit empfunden. Die Sehnsucht nach Anerkennung kennt keine Grenzen. Anerkennung gleicht dem Meerwasser: Je mehr davon getrunken wird, desto durstiger wird man. Mit jeder Anerkennung sinkt die Schmerzgrenze dessen, der noch nicht anerkannt ist. Seine Reizbarkeit nimmt mit jeder Verbesserung zu, die er bei anderen feststellt. „Wo Kulturfortschritte wirklich erfolgreich sind und Übel wirklich ausschalten, wecken sie selten Begeisterung", sagt Odo Marquard. „Sie werden vielmehr selbstverständlich, und die Aufmerksamkeit konzentriert sich dann auf jene Übel, die übrigbleiben. Dabei wirkt das Gesetz der zunehmenden Penetranz der Reste. Je mehr Negatives aus der Wirklichkeit verschwindet, desto ärgerlicher wird – gerade weil es sich vermindert – das Negative, das übrigbleibt" (Philosophie des Stattdessen, 2001, 37). Mag der Benachteiligte rechtlich endlich vollständig gleichgestellt sein, mag ihn nicht einmal mehr der scheele Blick des Nachbarn treffen, mag seine früher prekäre Lebensweise alltäglich und selbstverständlich geworden sein: Das erhoffte Glück wird nicht verspüren, wer realisiert, dass das erreichte Ziel nur im Aufgehen unter den unendlich vielen Gleichen lag und nicht im Aufscheinen eines einmaligen, unverwechselbaren Einzelnen, wird nicht verspüren, wer wahrnimmt, dass das Erreichen von Gleichheit herabzieht statt hochzieht. Die Spur, die der Gleichstellungsprozess bereits gezogen hat, gilt als Beweis dafür, dass Gleichheit ein Wert an sich sei, sodass selbst das Bedürfnis dessen, der ungleich ist und es, trotz mancher Nachteile, bleiben will, als Eigenschaft eines Wesens von einem anderen Stern betrachtet wird, das mit sich selbst auch alle anderen verrät, die seine Ungleichheit objektiv teilen.

Auch der materielle Gleichstellungsprozess im Rahmen des *Sozialstaats* ist von derselben Widersprüchlichkeit gekennzeichnet wie der Vorgang der rechtlichen Gleichstellung. Der hypertrophe Sozialstaat löst vor allem gefühlte Ungerechtigkeit aus. Was zu beseitigen er antrat, wächst ihm unter der Hand nach. Allerorten hinterlässt er Opfer, Zukurzgekommene, Vernachlässigte. Je großzügiger seine Verteilungen, umso größer die Betreuungs- und Leistungserwartungen, die bei sich verschärfenden wirtschaftlichen Bedingungen nicht mehr wie gewohnt vom allnährenden Staat erfüllt werden können, gleichzeitig aber durch die inflationäre Ungerechtigkeitsrhetorik der Parteien und Verbände noch angeheizt werden. Ständig werden neue Ungerechtigkeiten erfunden, handle es sich um Teilhabe-, Chancen- oder Generationengerechtigkeit. „Ungerechtigkeit" scheint nachgerade zur heuristischen Findeformel zu werden, mit der immer neue Gebiete des Lebens „erschlossen" werden können. „Soziale Gerechtigkeit" heißt die Devise, und sie gebiert in ihrer begrifflichen Unschärfe so viele neue Ungerechtigkeiten, wie es Gebiete des Sozialen gibt. Die egalisierende Tätigkeit des Sozialstaats produziert zuverlässig Ungleichheit. Ihr geht die Arbeit nie aus, aus jeder erfüllten Aufgabe erwächst ihr die nächste, sie hat stets gut zu tun. Überall gibt es neue „Verletzte". Der Weg des Sozialstaats ist die blutrote Spur seiner immer zahlreicher werdenden Opfer.

Nicht weniger tief sind die Widersprüche im *globalen Gerechtigkeitsdiskurs*. Woher kommt es nur, dass die „Aktivisten" – bezeichnend schon das Wort – der globalisierten Ungerechtigkeitsbekämpfung in Sachen Finanzkapitalismus, Klimaentwicklung, Migration und Armut so wenig Mitgefühl und Mitleid zeigen, so selten Zorn, Wut und Hass durchscheinen lassen, offenbar so gar keine Scham und kein eigenes Schuldbewusstsein empfinden und stattdessen in ihrem coolen, glatten, medientauglichen, gut vernetzten, auf modernste Technik gestützten hochprofessionalisierten Verhalten eher den Topmanagern und Spitzenpolitikern der entwickelten Länder gleichen, die sie zu bekämpfen vorgeben? Woher kommt es nur, dass ihre Rhetorik zwar andere Worte verwendet als die der Ökonomie und der Politik, es sich bei diesen aber um ebenso abgeschliffene, formelhafte, abgesicherte, vorab konsensualisierte Textbausteine handelt wie bei den Profis der Gegenseite? Woher kommt es nur, dass der Vorwurf der Ungerechtigkeit gerade dort so ausschließlich das Feld beherrscht, wo die ihm zugrundeliegenden Vergleiche, Kausalitätsannahmen, Verantwortungszuschreibungen auf so schwankendem Boden ste-hen wie in globalen Zusammenhängen, wo sie fast so etwas wie einen archimedischen Punkt außerhalb der Erde verlangen? Die Einschätzung eines Zustandes als Ungerechtigkeit ist ein Vorgang, der die inkriminierten Verhältnisse nicht auch noch auf der Ebene ihrer Deutung zur erneuten Demütigung ihrer Opfer geraten lassen will, indem er etwa sich ausweist als von Mitleid, Mitgefühl, Scham motiviert. Er ist mit anderen Worten selber Teil eines umfassenderen Diskurses, der die Rede von der Ungerechtigkeit moralisch vor anderen Semantiken bevorzugt und prämiert. Außerdem wird mit der Feststellung von Ungerechtigkeit ein Anspruch, ein Recht auf Veränderung gesetzt, der auf Mitleid, Caritas oder „Entwicklungshilfe" nicht mehr angewiesen ist und sich mit ihnen nicht abspeisen zu lassen braucht. Ferner lässt sich mit dieser Kategorisierung nahtlos anschließen an den Gleichstellungsprozess, der innerhalb der entwickelten Länder selber stattgefunden hat und in diesen als Fortschritt betrachtet wird. Man kann in der Rede von Ungerechtigkeit Neid und sonstige Ressentiments gegen andere gut hinter einem starken, auch Dritte mobilisierenden Kampfbegriff verbergen. Schon die Diagnose (Ungerechtigkeit) enthält die Lösung (Gleichbehandlung) und deren Legitimation (Ungerechtes muss selbstverständlich beseitigt werden) und liefert einen Schuldigen frei Haus. Man muss den Gegner nicht politisch bekämpfen, mit politischen Mitteln und Argumenten, und für seine Ansicht Mehrheiten sammeln, sondern setzt die Gegenseite moralisch ins Unrecht. Man kann sich auf die nun einmal unbestreitbare Tatsache des subjektiven Verletzungsgefühls zurückziehen und nach der Devise „Empörung hat immer recht" auf Anerkennung seiner Opferrolle pochen. Emotion und Wertung (als Ungerechtigkeit) lenken den Blick von der Überprüfung der zugrundeliegenden Tatsachen weg, angesichts des Schwankens und der Brüchigkeit der diesbezüglichen Basis ein nicht geringer Vorteil. Nicht zu unterschätzen ist die Unschärfe des Ungerechtigkeitsbegriffs, er ist daher politisch ausbeutbar, skandalisierend, universell anwendbar (auch auf neu auftauchende Probleme, etwa der modernen Medizin). Das Ungerechtigkeitsurteil ist gewissermaßen performativ: Es vollzieht, was es ausspricht, im Aussprechen. Es macht aus dem Sachverhalt einen Skandal, indem es ihn einen nennt. Das Verhalten der Lobbyisten einer globalen Gleichheit lässt sich somit durchaus nachvollziehen: Die *Rhetorik der Ungerechtigkeit* besitzt ganz spezifische *strategische Vorteile*, die kein anderes Narrativ bietet. Wo im entwickelten Kapitalismus Geld alles zur Ware und als solches vergleichbar und gleich macht, besteht auch die Moral auf globaler Vergleichbarkeit und Gleichheit der Rechte. Wo die globalisierte Ökonomie keine Staatsgrenzen mehr kennt, will die globalisierte Moral keine Eingrenzung von Solidaritätskollektiven mehr anerkennen. Das Fehlen einer echten Empörung einerseits und die Verhaltens- und Strukturgleichheit des moralischen Gleichheitsaktivisten und der Repräsentanten der westlichen Staaten und Ökonomien andererseits setzt die Rede von den globalen Ungerechtigkeiten ins Zwielicht.

Was den Kämpfern gegen globale Ungerechtigkeit aber vor allem entgeht, ist das Gefühl der moralischen Überforderung, das ihre Klagen und Forderungen bei den Bewohnern der entwickelten Länder hervorrufen. Deren Gesellschaften lassen sich ganz generell und strukturell als *Überforderungsgesellschaften* beschreiben. Ihre Angehörige sind physisch überfordert, weil sie ihren Körper ständig trainieren, fit machen, richtig ernähren, gesund halten und vorzeigen müssen. Sie sind privat überfordert, weil sie mit rasend schnellen Rollenwechseln in der Familie und den Lifestyleanforderungen an persönliche Individualität zurechtkommen müssen. Sie sind als Konsumenten überfordert durch das unendliche Angebot an Waren, sie zögern die Wahl hinaus oder wiederholen sie ständig, bleiben über ihre wahren Wünsche im Unklaren. Sie sind beruflich überfordert, weil der moderne Mitarbeiter seine gesamte Person ins Unternehmen einbringen muss, seine ganze Haut zu Markte zu tragen hat. Sie sind politisch überfordert, weil die alte Übersichtlichkeit des Ost-West-Gegensatzes einer undurchsichtigen Gemengelage von zahllosen Einzelkonflikten und Systemänderungen Platz gemacht hat. Sie sind moralisch überfordert, weil sie mit schlicht unerfüllbaren Forderungen nach globaler Gleichheit und Gerechtigkeit konfrontiert werden, ohne dass sie dafür religiösen oder weltlichen Trost erwarten könnten. Der Einzelne ist aufgefordert, sich ständig neu zu erfinden, alte Rollenmuster sind aufgelöst, Identitäten verhandelbar.

Das *erste Gesetz der Überforderung* lautet: Wer den Anforderungen nicht gerecht wird, ist selber schuld. Wer krank ist, ist selber schuld. Wer allein lebt und nicht in einer Partnerschaft, ist selber schuld. Wer arbeitslos wird oder weniger verdient als der andere, ist selber schuld. Wem die rasend schnellen Veränderungen Angst machen, ist selber schuld. Denn in allen Fällen hat er „berechtigte Ansprüche" an ihn nicht erfüllt. Das *zweite Gesetz der Überforderung* lautet: Wer sich von allen Seiten überfordert fühlt, wird entweder zum Opfer oder zum Zyniker. Das Opfer will nun, Opfer geworden, Anerkennung in seiner Opferrolle. Der Zyniker schüttelt die Forderungen, die man an ihn stellt, selber ab; doch steht er dabei in der Gefahr, das Kind mit dem Bade auszuschütten und mit den Überforderungen der Moral die Moral insgesamt, mit den Zumutungen des „persönlichen Unternehmertums des Mitarbeiters" berufliche Erfüllung und Sinn ganz dranzugeben. Das *dritte Gesetz der Überforderung* lautet: Wo Überforderung die Regel wird, stellt sich Unterforderung als generelle Folge ein. Was als das große Fehlende in und durch die Überforderung angezeigt wird, ist die Mitte zwischen den Extremen, die in einem historischen Augenblick möglich sind.

Daher gilt es vom Unerreichbaren sich zu verabschieden. Alles ist in unserem Zusammenhang getan, wenn jeder Einzelne von groben Ungerechtigkeiten innerhalb seines Kollektivs verschont bleibt und in diesem Kollektiv ein einigermaßen integres Leben führen kann. Gewiss, das ist wahrscheinlich immer noch, trotz bescheidenerer Ziele, eine Utopie. Aber es ist die *Utopie des einfachen, durchschnittlichen Menschen.* Es ist eine Utopie, die man schon an den bestehenden Verhältnissen ablesen kann, weil dieses Utopia ganz in ihrer Nähe liegt. „Ein irdisches Paradies also, weit näher als die Dichterträume von Atlantis oder die Philosophenspekulationen vom Goldenen Zeitalter und darum auch weit unter der Wahrnehmungsschwelle von Interpretationen" (F. A. Kittler, Die Wahrheit der technischen Welt, 2. Aufl. 2014, 133). Eine Gesellschaft, die sich so organisiert, dass sie ihren Mitgliedern eine Annäherung an diese Utopie realistischerweise versprechen kann, darf sich, wenn sie unbedingt will, als gerecht bezeichnen. Schwer genug wäre ihre Aufgabe.